AF360781

DE LA FÉLICITÉ

PUBLIQUE.

Nil desperandum . . . .
HORAT.

TOME I.

A PARIS,

DE L'IMPRIMERIE DE CRAPELET.

1822.

DE LA FÉLICITÉ

PUBLIQUE,

OU

CONSIDÉRATIONS SUR LE SORT DES HOMMES

DANS LES DIFFÉRENTES ÉPOQUES DE L'HISTOIRE ;

PAR LE MARQUIS DE CHASTELLUX.

NOUVELLE ÉDITION,

AUGMENTÉE DE NOTES INÉDITES DE VOLTAIRE.

TOME PREMIER.

A PARIS,

CHEZ ANTOINE-AUGUSTIN RENOUARD.

M. DCCC. XXII.

AVERTISSEMENT

DE L'ÉDITION DE 1776.

L'ouvrage qu'on présente au public avec des additions considérables et des changemens, qu'on n'ose appeler des améliorations, parut, pour la première fois, en 1772. Il avait été imprimé en Hollande. Des circonstances peu favorables aux lettres l'empêchèrent d'abord de se répandre dans Paris. Il fallut se résigner. L'auteur, qui n'était attaché à ses propres idées qu'autant qu'il les croyait utiles, sacrifiait volontiers sa célébrité à cette paix précieuse dont il cherchait à inspirer le goût aux nations, et dont il était bien juste qu'il voulût jouir lui-même. Cependant les étrangers daignaient accueillir son ouvrage. Il fut traduit en allemand et en anglais ; il parut par fragmens en italien, et les nombreux journaux de l'Europe le traitèrent avec une indulgence qu'ils accordent rarement à ceux qui ne l'ont pas sollicitée. Enfin, puisqu'il s'agit à présent de le recommander au public, on doit dire que ce fut le hasard seul qui le fit tomber dans les mains de cet homme à jamais célèbre, arbitre et modèle dans tous les genres, à qui les écrivains modernes ne manquent guère d'offrir un hommage toujours juste, mais souvent intéressé. Sans doute le rapport qu'il

trouva entre les principes de cet ouvrage et les
sentimens de son âme passionnée pour le bien
des hommes, décida son opinion; mais jamais
son suffrage ne s'est exprimé d'une manière plus
précise et plus flatteuse. L'auteur, qui n'avait osé
ni le demander ni l'espérer, ne se fit connaître
que par ses remercîmens, et ce fut l'origine
d'un commerce et d'une liaison qu'il désire conserver long-temps. Cependant l'*Essai sur la
Félicité publique* commençait à pénétrer dans
Paris, mais il ne s'en répandit alors qu'un petit
nombre d'exemplaires; de sorte qu'il eut encore
cet avantage d'être connu des gens de lettres et
des lecteurs appliqués, avant de parvenir à cette
partie du public qui ne lit que pour juger, et ne
juge que superficiellement.

Un ouvrage sérieux, un ouvrage de pur raisonnement s'adresse surtout à la pensée, et son
véritable succès est d'influer sur l'opinion générale. Or, il paraît que celui-ci peut réclamer ce
genre de succès plus honorable que brillant; du
moins si l'on en juge par quelques écrits postérieurs à sa publication, où l'on voit les mêmes
idées qu'il renferme reproduites sous plusieurs
formes différentes. Il semble que chaque jour elles
acquièrent plus de popularité, et l'on peut assurer
que le temps approche où elles trouveront peu de
contradicteurs.

Tels sont les titres qu'on a cru devoir produire

en faveur d'un ouvrage qu'on soumet une seconde
fois au jugement du public. Nous allons maintenant parler de ses défauts, et cet article sera beaucoup plus long.

Tout lecteur aime à se faire une idée générale
du livre dont il va s'occuper ; et cette idée, il la
forme assez communément d'après un objet unique qu'il suppose à l'auteur. Est-ce un livre d'histoire, on n'y cherchera que des faits, de l'exactitude et quelques réflexions. Est-ce un point de
critique, on s'attend à la discussion. S'agit-il de
politique et de morale, on veut un système général, des idées tranchantes et précises, ou plus
souvent encore ces formes vives et animées, qui
excitent l'intérêt et réveillent l'attention ; car il
est tant de lecteurs indifférens au bien et au mal,
pour lesquels tout l'effet d'un livre se réduit au plus
ou au moins de plaisir qu'ils ont eu en le lisant !

On ne peut se dissimuler que l'*Essai sur la
Félicité publique* n'a aucun de ces avantages : il
appartient particulièrement à la philosophie et à
la morale ; mais l'historique en fait une branche
principale, et cet historique, qui n'est employé
que comme preuve, est encore mêlé de discussions et de quelques points de critique. Des notes
fréquentes et assez étendues, plusieurs citations
tirées des auteurs anciens peuvent aussi lui donner un vernis d'érudition ; et de nos jours l'érudition est devenue si fatigante, pour ceux même

qui veulent bien la chercher, qu'il lui est impossible de trouver grâce, lorsqu'elle paraît sans être attendue. L'objet et le titre même de cet ouvrage excitant l'intérêt de tous les lecteurs, ne leur offrait au premier coup d'œil aucune difficulté : or, il est arrivé que plusieurs d'entre eux se sont crus trompés, lorsque la matière a demandé plus d'attention qu'ils ne lui en avaient destiné. Conduits de l'analyse à la théorie, et de la théorie à l'analyse, ils ont partagé en quelque sorte le travail de l'auteur; ce qui est un grand inconvénient, car dans la république des lettres comme dans nos tribunaux, les juges aiment à se délivrer du travail de l'information pour ne prononcer que sur des conclusions.

En ne se dissimulant aucune de ces critiques, qu'on ne prétend pas réfuter, il est du moins permis de les atténuer par quelques réflexions; et d'abord on observera qu'il n'y a guère que les ouvrages élémentaires auxquels tout écart soit interdit ; car la plupart des livres seraient trop appauvris par cette méthode rigoureuse qui ne voudrait admettre d'autres vérités que celles qui appartiennent immédiatement au sujet : d'ailleurs, jusqu'à ce que l'histoire soit écrite avec plus de raison et de philosophie, il sera impossible de s'en servir sans le concours de la discussion et de la critique ; précaution indispensable, surtout lorsque les faits doivent servir de base à des principes importans. Et comment discuter sans citer quelquefois? Heureux celui qui par ses lumières et ses travaux a acquis le droit d'énoncer des idées contraires à l'opinion générale sans se fortifier d'aucune autorité! L'auteur de l'*Essai sur la Félicité publique* était loin de s'arroger une pareille prérogative, et puisque l'apparence de quelque érudition répandue dans son ouvrage a pu le faire soupçonner d'une prétention qu'il n'a jamais eue, il se doit au moins la justice de publier ici que c'est un motif tout opposé qui l'a déterminé. Pénétré de l'idée que son état, ses devoirs même, trop étrangers aux lettres, ne lui donnaient aucun titre à la confiance du public, il s'est cru obligé de montrer plutôt son travail même que le résultat de son travail. C'est ainsi qu'un noble de province ne se présente qu'avec sa généalogie, tandis que l'homme qui vit à la cour se contente de se nommer.

Peut-être cette excuse ne suffira-t-elle pas encore; peut-être ne justifiera-t-elle pas quelques citations dans lesquelles des traits qui ont paru intéressans ont été rappelés plutôt par une espèce d'apropos que par une nécessité absolue. Eh bien! l'auteur fera encore cet aveu. Il s'était nourri de la lecture des anciens; il n'a pu résister au plaisir d'en faire usage : il a même pensé que, dans un siècle où ces excellens modèles sont beaucoup trop négligés, il n'était pas absolument inutile de

surprendre, pour ainsi dire, l'attention des lecteurs, et de la fixer un moment sur des objets
qu'ils ne peuvent retrouver sans leur rendre une
sorte d'hommage : il s'est persuadé qu'il pourrait
du moins offrir quelque dédommagement à ceux
qu'il aurait fatigués de ses propres idées, et qu'un
livre qui contiendrait plusieurs passages des meilleurs auteurs ne serait jamais un livre inutile.
Mais du latin et même du grec ?.... Sans doute ce
serait ou paresse ou pédanterie de ne pas citer en
français, s'il était vrai qu'une pensée fût la même
dans deux langues différentes ; si l'expression n'en
faisait pas souvent le principal mérite. Ce n'est
pas la valeur intrinsèque d'une pensée qu'il faut
apprécier, mais l'effet qu'elle produit. Or, cet
effet, c'est de l'expression qu'il dépend. On peut
comparer la première à un clou aiguisé, et la
seconde au marteau qui l'enfonce. Comment se
flatter de traduire exactement, élégamment, des
passages qui se présentent au hasard, lorsque les
traducteurs les plus habiles, après avoir consacré
toute leur vie à ce genre de travail, ont tant de
peine à y réussir ? Quant au petit nombre de citations grecques qu'on a employées, elles se trouvent en français dans le texte, et si on les a pla-
cées dans les notes, c'est qu'on a mieux aimé
suivre l'usage de tous les étrangers que celui qui
s'est introduit depuis peu en France, de citer au
lieu du texte de plates versions latines, qui ne sont

que de simples interprétations pour la commodité des commençans. D'ailleurs, ne serait-ce pas ici l'occasion d'user un peu du droit de représailles, et d'examiner si cette répugnance extrême pour une érudition qui se borne, après tout, à faire quelque usage des langues mortes et des langues étrangères, ne viendrait pas de la peine qu'éprouvent certains lecteurs, lorsqu'ils sont avertis des limites de leurs connoissances? Il fut un temps où tout ce que l'on demandait à un auteur était d'en savoir plus qu'un autre sur le sujet qu'il voulait traiter. A présent, c'est un tort qu'on a peine à se faire pardonner. A cet égard, celui-ci se croyait si peu coupable, qu'il avait lieu d'espérer plus d'indulgence. Il avoue que dans l'intervalle des deux éditions il n'a pas cherché à se corriger. Cependant il faut convenir que du progrès général que les lettres ont fait de nos jours, du moins en superficie, il résulte de nouvelles obligations pour les auteurs qui traitent des matières un peu abstraites. Ces écrivains se trouvent également gênés par la crainte de n'être pas lus et par celle d'avoir trop de lecteurs. Dans le nombre de ceux-ci, il s'en trouve plusieurs qu'une longue habitude de penser a rendus justement difficiles, et qui, rejetant tout ce qui est vulgaire et rebattu, veulent ou des idées neuves ou de nouveaux sujets de méditations. Ce sont pour les auteurs des maîtresses fières et rebelles, dont les faveurs sont d'autant plus précieuses, qu'elles sont plus rares et plus inespérées. On se tourmente, on se consume pour eux, et cependant la plupart des lecteurs oublient les peines qu'on s'est données pour ne s'occuper que de celles qu'ils éprouvent, et dont ils se plaignent avec amertume, sous prétexte qu'en s'engageant à lire, ils ne se sont pas engagés à penser. Entre ces deux écueils quelle route tenir? la plus sûre dans tous les cas : chercher la vérité, l'utilité, quant au fond; et quant à la forme, faire ce que les anciens appelaient *indulgere ingenio*, c'est-à-dire suivre le goût, le penchant que la nature nous a donné; penser avant tout, et laisser à ses pensées la forme, la physionomie, l'attitude même, si l'on peut parler ainsi, qui leur est propre. S'il en est qui soient venues facilement, qui se soient présentées d'elles-mêmes, qu'elles paraissent dans toute leur simplicité, et telles qu'elles étaient au moment de leur naissance : s'il en est qui aient coûté plus de peine et de méditation, pourquoi n'en conserveraient-elles pas quelque trace? La fatigue du combat n'ôte rien à la noblesse qui caractérise la figure d'un guerrier, et si l'Apollon du Belvédère plaît par l'air de facilité et de supériorité avec lequel il lance ses flèches, l'empreinte du travail qu'on observe sur le visage de l'Hercule Farnèse n'empêche pas que ce ne soit une belle statue.

Dans tous les genres on ne travaille que pour plaire au public, et dans tous les genres le goût du public a corrompu les artistes. A Rome, ce fut le peuple qui prostitua le théâtre aux pantomimes; il n'y a pas long-temps que parmi nous la mode avait dégradé la peinture et la sculpture : à qui imputera-t-on la manie du superficiel, du clinquant, du paradoxe, et surtout de cette chaleur si commune de nos jours qu'elle est devenue une espèce de *manière?* C'est ce dernier article qui mérite le plus notre attention, car le reste commence à être apprécié à sa juste valeur; mais il faut dire une fois à la décharge des auteurs qu'on accuse de manquer ou de cette simplicité qui rend les lectures faciles et rapides, ou de cet intérêt qui entraîne le lecteur et trompe sa paresse, que les deux moyens les plus sûrs pour être clairs et avoir de la chaleur, c'est, d'un côté, d'enseigner aux hommes ce qu'ils savent déjà, et de l'autre, de n'écrire que des choses communes. En effet, lorsqu'une science, une doctrine nouvelle s'est déjà établie, et que toutes les idées qui la composent ont paru dans plusieurs ouvrages, ont été discutées dans plusieurs conversations, on parvient sans peine à les rassembler dans un ordre plus méthodique, à les reproduire sous une forme systématique et élémentaire que le public conçoit d'autant plus facilement, qu'au lieu d'apprendre il ne fait que se ressouvenir. Les idées

nouvelles ne se présentent pas avec tant de symétrie, et la pensée ne procède pas comme la
mémoire.... Voilà pour la clarté et pour la pré-
cision. Quant à cette chaleur si préconisée, qui
demande tant de liberté, tant de certitude, tant
de confiance dans l'écrivain, on ose interpeller
ici tous ceux qui, résolus de pénétrer dans les
matières les plus abstraites, ont osé s'avancer sur
les frontières vagues et indéterminées de certaines
vérités dont les limites sont encore inconnues :
qu'ils disent si ces vérités se laissent saisir avec facilité, et se prêtent volontiers aux mouvemens
de l'éloquence. Dans un siècle éclairé, dans un
temps où tout ce qui est démontré est devenu tri-
vial, lieu commun, les vérités nouvelles ne se
trouvent que par *investigation ;* car ce mot, plus
latin que français, est le seul qui exprime le travail pénible et assidu qui conduit à toute découverte. Or, comment celui qui a la conscience intérieure de la peine qu'il a eue à trouver une vérité,
à la constater, à s'en assurer, peut-il l'énoncer
avec ce ton d'assertion et de dogmatisme, sans
lequel il n'y a pas de chaleur, ou du moins qui
sert d'aliment principal à celle qu'on trouve dans
la plupart des ouvrages modernes ?

L'auteur de l'*Essai sur la Félicité publique,*
persuadé, comme Sénèque, que la philosophie a
toujours peine à trouver grâce, lors même qu'elle
parle avec réserve et se présente avec modes-

tie[1], s'est privé sans regret de tout ce qui ne pouvait lui donner qu'une faveur passagère ; et tel était
son éloignement pour toutes les formes tranchantes et décidées, que c'est volontairement que dans
la première édition de son ouvrage il a encouru
le reproche d'être tombé dans un excès opposé.
En effet, on a trouvé qu'il avait négligé de conclure, et que ses différentes observations n'abou-
tissaient pas à un résultat assez précis, assez général. Son ouvrage était intitulé : *de la Félicité
publique*, et il ne renfermait aucun plan, aucun
système relatif à ce grand objet. Cette critique
était très juste ; mais il espère s'excuser facilement en disant que ce n'est qu'après avoir fini son
ouvrage qu'il s'est décidé sur le titre ; qu'il l'avait
changé plusieurs fois, à mesure que la matière
s'étendait sous sa main et se présentait sous une
nouvelle forme ; enfin qu'il s'était déterminé pour
celui-ci : *Considérations sur le sort des hommes
dans les différentes époques de l'histoire*, lorsqu'au
moment d'envoyer le manuscrit à l'imprimeur,
un de ses amis, dans les lumières duquel il a une
juste confiance, lui fit observer que ce titre était
trop long, et qu'il fallait au moins en ajouter un
plus court, afin de ne pas tomber dans l'inconvénient de désigner un livre par une phrase entière. Celui qu'on a conservé ayant été proposé

---

[1] « Satis ipsum nomen philosophiæ, etiam si modeste trac-
« tatur invidiosum est. » SENEC. Epist. v.

et accepté , le manuscrit partit sans que l'auteur eût le temps de réfléchir sur l'engagement qu'on lui faisait contracter , et surtout sur le danger qui pourrait résulter d'un titre trop fastueux, capable de repousser le lecteur déjà rassasié de tant d'ouvrages de ce genre, qui enseignent tout et n'apprennent rien. On n'aurait certainement pas hésité à réparer cette faute dans la seconde édition , si l'on n'avait craint d'exposer quelques personnes à acheter deux fois le même ouvrage, trompées par un nouveau titre. Celui-ci conservera donc le sien, et il serait bien à désirer que ce fût le seul défaut qui lui restât : mais il en est d'irrémédiables qui naissent de l'esprit même dans lequel il a été composé. Il aurait fallu le refondre en entier pour en aplanir toutes les aspérités, et pour le reproduire sous une forme plus systématique, ou du moins plus approchante du *discours*, la plus agréable de toutes en ce qu'elle ne présente au lecteur aucune des difficultés que l'auteur a surmontées. On s'est donc contenté d'énoncer plus clairement le but de l'ouvrage et les principes sur lesquels il est fondé; on a rejeté dans les notes plusieurs excursions qui interrompaient le texte et en retardaient la marche : enfin, on a ajouté un chapitre de pure théorie, où l'on a essayé de traiter quelques points importans d'une manière plus abstraite et plus spéculative. Ce chapitre, qui terminera le second volume, est, pour

ainsi dire, le dépôt de toute la philosophie contenue dans l'ouvrage. On peut donc le lire le premier ou le dernier ; soit qu'on veuille se faire une
idée des principes dont on retrouvera souvent
l'application, soit qu'après avoir vu la doctrine
qu'il renferme éparse dans le corps de l'ouvrage,
on préfère de la retrouver ensuite réunie dans un
cadre plus simple et plus étroit.

L'auteur, que le progrès naturel de ses observations avait conduit à examiner quelle était l'influence de la dette publique sur le sort des nations
modernes, s'était laissé engager dans une discussion un peu pénible, et qui demandait, de la part
des lecteurs, une attention que tous ne voulaient
pas ou ne pouvaient pas donner. Ce n'était pas
terminer heureusement sa carrière, et il sentait
tout l'inconvénient de réveiller encore un sentiment qu'ils avaient éprouvé plusieurs fois avant
d'en venir là. D'après cette réflexion il se serait
déterminé à un sacrifice entier, s'il n'avait appris
qu'en Angleterre, où ces sortes de matières sont
plus familières, ce chapitre avait été généralement goûté, et n'avait présenté aucune difficulté.
Il a donc cru devoir le conserver en le rejetant à
la fin sous la forme d'*appendice*, afin que ceux-là
seulement qu'une pareille lecture n'effraie point,
soient dans le cas de la faire. Cette précaution ne
l'a pas dispensé de le retoucher et d'y répandre
plus de clarté ; enfin, il n'a rien négligé pour

mériter, sinon le suffrage, du moins l'indulgence du public, et du public le plus respectable, puisqu'il est composé de toutes les nations, à qui il offre des idées consolantes sur leur sort actuel, et des vœux bien sincères pour leur bonheur futur.

INTRODUCTION.

Apr̀s tant de siècles de lumière pendant lesquels les hommes se succédant les uns aux autres dans les recherches les plus ingénieuses et les plus pénibles, ont paru tout tenter, tout examiner, tout perfectionner, jusqu'à la frivolité même, j'entreprends de fixer leur attention sur des objets nouveaux. Et quels sont ces objets? Ce sont les plus importans à leur bonheur; ce sont des recherches sur une matière qu'il est affreux d'être obligé de discuter; c'est la solution d'une question où le doute seul est un opprobre pour l'humanité : les hommes seront-ils toujours les ennemis des hommes (a)? Les êtres les mieux organisés n'obtiendront-ils jamais l'avantage dont jouissent les plus viles des brutes, celui de vivre en paix entre eux? la société enfin est-elle susceptible, sinon de perfection, du moins d'amélioration?

De quelque manière qu'on résolve ce grand problème, un vaste champ est ouvert à la réflexion, soit que l'on considère la nature humaine en elle-même; soit que, négligeant cet examen, on prétende la plier aux institutions

(a) *Grande question.* (Ainsi qu'on en a averti au commencement du volume, toutes les notes de Voltaire sont en lettres italiques, et indiquées par des lettrines.)

politiques; soit enfin qu'abandonnant la théorie
pour l'expérience, on s'applique à connaître nos
erreurs, à remonter jusqu'à leurs sources, et à
s'efforcer d'en détourner le cours. C'est pour
ce dernier genre de travail que nous nous déci-
derons, persuadés que l'homme qui se trompe
en observant et en comparant, est du moins
utile à celui qui doit le suivre; tandis que le
contemplateur qui s'égare ne s'éloigne pas seulement de la vérité, mais s'expose encore à
tromper les autres, en leur traçant une fausse
route.

Il fut un temps où la manie de généraliser
avait gagné tous les esprits. La plus extravagante des prétentions s'était mise à la mode,
la prétention au génie. Un grand principe exposé, quelques conséquences légèrement indiquées, et quelques faits ajustés, tant bien que
mal, au but proposé, suffisaient pour obtenir
le prix attaché à l'invention, à l'imagination.
Cette trop grande facilité d'acquérir de la re-
nommée ne pouvait durer qu'un temps; elle
n'avait pour principe que le commerce de quelques auteurs superficiellement instruits, avec
des lecteurs qui ne l'étaient nullement. Maintenant les choses ont bien changé : les lecteurs
éclairés et appliqués ont à peine ouvert un livre,
qu'ils savent l'apprécier : si l'ouvrage est sans
ordre et sans liaison, ils le critiquent avec jus-

tice; mais ils continuent de lire: s'il est obscur, ils soupçonnent, avec raison, l'auteur de ne s'être pas bien entendu lui-même; mais s'ils aperçoivent du systématique, de l'arbitraire, de la charlatanerie surtout, ils jettent le livre, et ne veulent plus en entendre parler (*b*). Ils savent ces lecteurs trop instruits, et malheureusement exercés jusqu'à la satiété, que chercher des vérités, les constater, les rassembler, les classer, les généraliser enfin, c'est le véritable ouvrage du génie. Mais cet ouvrage est lent et graduel (*c*) : l'inventeur a marqué son chemin; en marchant sur ses pas, en suivant la route qu'il a tracée, on est moins surpris de son effort, et le vulgaire qui a entendu dire que le génie a des ailes, ne veut pas le reconnaître à ses vestiges. (*d*)

Laissons à ces hommes célèbres qui ont attiré sur eux et les louanges et les persécutions, le soin de plaider leur propre cause, et de venger les droits de la raison; craignons même d'avoir été plus téméraires en entreprenant notre tâche, que précautionnés en la modérant : du moins, avant de nous livrer à des observations purement historiques, à l'étude réfléchie des faits et de leurs principes, examinons un moment ce

(*b*) *A quoi bon tout cela?*

(*c*) *Un ouvrage graduel!*

(*d*) *Cela est un peu louche.*

que la simple spéculation aurait pu nous apprendre sur l'espèce humaine, sur ses rapports particuliers, sur sa tendance générale, enfin sur toutes les qualités qui lui sont propres, et qui la caractérisent (e). Prêts à conduire nos lecteurs dans des chemins longs et tortueux, jetons un coup d'œil sur l'espace que nous laissons derrière nous, et montrons-leur que ces routes plus faciles et plus agréables qu'ils pourraient regretter, n'aboutissent pourtant qu'à d'immenses déserts.

Subsister, s'accoupler, se reproduire, tel est le vœu de la nature, tel est l'emploi général de tous les êtres animés (f). La société, si elle est un besoin pour quelques-uns d'entre eux, n'est qu'un besoin secondaire, et subordonné à ceux que nous venons d'énoncer. Le vautour, qui ne vit que de sa chasse, qui est craint par les autres oiseaux, et poursuivi par les hommes, doit chercher tous les jours des routes nouvelles : il vole indifféremment vers tous les lieux qui lui offrent quelque proie facile ; sa subsistance est précaire et mal assurée ; souvent il manque de vivres ; quelquefois il en a plus qu'il n'en peut consommer ; il faut qu'il fasse des provisions pour ses besoins à venir ; il faut donc qu'il cache son butin. Le soir, il doit choisir sa retraite

(e) *Vague et obscur.*

(f) *Cela est dit mille fois.*

sur les rochers les plus escarpés, ou sur la cime des plus grands arbres (g). Au contraire, les pigeons, les étourneaux, qui trouvent une nourriture aisée dans les campagnes ou dans les marais, mais que leur faiblesse expose à des dangers continuels, cherchent dans la société des moyens de défense qui ne nuisent point aux moyens de subsister. Il en est de même parmi les quadrupèdes : les loups, les tigres vivent dans la solitude, tandis que les biches et les daims paissent en compagnie. Cependant au bout d'un certain temps naît un besoin puissant, impérieux, qui fait oublier tous les autres. L'animal sociable fuit ses semblables. Il a fait un choix. Les désirs de l'amour, et bientôt après les soins de sa famille l'occupent pendant quelque temps. Mais s'il est des espèces où la reproduction se fasse plus brutalement, où plusieurs femelles se livrent au même mâle, et où plusieurs mâles s'unissent à la même femelle, alors l'amour cause peu de changement dans la société ; les sexes s'étant mêlés indifféremment, les animaux restent en troupe, la société n'est pas dissoute.

Moins l'organisation des êtres est composée, plus leurs opérations sont semblables. Les nids des oiseaux, les terriers des lapins, les asiles des abeilles, sont communément pareils entre

(g) *Trop rebattu.*

eux. Il doit en être de même des mœurs ; fondées sur des besoins simples, elles sont aussi simples qu'eux ; fondées sur des besoins communs à tous, elles sont les mêmes chez tous les individus d'une même espèce : c'est ainsi que la nature nous a donné les moyens de les connaître toutes assez bien, excepté la nôtre ; car, à ne considérer l'homme que physiquement, nous trouvons que le sens du toucher et la perfectibilité du langage lui ont acquis de tels avantages sur tous les autres animaux, que son organisation se perfectionnant de jour en jour, est enfin devenue trop complexe pour n'être pas variée, et trop subtile pour n'être pas irrégulière.

Il y a toute apparence que la fidélité de certaines espèces à certains alimens, vient moins d'une nécessité absolue dérivée de leur nature, que de la facilité plus ou moins grande à se procurer leur subsistance. Plusieurs animaux vivent également de chair et de végétaux, de chasse et de pâture ; mais l'homme que ses mains et son langage rendent à la fois si adroit et si ingénieux ; l'homme qui peut se procurer toutes sortes d'alimens par la chasse, la pêche, la culture, etc. ; l'homme, dis-je, ne doit-il pas avoir des mœurs différentes, lorsque ses moyens de subsistance sont différens ? Les Esquimaux, les Groenlandois qui se nourrissent d'huile de poisson, vivront-ils de la même manière que les Iroquois et les Patagons, qui ne subsistent que de leur chasse? Les uns et les autres se conduiront-ils comme les Lapons, qui n'ont pour domaine que des déserts, et pour nourriture que du laitage ? (*h*)

L'amour ou le besoin de la reproduction devrait imprimer à l'espèce un caractère plus marqué. En effet, les femmes sont distinguées par une différence essentielle dans l'ordre physique; mais si cette différence peut influer sur l'état de société, c'est qu'en les rendant propres à la génération dans tous les temps de l'année, elle resserre les liens qui les unissent aux hommes. Il paraîtrait donc que, dans notre espèce, le commerce entre les deux sexes devrait être plus fréquent et plus suivi; mais non pas qu'un grand nombre d'hommes et un grand nombre de femmes dussent vivre ensemble. Bien plus; il me semble que les inductions physiques tendraient à prouver que les hommes et les femmes ne devraient pas vivre long-temps accouplés, comme les oiseaux et certaines familles de quadrupèdes: car les temps de l'amour, de la gestation, de la délivrance étant les mêmes chez les animaux parmi tous les individus d'une même espèce, leurs situations sont toujours pareilles, et l'ordre général ne peut être interrompu qu'un

(*h*) *Et du poisson et des rennes.*

instant par la concurrence des besoins ; au lieu que, parmi les hommes, les désirs et la faculté de les satisfaire existant toujours, l'union des couples pourrait être troublée toutes les fois qu'un sexe se trouverait hors d'état de répondre aux provocations de l'autre.

Il est donc difficile de définir ce que la nature humaine a fixé relativement à l'état de société; mais il est bien frivole et bien inutile d'élever cette question : (*i*) *Les hommes sont-ils entre eux dans un état de guerre perpétuelle? Naissent-ils amis ou ennemis les uns des autres ?...* Ils sont amis, lorsqu'en se prêtant un secours mutuel, ils peuvent satisfaire plus aisément leurs besoins : ils sont ennemis, lorsque les circonstances (*k*) établissent une concurrence entre eux, lorsque plusieurs veulent obtenir ce dont un seul peut jouir. Les sauvages pêcheurs doivent être plus unis entre eux que les sauvages chasseurs; les peuples nomades, plus que les uns et les autres. Parcourez une forêt pendant l'été; vous voyez l'union et la paix régner entre les animaux : les cerfs sont mêlés avec les biches et les faons; ils paissent, ils reposent en grandes troupes : retournez-y au mois de septembre, vous trouverez la guerre allumée; tout retentira

(*i*) *Et c'est, dites-vous page première, votre grand objet.*

(*k*) *Lorsque* ces besoins mêmes *établissent une concurrence entre eux.*

de cris et de mugissemens. Mais, comme nous l'avons déjà dit, cette époque terrible ne doit pas exister pour l'espèce humaine, qui n'a point de temps marqué pour la reproduction. Elle ne doit donc éprouver que des combats momentanés, des disputes passagères.... (l)

Voilà en peu de mots tout ce qu'une étude réfléchie a pu nous apprendre sur ces grandes questions. Avec des notions si légères et si obscures, comment établir un système moral? Elles sont telles, ces notions, qu'un voyageur raisonnable prêt à aborder des terres inconnues, ne pourrait hasarder aucune conjecture (m) sur la législation, sur les mœurs de ces nouvelles contrées. Rien d'assez bizarre, d'assez extraordinaire, pour qu'on n'en trouve pas un exemple parmi les hommes; et nous voudrions encore disputer sur des principes généraux, des lois primitives, des causes finales? Défions-nous de ces sublimes rêveries que le génie seul fait excuser, et contentons-nous d'assurer que l'état de société a effacé jusqu'aux moindres traces de ce qu'on appelle l'*état de nature*.

Que sont, en effet, les hommes civilisés? Qu'ils soient détériorés ou perfectionnés, ce sont des êtres tout nouveaux, ce sont des êtres qui ont, pour ainsi dire, commercé, échangé

(l) *Des disputes de tous les jours.*
(m) *Obscur.*

entre eux les soins de leur conservation. L'homme auparavant cherchait, choisissait ses alimens ; et après avoir trouvé sa subsistance, il se reposait. Désormais, renfermé le plus souvent entre des murailles, seul ou réuni avec un grand nombre de ses semblables, il ne fait naître, il ne prépare aucun aliment, et il attend avec confiance une nourriture qui vient quelquefois de plus de cinq cents lieues. Il est d'autres désirs pour lesquels il est plus difficile de transiger (*n*), ceux de l'amour. Quelque profession qu'on ait embrassée, à quelque travail qu'on se soit livré, il faut une femme : mais souvent les besoins de notre subsistance se trouvent en contradiction avec cet autre besoin non moins impérieux ; il faut chercher à les concilier. Le manufacturier, le journalier, le domestique, le guerrier, ne peuvent guère vivre dans leur famille ; ils prennent une femme sans prendre une compagne ; et cependant cette femme, ils ne peuvent l'obtenir qu'en s'unissant à elle par des liens plus durables et plus étroits que ceux dont l'habitude la plus douce pourrait jamais nous unir. La femme elle-même, chargée toute seule des soins du ménage, ne suit pas mieux le vœu de la nature. La tendresse maternelle doit se taire à la voix de l'intérêt : s'il lui est démontré que ce soit un moyen

(*n*) *Rarement.*

d'épargne, les fruits d'une union si imparfaite seront bientôt dispersés dans les campagnes pour y être allaités par des nourrices mercenaires [1]. A peine en âge de se connaître, ils sont encore exilés de la maison paternelle, et renfermés dans ces maisons de force qu'on nomme *colléges*, *écoles* ou *couvens* : enfin, lorsque tous ces étrangers qui se donnent cependant les noms de père, de mère, de fils et de fille, se trouveront réunis, on voudra que l'obéissance et le respect soient les mêmes chez les enfans, que si l'habitude de la faiblesse et de la dépendance avait pu faire naître en eux ces sentimens.

Nous ne nous étendrons pas davantage sur ces contrastes assez frappans par eux-mêmes, et dont quelques auteurs, amis du paradoxe, ont fait un usage plus agréable qu'utile. Il nous suffira d'avertir qu'ils ne prouvent pas que ce qu'on appelle l'état de nature soit préférable à l'état de société, mais seulement qu'on se méprend beaucoup sur le sens qu'on donne à ces expressions. Si l'on n'entend par l'état de nature, que l'état le plus brut qui existe, on ne le trouve pas plus chez les sauvages que dans nos forêts et dans nos campagnes. Celui qui s'ennuie dans

---

[1] C'est par épargne que la plus grande partie des femmes qui font un travail lucratif confient leurs enfans à des nourrices étrangères : le soin d'un enfant à la mamelle occuperait trop la mère, et la détournerait de son ouvrage.

son parc, dit qu'il préfère se promener dans les champs, parce qu'il aime à jouir de la nature (*o*). Cependant il n'y voit que le fruit d'un long et pénible travail. Mais si l'on regarde comme naturel tout ce qui est dans l'ordre de la nature, tout ce qui se fait en conséquence de ses forces et de ses lois, il est un état de nature pour les villes comme pour les campagnes ', pour l'artisan comme pour le cultivateur, pour l'homme en société comme pour l'homme isolé. Il y a plus : il existe dans toutes les conditions un attrait irrésistible qui porte tous les êtres vers le meilleur état possible, et c'est là qu'il faut chercher cette révélation physique qui doit servir d'oracle à tous les législateurs (*p*). L'erreur est de tomber toujours dans des abstractions, et de ne se décider que sur de vaines généralités. Est-on frappé de la corruption qui règne dans les grandes villes, on y oppose les mœurs agrestes des laboureurs et des pasteurs. En prêchant les rois, on leur cite Abraham, Isaac et

(*o*) *C'est que le sens de la vue ne veut point être borné.*

' « Nous regardons comme l'état de nature pour toutes « choses, celui où elles parviennent par un développement « naturel et complet, d'où il suit clairement que les sociétés « politiques sont dans la nature. » (ἐκ ʃούτων ϛῦν φανερὸν ὅτι τῶν φύσει ἡ πόλις ἐϛὶ :) ce sont les propres paroles d'Aristote, dans son Traité *de Republicâ*, liv. 1, ch. 11, art. 9.

(*p*) *Recherché.*

Jacob. En recommandant les mœurs à des peuples riches et commerçans, on leur parle des Scythes et des Spartiates. Il me semble qu'on pourrait procéder autrement. Toutes les choses qui sont vicieuses sans être nécessaires, il faudrait les proscrire; toutes celles qui sont vicieuses, mais nécessaires (q), il faudrait en bien examiner la nature, c'est-à-dire le résultat des circonstances physiques (r), et chercher à en tirer le meilleur parti possible. Toutes les nations ne peuvent avoir le même gouvernement; dans une même nation, toutes les villes, toutes les classes des citoyens ne peuvent avoir les mêmes lois, la même police et les mêmes usages; mais tous généralement peuvent prétendre au plus grand bonheur possible. (s)

Le premier des avantages qu'un peuple doive réclamer, c'est la paix. La paix est la source de tout ordre et de tout bien. Quels efforts peuvent faire pour leur bonheur, ceux qui ne sont occupés que du soin d'attaquer ou de se défendre? On n'améliore pas les terres qui sont en litige, et pour lesquelles on plaide encore. D'ailleurs la guerre inspire des mœurs féroces; elle offre des objets de gloire et d'ambition que les esprits

(q) *Quelles?*

(r) *Qu'est-ce que circonstances physiques?*

(s) *Dites à un état tolérable.*

les plus grossiers peuvent saisir aisément; et c'est ainsi qu'elle pervertit nos passions utiles, en ennoblissant nos vices et en mettant partout la force à la place de la justice. Le premier pas à faire vers le bien de l'humanité, serait donc de rendre les paix plus longues, et les guerres plus rares. Si la chose arrive jamais, on aura lieu de penser que le changement s'avance, et que les progrès sont commencés. C'est cette réflexion qui nous obligera de donner une attention particulière à tout ce qui est relatif à ce grand objet; et pour faciliter nos observations, il ne sera peut-être pas mal à propos d'examiner ici quelles sont les causes de la guerre, ou plutôt celles qui décident une société d'hommes à en attaquer une autre.

La première qui se présente, c'est le désir de quitter un climat rigoureux pour un climat salutaire, une terre stérile pour une terre féconde, une habitation incommode pour une plus agréable. La seconde, c'est la concurrence dans certaines choses nécessaires ou utiles, telles que la chasse, la pêche, les mines, etc. Nous trouverons la troisième dans l'ignorance et la grossièreté des peuples encore bruts, qui, n'ayant aucune idée de modération et d'équité, sont sujets à s'irriter aisément et à faire des représailles cruelles pour de petites offenses. La quatrième n'est qu'une conséquence du même

principe ; c'est la crédulité stupide et le gouvernement hiérarchique ; gouvernement tyrannique et intolérant qu'on reconnaît chez les
jongleurs des sauvages, chez les anciens prêtres
d'Égypte et d'Éthiopie, et, parmi les Grecs,
dans ces oracles célèbres que la superstition
attribuait autrefois à Dieu, et de nos jours, au
diable. Enfin la cinquième, qui est la plus
puissante de toutes, et cependant la plus cachée, prend sa source dans tout vice inhérent
à la constitution de l'état. Ce sont ces vices intérieurs qu'on doit considérer comme le germe
secret de presque toutes les guerres extérieures,
de même que ce sont les défauts des polices
particulières qui donnent naissance aux guerres
civiles.

Maintenant, si, en parcourant les fastes de
l'histoire, nous trouvons que l'origine de toutes
les guerres se rapporte à quelques-uns de ces
principes, et si en même temps nos réflexions
nous apprennent que ces principes commen-
cent à perdre de leur activité, nous aurons lieu
d'espérer que le sort de l'humanité sera susceptible de quelque amélioration. D'un autre côté,
si l'examen des législations les plus estimées
peut nous convaincre que toutes les sociétés se
sont formées dans un état de guerre, et n'ont
eu pour objet tantôt que la défense, tantôt
que l'invasion ou le brigandage, il en résultera

encore que l'expérience des siècles passés ne
prouve rien contre les siècles à venir. Je dis
plus : quand même la plus grande félicité des
hommes aurait été l'unique but de toute société
et de toute législation, il ne serait pas étonnant
qu'il n'eût pas encore été atteint. La physique,
il est vrai, atteste l'ancienneté du monde, mais
l'histoire démontre que les sociétés sont encore
très récentes, du moins sur la plus grande partie du globe. Non, ce n'est pas trop de cinquante
générations [1] pour parvenir à une connaissance
parfaite de l'homme physique et moral, pour
apprécier tous les préjugés, toutes les idées
ridicules que la crainte ou l'espérance ont fait
naître, pour oser les attaquer dans l'asile que

---

[1] En ne comptant que soixante ans pour la durée de la
vie humaine, cinquante générations nous feraient remonter
à trois mille ans (*t*), c'est-à-dire jusqu'aux temps héroïques
ou fabuleux. Je sais qu'il est presque impossible qu'il ait
existé une succession de cinquante personnes qui aient toutes
vécu soixante ans ; mais comme il n'est question ici que du
progrès des lumières, il ne faut avoir égard qu'aux hommes
qui sont morts dans un âge assez avancé pour avoir acquis
toute l'expérience de la vie. Je sais aussi qu'il paraît très
constant qu'il y a plus de trois mille ans que l'empire de la
Chine existait ; mais il est très avéré que les Chinois sont de
tous les peuples le moins susceptible de perfection. La longueur, la difficulté presque incroyable de l'étude des lettres
parmi eux, la multiplicité pédantesque et insupportable de

(*t*) *Il faudrait qu'ils eussent été pères à soixante ans.*

la force ou la ruse ont su leur préparer, pour former des génies capables de gouverner, et pour amener des circonstances qui les détournent de l'usurpation, toujours plus facile aux talens même que l'ordre et la bienfesance; enfin, pour détruire tous les obstacles que la distance des lieux, la difficulté des chemins, la différence des traits, du langage, des mœurs et des opinions avaient apportés à la réunion et au concert des différentes nations. Mais souffrons encore que les esprits chagrins rejettent nos espérances; laissons-les douter que le monde social puisse jamais se perfectionner : ne pouvons-nous pas encore les intéresser en leur offrant le tableau du sort de l'humanité dans les différentes révolutions qu'elle a éprouvées?

leurs cérémonies, leurs mœurs, leurs habitudes, peut-être aussi leur climat et leur situation locale, tout conspire à les retenir dans une espèce d'enfance raisonnable. Ainsi, si malgré tant de puérilités qui déposent de leur peu de lumières, ils ont acquis, à l'égard du gouvernement, de la police et de l'agriculture, des notions saines et utiles, on ne peut guère l'attribuer qu'à la tranquillité intérieure et à l'état permanent dont ils ont joui depuis si long-temps; ce qui vient encore à l'appui de notre opinion, et nous dispense d'entrer dans plus de détails à l'égard d'un peuple sur equel plusieurs écrits modernes, tels que le *Voyage d'Anson* et les *Observations de M. Pauw*, ont jeté tant de nuages, qu'il est encore très difficile au moment présent de le juger d'une manière solide et impartiale.

Ne regarderont-ils pas comme une chose digne
de quelque attention, d'examiner quelle a été
l'influence de toutes les législations sur le bonheur des peuples? Tant de gens ont écrit l'histoire des hommes! ne lira-t-on pas avec quelque
plaisir celle de l'humanité? Entrons-donc dans
notre carrière, non avec cette présomption qui
naît d'une vaine opinion de soi-même, mais
avec la confiance qu'inspirent un objet noble
et vaste, des vues honnêtes et désintéressées,
et la préférence qu'on donne à l'estime sur les
louanges et la célébrité.

DE LA FÉLICITÉ

PUBLIQUE.

CHAPITRE PREMIER.

L'OBJET de cet ouvrage n'étant pas d'enseigner dogmatiquement les moyens d'augmenter la félicité publique, mais seulement d'examiner si les hommes sont plus heureux de nos jours qu'ils ne l'ont été dans les siècles passés; je m'étais cru dispensé d'établir des principes sur une matière qui n'offrait point assez de difficultés pour être traitée théoriquement. En effet, quiconque aimera mieux exercer les facultés de sa raison que la subtilité de son esprit, reconnaîtra aisément et les causes et les signes du bonheur général. Serait-il nécessaire d'énoncer que l'ordre, la paix, l'abondance, la liberté, font la prospérité des nations? Faudrait-il ajouter que la multiplication des hommes, les progrès du commerce et de l'industrie en sont les signes ordinaires? D'ailleurs, ces principes, quelque simples qu'ils soient, je n'ai pas craint de les répandre dans la totalité de mon ouvrage : car, telle vérité qui ne paraît que triviale ou stérile lorsqu'elle est isolée, acquiert un prix tout nouveau lorsqu'elle se trouve près de certains faits, ou de certaines observations qui la font voir sous un jour plus favorable. C'est la pierre précieuse placée dans sa monture et dans son entourage ; ou plutôt, c'est l'opale qui, n'offrant qu'un aspect louche et triste quand elle est immobile, reçoit du mouvement un éclat vif et inattendu. J'aurais donc voulu laisser au lecteur le soin de se former à lui-même un système, d'après les idées que je lui aurais ou présentées ou suggérées ; mais puisque j'ai travaillé pour lui, il faut le contenter ; et comme l'expérience prouve que de nos jours les hommes lisent plus pour juger que pour s'instruire, et que ceux même qui n'ont rien à apprendre dans un livre qu'ils auraient pu faire, et mieux faire, cherchent encore à connaître le plan de l'auteur, sa marche et son but, je vais, cette fois-ci, me conformer au goût du siècle, persuadé qu'il ne sera pas assez injuste pour trouver de la présomption où il ne doit voir que de la docilité. Je hasarderai donc quelques principes ; peut-être même y gagnerai-je de mieux placer ceux dont j'avais cru devoir interrompre les observations historiques ; et si ce chapitre exige quelque contention d'esprit, je prierai le lecteur d'observer que c'est pour lui en épargner ailleurs.

Dire que l'homme est né pour la liberté, que son premier soin est de la conserver lorsqu'il en jouit, et de la recouvrer lorsqu'il l'a perdue, c'est lui attribuer un sentiment qu'il partage avec tous les animaux, et qu'on ne peut révoquer en doute : si l'on ajoute que cette liberté est indéfinie par sa nature, et qu'elle ne peut être limitée dans chaque individu que par celle d'un autre individu, c'est encore exprimer une vérité qui trouvera peu de contradicteurs dans ce siècle éclairé. Quiconque envisagera la société sous son véritable point de vue, n'y verra donc que des efforts et des résistances ; et quiconque voudra se former une idée juste du gouvernement, le considérera comme l'équilibre qui doit résulter de ces efforts et de ces résistances ; de sorte que si l'on pouvait rendre plus sensible un système solide et réel en le comparant à un système imaginaire, mais familier à tous les hommes un peu instruits, on dirait que le monde moral ressemble au monde physique de Descartes, où chaque tourbillon, composé d'une matière qui tend toujours à s'échapper en ligne droite, est pourtant retenu dans un mouvement circulaire par la pression des tourbillons environnans.

De ces principes, qui ne paraissent au premier coup d'œil que purement spéculatifs, découlent des vérités très importantes que les anciens ont peu connues, que les modernes même n'ont pas assez développées, et qui doivent pourtant avoir la plus grande influence sur la félicité des peuples. La plus intéressante de ces vérités, c'est que le gouvernement et la législation ne sont pour eux que des objets secondaires et subordonnés, et ne peuvent être considérés que comme des moyens pour que les hommes, en société, conservent la plus grande portion possible de cette liberté naturelle à laquelle ils sont appelés. Gouverner sa famille, disposer des produits de son champ et de ses troupeaux, c'est ce que chacun doit prétendre ; c'est là, pour ainsi dire, le premier élément du bonheur qui renferme *liberté* et *propriété ;* ou, si l'on veut, *certitude de jouir tranquillement.* Toute association, toute législation ne peut donc être bonne qu'autant qu'elle confirme, qu'elle assure ces premiers priviléges de l'espèce humaine. Mais quel gouvernement eut jamais une pareille origine? Aucun, nous osons l'assurer : et c'est une considération bien importante; car, si dans chaque individu une première erreur influe sur tout le reste de la vie, parce qu'aux premières erreurs tiennent les premières actions, que des premières actions dérivent les habitudes, et que nos jugemens, nos opinions même, se forment sur nos habitudes ; il doit en arriver de même de l'homme pris dans une signification abstraite, c'est-à-dire de tous les peuples qui, s'étant succédés jusqu'à nos jours, et étant toujours partis des mêmes principes et des mêmes préjugés, conservent encore, dans leurs derniers progrès, l'empreinte des erreurs qui présidèrent à leur naissance.

Ne craignons pas de dire la vérité; et, sans perdre de temps à faire une inutile apologie de nos principes, rapportons-nous-en à la pureté de nos intentions pour prévenir un reproche que nous serions bien fâchés de mériter. On n'accusera pas d'une philosophie chagrine l'auteur de cet ouvrage, et on ne le regardera jamais comme un sectateur de Hobbes. Nous pouvons donc assurer que la force et la violence ont été l'origine des gouvernemens. Soit que les premiers brigands se soient réunis sous un conducteur, qui a été, sans doute, le plus fort d'entre eux, ce qui dut établir le gouvernement absolu d'un chef militaire parmi les agresseurs, et le gouvernement despotique d'un maître sur les esclaves, relativement aux peuples vaincus; soit que la nécessité de se défendre ait rassemblé les plus faibles sous une même association, ce qui aura produit le plus souvent des républiques, et quelquefois aussi le despotisme dans les cas urgens, où la guerre aura obligé d'élire un chef absolu, tels que les dictateurs de Rome : il est toujours arrivé que les hommes, faibles ou forts, oppresseurs ou opprimés, n'ont eu pour objet dans le gouvernement que l'attaque et la défense. Substituer à ce principe d'association une réunion paisible et naturelle, fondée sur l'agriculture et le commerce, c'est renoncer aux lumières de l'histoire et de la raison pour ne suivre qu'une erreur spécieuse; car les premiers efforts de l'agriculture n'ont eu pour objet que le soutien de chaque famille : or, il ne faut pas de lois pour semer et recueillir; il n'en faut pas même pour l'échange des denrées, qui n'a pu venir qu'après un long espace de temps : elles ne sont nécessaires que lorsque l'on a besoin d'assurer ses jouissances; et comment celles-ci auraient-elles pu être attaquées, si ce n'est par la force? à moins qu'on ne veuille que les procès aient existé avant les lois. Toute l'antiquité dépose de cet empire général que la force a exercé sur notre globe, et même de l'estime et de la considération que les hommes y ont attachées. Ils la confondirent souvent avec la vertu, dont le nom même ne signifiait originairement que puissance et courage. Ils la confondirent avec la justice, qui n'était pour eux que le droit du plus fort. Quel titre, disaient les peuples à ces aventuriers qui venaient aborder sur leurs rives, quel titre avez-vous pour enlever nos femmes et nos troupeaux? Quel titre, leur répondait-on, avez-vous à des biens que vous ne pouvez défendre[1]? Aussi ce poète, à jamais célèbre, qui, traitant de la guerre, des lois, des mœurs et de la religion, nous tient lieu de mille volumes, parce qu'il occupe à lui seul plus de place dans notre mémoire qu'une bibliothéque entière, a-t-il pris pour sujet de son premier

[1] Il ne faut pas même remonter aux premiers âges de l'histoire pour trouver ce principe établi chez des nations nombreuses et civilisées. Tite-Live rapporte que, lorsque les Gaulois entrèrent en Étrurie, plus de trois cent soixante ans après la fondation de Rome, les Romains leur ayant fait demander quel droit ils avaient sur ce pays, ils répondirent que c'était le droit de l'épée, et que tout appartenait au plus fort.

Romanis quærentibus quid, in Etruriâ, rei Gallis esset; tum illi : Se jus in armis ferre et omnia fortiorum virorum esse, etc. Voyez liv. v, 36.

poëme la force personnifiée dans le caractère d'A-
chille; et pour celui du second, la ruse représentée
par Ulysse. Car, après la force, la ruse tint le premier rang dans l'opinion des hommes, long-temps
avant que la justice et la raison eussent acquis quelque importance et quelque crédit : d'ailleurs, quand
même les faits ne viendraient pas à notre appui, les
seules lumières naturelles et la seule induction suf-
firaient pour nous prouver que les choses n'ont pu
se passer autrement. On s'obstine à considérer comme
le premier état de la nature l'époque où l'homme
était encore simple et grossier; eh! ne voit-on pas
que dans cet état même, il est déjà vainqueur des
animaux qui lui disputaient la jouissance de la terre?
Croit-on qu'il ait pu s'occuper si long-temps à soumettre, à détruire tout ce qui était autour de lui,
sans contracter un caractère d'injustice et de férocité? Et s'il est vrai, comme plusieurs moralistes
l'ont observé ingénieusement, que nous trouvons
un plaisir secret dans l'exercice de nos facultés, sur
qui l'homme vainqueur des animaux fera-t-il l'essai
de ses forces, si ce n'est sur son semblable ? [1]

Nous n'insisterions pas sur ces vérités si elles

---

[1] Voyez *la Théorie des sentimens agréables*, par M. de
Pouilly; et Ferguson, *Essay on human nature*.

Voyez aussi dans *la République de Bodin*, liv. 1, ch. 6,
ce passage remarquable : « La raison et lumière naturelle
« nous conduit à cela, de croire que la force et violence a
« donné source et origine aux républiques ; et quand la rai-

n'étaient que de pure spéculation, et si elles ne tendaient qu'à nous donner de la nature humaine une
opinion plus ou moins favorable. Mais il ne s'agit ici
de rien moins que de rendre raison de tous les principes qui ont influé sur le bonheur des peuples; d'expliquer, par exemple, comment les hommes ont
préféré la gloire au repos et au plaisir, la vie militaire à la vie domestique, et les intérêts de la patrie à ceux du sang. En effet, du moment qu'on ad-
mettra que tous les gouvernemens se sont formés
sous l'empire de la violence, on sentira aisément
que soit qu'il ait fallu attaquer ou se défendre, la
force a été l'objet principal de toute association. Or,
rien n'est plus contraire à cet objet que la vie domestique, où tous les sentimens doux et naturels
se perfectionnent dans le repos et se fortifient par
l'habitude. Pour des brigands toujours prêts à courir
le pays ou à se hasarder sur les mers, pour une
peuplade faible et timide, perpétuellement occupée
à se défendre, les femmes ne sont plus des compa-
gnes chéries; ce sont des moyens d'augmenter la
population, de recruter une armée ou une garnison :
les enfans ne sont pas les images vivantes de leurs

« son n'y serait pas, il sera montré ci-après, par le témoi-
« gnage indubitable des plus véritables historiens, c'est à
« savoir, de Thucydide, de Plutarque, de César, et même
« des lois de Solon, que les premiers hommes n'avaient
« d'honneur et de vertu plus grande que de tuer, massacrer,
« voler ou asservir les hommes, etc. »

pères, les gages précieux d'une union fidèle et durable ; ce sont de nouveaux guerriers qui se forment
et s'élèvent : l'attachement qu'ils nous inspirent ne
se proportionne donc plus au désir de se voir renaître
en eux, de recevoir leurs caresses, de leur prodiguer
ses soins, mais à la plus grande utilité qu'on en pourra
retirer un jour : ceux qui se trouveront peu propres
à la guerre seront regardés comme un fardeau inutile ; peut-être même seront-ils vendus ou exposés.
Une sollicitude continuelle tenant les hommes éloignés de leurs affaires domestiques, et exigeant perpétuellement que leur attention se porte vers la chose
publique ; les lois, par lesquelles tout se dirige vers
cet objet unique, deviendront aussi le seul intérêt
des individus. On n'aimera plus ni sa femme, ni son
champ, ni ses propres jouissances ; on tournera toutes
ses affections vers la cité, vers la république ; et de
là naîtra cet amour effréné de la patrie, sentiment
qui, si l'on y prend bien garde, a toujours été mêlé
de quelque férocité, et qui, chez tous les peuples du
monde, est inséparable de la haine pour leurs voisins.

Ne soyons donc pas surpris des lois de Lycurgue
et de l'austérité romaine. Ne le soyons pas davantage, lorsque venant ensuite à consulter les poètes
et les philosophes, nous verrons toutes les premières
habitudes réduites en principe, la force qui lutte,
qui combat, qui résiste, qui souffre, préconisée sous
le nom de vertu ; le sacrifice des affections particulières, admiré sous le nom de grandeur d'âme ; et

l'attachement à la patrie préféré aux sentimens naturels, et surtout à la justice, dont les anciens n'eurent que très tard une idée abstraite et générale.

Tel est le tableau qu'on doit se former de la première antiquité, si l'on veut savoir une fois sur quel
fondement était établi pour lors la felicité des peuples. Il en résultera qu'elle ne pouvait porter que sur
des principes relatifs, sur des rapports d'inégalité;
qu'il n'y avait point de bonheur absolu, de jouissance véritable, parce que le point capital était de
se rendre plus fort, plus puissant qu'un autre; de
sorte qu'après tant de sacrifices à cet objet unique,
les premières législations se rapprochaient infini-
ment de nos régimes monastiques, où le ciel étant
le seul but de ceux qui s'y soumettent, tout se trouve
calculé sur le sacrifice des biens qu'ailleurs on s'efforce de conserver. Encore, lorsque des religieux
reçoivent un postulant, s'ils exigent de lui qu'il re-
nonce à l'usage de sa volonté et d'une partie de ses
sens, qu'il se soumette à une règle austère, aux
jeûnes, aux veilles, etc., je conçois qu'il y consente,
parce qu'il a en vue un bien supérieur à tout ce qu'il
sacrifie; mais si les Spartiates avaient proposé à un
étranger de renoncer à prendre une femme, à élever des enfans qui fussent à lui, et à manger avec
eux, près de son foyer, les fruits de son jardin, je
ne vois pas quel motif aurait pu le décider. La vérité est qu'on naissait Spartiate et qu'on ne le devenait pas; que cette république, formée dans des

temps de crise, ne cessa d'être aux prises avec ses voisins, depuis les guerres des Messéniens et des Ilotes jusqu'à celle où les Thébains, peuple grossier et peu célèbre dans les armes, pensèrent renverser en un instant l'ouvrage de six siècles. Mais n'anticipons pas sur des réflexions qui doivent trouver leur place dans les chapitres suivans, et contentons-nous d'observer que le bonheur qu'on trouve dans la gloire, et la gloire qu'on trouve dans l'exercice de la force, n'ont qu'une base précaire et contre nature : elle est précaire, parce qu'elle dépend des armes et de l'usurpation, et que l'oppresseur peut devenir à son tour opprimé; [1] elle est contre nature, parce que l'amour de la liberté individuelle et les sentimens domestiques sont plus naturels que l'amour de la liberté politique et les sentimens patriotiques, lesquels ne sont bons qu'autant qu'ils naissent des premiers, et qu'ils en assurent la jouissance.

Si l'on m'objectait que le désir de sentir et d'exercer ses propres forces n'est pas moins naturel à l'homme que l'amour du repos et de la liberté; que, de même qu'un particulier aime à dompter des chevaux, à poursuivre les animaux à la chasse, au prix de beaucoup de fatigue et de quelque danger, les nations trouvent aussi dans la guerre et dans les périls des jouissances dont nous ne tenons pas compte, je répondrais que la méprise vient de ce qu'on met

[1] Non est quod credas quemquam fieri, alienâ infelicitate, felicem. (Senec. Epist. xcv.)

le mot de *force* à la place de celui de *faculté*. L'homme aime à sentir sa force, parce que c'est une de ses facultés ; mais qu'on fasse attention qu'il perd d'autant plus sur les autres qu'il donne plus de prix à celle-là, et que du moment où il est tranquille et paisible, l'industrie présente à son activité un exercice bien plus étendu qu'il n'en pourrait jamais attendre de la force. Mettez d'un côté la chasse et la guerre, et moi, je placerai de l'autre les arts, les talens, les sciences et le commerce, et nous verrons qui emportera la balance.

Tels sont, à peu près, les principes auxquels nous rapporterons toutes les observations que le cours de cet ouvrage doit nous présenter. Nous allons jeter un coup d'œil philosophique sur l'histoire, et nous l'envisagerons toujours par le côté qui intéresse le bonheur des hommes. C'est sous ce point de vue que nous examinerons les législations les plus célèbres, persuadés que les individus et les états doivent toujours être distingués, et que les peuples ne sont pas heureux toutes les fois que les gouvernemens prospèrent. [1]

---

[1] On pourrait donner plus d'extension aux réflexions contenues dans ce chapitre ; mais nous répéterons encore que c'est avec la plus grande répugnance que nous nous éloignons du plan que nous nous sommes formé, de ne pas alléguer des faits pour venir à l'appui d'un système ou d'une théorie, mais de faire naître ce système et cette théorie même de l'étude réfléchie des faits ; nous prierons seule-

CHAPITRE II.

Des Égyptiens, des Assyriens, des Mèdes, etc.

Soit que les premiers héros dont l'histoire nous
a transmis les exploits n'aient été, dans le fait, que
des emblèmes ingénieux sous lesquels les philoso-

ment le lecteur d'observer, à l'occasion de ce qui a été
dit ci-dessus, la propension qu'ont les hommes à substituer les *moyens* à la *fin*. C'est ainsi que l'avare qui amasse
de l'argent pour avoir des jouissances, finit par se priver
de toute jouissance pour avoir de l'argent. C'est ainsi qu'un
praticien, quelque honnête qu'il soit, répugne toujours à
accommoder un procès où il aurait pu employer toutes les
formes de la jurisprudence, et qu'un amateur de médecine
ne voit pas sans quelque regret la nature opérer toute seule
une guérison : c'est encore par le même principe qu'un
Charles xii marche botté et éperonné en pleine paix, etc. etc.
Peut-être me répondra-t-on que ces exagérations tiennent
à des goûts ou à des passions ; que l'avare, par exemple,
est heureux en amassant ; mais je demanderai si tous les
goûts et toutes les passions rendent heureux, et pourquoi, chez les Latins, *miser* signifiait à la fois *avare* et
malheureux.

Quant à ce que nous avons dit sur la morale des anciens,
et sur l'opposition des vertus républicaines avec la liberté
individuelle et les sentimens naturels, on peut consulter la
belle dissertation de Stellini, *De ortu et progressu morum*,
et M. Priestley, *Principles on government*.

phes ont voulu enseigner aux peuples grossiers les mystères de la nature, et surtout les révolutions des corps célestes; soit que l'histoire ait marché d'un pas égal avec l'allégorie, lorsque les prêtres arrangeaient à leur manière des faits qu'une tradition incertaine altérait aussi de siècle en siècle; soit enfin que ces deux systèmes aient réagi l'un sur l'autre de façon qu'il soit impossible de démêler de nos jours ce qu'il y a de vrai d'avec ce qu'il y a de fabuleux dans les fastes de l'antiquité, nous pouvons toujours assurer que la guerre y a joué le premier rôle, et que c'est à des conquérans que chaque nation rapporte son origine. Osiris (*a*), ou, si l'on veut, Bacchus, traverse le Nil pour aller à main armée enseigner l'agriculture aux peuples qu'il soumet à ses lois. Plusieurs siècles après, Sésostris se met à la tête d'une armée formidable, et marche à la conquête de diverses nations dont, sans doute, il ignorait même le nom. Voilà donc les temps les plus reculés de cette vieille et respectable monarchie égyptienne déjà marqués par deux conquérans, et par conséquent par deux guerres très injustes. Ce qu'il y a de plus remarquable, c'est que ni l'un ni l'autre ne parut désirer la possession des pays qu'il avait conquis. Ils se contentèrent d'ériger quelques monumens, d'exiger quelques tributs, et passèrent comme des voya-

(*a*) *Sanchoniathon parle de Thaut, et ne dit rien d'Osiris. Bacchus était Arabe, élevé à Nise, qui est, dit-on, le mont Sinaï.*

geurs armés (*b*) qui voulaient être maîtres partout où ils se trouvaient. [1]

C'est à peu près tout ce qu'on peut entrevoir dans cette aurore de l'histoire. Il peut se faire, sans doute, qu'il ait existé des hommes célèbres par leur audace et leurs lumières, qui aient donné lieu aux récits que faisaient les Égyptiens de leur Osiris et de leur Sésostris ; mais la fable dont ces récits sont accompagnés, mais l'invention de l'agriculture qui fut attribuée à Osiris, mais l'antiquité de toutes les traditions recueillies par Hérodote, prouvent assez qu'ils appartiennent à l'enfance des sociétés, et qu'ils ont été défigurés par le temps. Ce qui paraît le plus constant par le témoignage d'Hérodote et de Diodore de Sicile, c'est que, depuis ces temps fabuleux, l'Égypte est la monarchie qui a joui d'une plus longue paix. Il nous sera même impossible d'en douter, si nous considérons que ces mêmes historiens qui ne nous ont transmis la mémoire d'aucune guerre, depuis Sésostris jusqu'à Apriès, nous ont pourtant fait l'énumération de la plupart des princes qui ont rempli cet intervalle, et sont même entrés dans de grands détails sur diverses particularités de leur vie.

N'est-ce pas déjà un préjugé bien consolant, au commencement de nos travaux, que de réunir l'idée

(*b*) *Expression de Lamotte.*

[1] Sed longinqua, non finitima bella gerebant ; nec imperium sibi, sed populis suis quærebant ; contentique victoriâ, imperio abstinebant. (JUSTIN. lib. 1, ch. 1.)

d'une paix très longue et presque constante, avec celle d'une monarchie si ancienne et si respectable ? Quelle que soit la nature de l'homme, il est donc vrai que de bonnes lois et un bon gouvernement peuvent étouffer les germes de la guerre. Si toute la terre avait été peuplée de nations gouvernées comme l'Égypte (c), il y a grande apparence que le problème de la possibilité d'une paix perpétuelle aurait été démontré par le fait, ou plutôt qu'il n'aurait pas été proposé. Mais il n'implique pas contradiction que la terre soit un jour assez généralement éclairée . pour être tout entière gouvernée comme une petite partie l'a été dans les temps les plus reculés. Il serait à désirer seulement que nous fussions plus en état de démêler les rapports que les lois de ce pays pouvaient avoir avec le maintien de la paix. Malheureusement nous sommes peu au fait de la véritable constitution et du gouvernement de cette nation où nous voyons un roi très gêné, assujetti aux formes les plus minutieuses, sans qu'on nous dise qui est-ce qui veillait à l'exécution des lois auxquelles il était obligé de se conformer [1] ; des prêtres qui exercent

(c) *La Chine, l'Inde, la Scythie, étaient en paix.*

[1] Diodore de Sicile rapporte que l'emploi du temps était si bien fixé aux rois d'Égypte, qu'ils ne pouvaient manger, dormir, et même jouir de leurs propres femmes, qu'à de certaines heures prescrites par les lois ; de sorte que ces rois faisaient des enfans comme les nôtres font des ordonnances, *de l'avis de leur conseil.*

le pouvoir le plus absolu, sans qu'on nous apprenne si ce pouvoir était législatif et supérieur, ou s'il n'était fondé que sur l'habitude et l'opinion; enfin des armées nombreuses sans être actives, et fesant corps dans l'état sans l'asservir ou l'opprimer. Bornons-nous donc à juger des causes par les effets, et observons premièrement, que les lois des Égyptiens devaient tendre à la paix, puisque de tous les peuples du monde c'est celui qui a le moins fait la guerre; secondement, que la situation locale, circonstance qui influe presque toujours sur la législation, dut en même temps l'éloigner de l'attaque, et lui épargner le soin de la defense, entourée comme elle l'était de la mer, du Nil et des déserts de l'Éthiopie; troisièmement, enfin, que la longue durée de cette monarchie, l'abondance qui régnait dans son sein, les éloges de tous les peuples et de tous les âges doivent établir le préjugé le plus favorable sur tous les détails qui ne sont pas parvenus à notre connaissance. (*d*)

Au contraire, si nous tournons nos regards sur les Assyriens, les Babyloniens, les Mèdes, les Lydiens, nous ne verrons partout que le despotisme le plus absolu, que la folie des conquêtes, l'avidité et l'abus des richesses. (*e*)

(*d*) *C'est bien dommage qu'un si bon livre commence par des discussions sur l'histoire ancienne, dont on est si fatigué; cela peut rebuter.*

(*e*) *Mais si vous admettez la folie conquérante d'Osiris ou*

Ninus, le premier astre funeste qui brille sur cet horizon, marque sa place dans l'histoire, à force d'injustices et de cruautés. Il attaque et défait les peuples connus depuis sous le nom de *Babyloniens*. Leur roi tombe entre ses mains, il le fait mourir avec ses enfans. Bientôt il marche contre les Mèdes; il les met en fuite, et ayant fait prisonnier Pharnus leur souverain, il le fait mettre en croix, ainsi que sa femme et ses enfans. De là il tourne ses pas vers la Bactriane, qu'il ajoute à ses conquêtes. Sémiramis, devenue son complice, sa femme et son assassin, venge le monde des cruautés de ce tyran, et laisse à son tour de plus grands crimes à venger. Son ambition tient du délire : elle soumet successivement la Médie, la Perse, la Libye et l'Éthiopie : enfin, comme si elle eût voulu vaincre la nature elle-même, elle aplanit les montagnes, change le cours des fleuves, et élève jusqu'aux cieux les monumens de sa démence.

A ces règnes cruellement héroïques succédèrent quelques momens de repos. Des rois, dignes sans doute de nos éloges, puisque l'histoire ne les a pas nommés, laissèrent respirer les hommes, et furent assez heureux pour trouver des plaisirs qui ne nuisaient à personne. Sardanapale, le dernier de cette dynastie, prince trop adonné à la mollesse, mais bien moins coupable que la plupart des héros de l'histoire,

de Sésostris, les Égyptiens sont aussi barbares que les Assyriens.

s'est attiré le mépris des auteurs anciens, et, à leur exemple, de tous les siècles postérieurs. Il perdit son empire comme Darius, comme Persée et tant d'autres rois, parce qu'il perdit des batailles ; mais il sut préférer la mort à une honteuse captivité ; mais il ne fit pas mourir des rois, des femmes et des enfans; mais il ne fit point couler les larmes et la sueur de son peuple pour entasser des pierres sur des pierres (*f*) : néanmoins tous les auteurs, même les plus pieux, ont laissé en honneur Ninus et Sémiramis pour réunir sur lui tous leurs traits satiriques. Les Mèdes, vainqueurs de Sardanapale, le deviennent bientôt de toute la Perse. Ils attaquent ensuite le nouvel empire assyrien fondé par Bélesis : mais tandis qu'ils s'obstinent à cette guerre, ils sont attaqués à leur tour par les Scythes Cimmériens, et après avoir été contraints de partager l'empire avec eux, ils se défont de ces hôtes incommodes en les fesant périr par la plus lâche trahison.

Ici commence Cyrus (*g*). L'histoire ne rapporte pas précisément comment la guerre s'alluma entre ce fameux conquérant et un prince non moins célèbre par sa bonne et par sa mauvaise fortune : je veux parler de Crésus, roi de Lydie, dont le nom est dans la bouche de bien des gens qui ignorent son histoire. Il ne nous est pas aisé non plus d'assigner des causes

(*f*) *Bravo!*

(*g*) *Kir, Kosrou, Kosroes. Les détails de sa vie sont fabuleux.*

à toutes les autres guerres que Cyrus entreprit, et qui le rendirent maître de l'Asie. Il se trouve tant de différence entre les récits d'Hérodote et ceux de Xénophon, que tout lecteur raisonnable voyant d'un côté des fables puériles, et de l'autre un traité de morale mis en action, croit avoir à choisir entre l'Arioste et Télémaque. Contentons-nous donc de croire qu'il y a eu un conquérant nommé *Cyrus*, qui a subjugué l'Asie et fondé l'empire des Perses.[1]

Voilà bien assez de faits pour un ouvrage qui n'est pas historique. Passons aux réflexions qu'ils peuvent nous suggérer : et, premièrement, observons que

[1] Il s'en faut de beaucoup que M. Rollin ait jeté des lumières sur l'obscurité de ces temps reculés. Cet auteur commence par rapporter, avec toute la gravité de l'histoire, les petits détails romanesques dont Xénophon a jugé à propos d'orner sa *Cyropédie*. Il faut avouer que de temps en temps il lui échappe de dire qu'il n'y a peut-être pas un mot de vrai à tout cela ; cependant il continue de suivre Xénophon pour tous les faits principaux, jusqu'à la bataille de Thymbrée. Puis tout à coup, s'attachant à Hérodote, il veut que Cyrus donne près de Sardes une nouvelle bataille, où il lui fait employer encore une fois le stratagème des chameaux opposés à la cavalerie, sans s'apercevoir que tout cela n'est qu'un même fait raconté de deux manières par deux auteurs différens. Il fait plus : pour ne pas perdre l'histoire de Crésus, qui appelle Solon sur le bûcher, il suppose que ce même Cyrus, qu'il vient de peindre comme le modèle des rois, a condamné son ennemi à être brûlé vif, le tout sans daigner faire la plus petite excuse sur cette disparate dans le caractère de son héros.

l'histoire ne nous ayant rien transmis sur le gouvernement des peuples dont nous venons de nous occuper, nous n'en pouvons juger que par les faits ; ces faits nous apprennent que le gouvernement de ces peuples était absolument militaire et despotique [1] (*h*) ; et l'on sait assez qu'un despote qui ne peut être le maître du peuple que par le moyen d'une armée, ne peut se rendre maître de cette armée que par la guerre. Nous n'hésiterons donc pas d'assigner pour cause aux guerres dont nous avons fait mention, les vices du gouvernement et l'ignorance des principes de la politique et de la morale. Mais nous ne devons pas passer sous silence un fait bien digne de remarque : c'est cette irruption des Scythes venus du Bosphore (*i*).

[1] Il serait de mauvaise foi de dissimuler ici les éloges qu'Hérodote et Xénophon ont donnés aux anciens Perses. Nous sommes même obligés d'avouer que si l'on en croit Hérodote, ce peuple était moins barbare que nous, puisqu'il n'infligeait jamais la peine de mort pour une première faute, et que sa législation n'avait spécifié aucune punition pour le parricide, admettant ce principe, qu'il n'y a que la démence seule qui puisse conduire à un pareil crime : mais outre que de bonnes lois civiles ne suffisent pas pour constituer un bon gouvernement, nous voyons d'ailleurs que les mœurs des Perses tendaient bien plus à en faire un peuple belliqueux et conquérant, qu'un peuple agricole et paisible.

(*h*) *Je doute du despotisme. Je crois qu'il n'y avait point de despote chez les premiers voleurs. Je ne me serais jamais soumis à Cartouche ; j'aurais partagé.*

(*i*) *Cimmérien.*

On voit ici pour la première fois ces habitans du Nord
se répandre dans des contrées plus fertiles, et triompher des nations les plus belliqueuses. Ce qu'il y a
de plus singulier, c'est qu'on les voit faire avec les
Mèdes le même traité qu'ils ont fait depuis avec les
empereurs romains, c'est-à-dire qu'ils ont stipulé
pour eux la copropriété des terres avec les anciens
possesseurs, et cette manière singulière de régner
chez autrui, en qualité d'hôtes (*k*) [1]. On sent aisément
que cette espèce de guerre se rapporte à notre premier principe, le désir de quitter un climat rigoureux
pour un climat plus doux.

(*k*) *Le mot était doux, et la chose dure.*

[1] Voyez à ce sujet les *Remarques de M. l'abbé Dubos sur
la monarchie française*, dans lesquelles cet ingénieux auteur
prouve que les Francs et les Lombards qui s'établirent dans
les Gaules, dans l'Espagne et dans l'Italie, se donnaient
pour hôtes (*hospites*) des Romains, et que leur chef se
faisait appeler *roi des Francs et des Lombards*, mais non pas
roi des Gaules et d'Italie.

CHAPITRE III.

Des moyens par lesquels on peut apprécier la félicité des peuples, et particulièrement celle des peuples de la première antiquité.

Ce seroit inutilement que nous aurions parcouru les premières époques de l'histoire, si de tant d'événemens qu'elle présente, nous ne savions pas tirer quelques faits généraux ; faits bien plus certains que ceux qui nous ont été si soigneusement transmis, et qui, semblables à des grains de poussière, n'auraient aucun poids, s'ils n'étaient réunis dans une seule masse. Ce sont ces faits importans que les historiens ont presque toujours négligés, comme s'ils avaient voulu tout dire, excepté ce qui est incontestablement vrai. En effet, il n'est pas sûr que Cyrus, à la tête de cent mille Perses, ait battu cinq cent mille Assyriens, Égyptiens, etc., ni que Ninus ait bâti une ville qui avait neuf lieues et demie de tour : mais il est sûr, d'un côté, qu'une armée bien disciplinée et commandée par un roi guerrier a triomphé d'une multitude ignorante et indisciplinée ; et, de l'autre, qu'un peuple d'esclaves abrutis sous le joug a été condamné à n'employer ses bras que pour satisfaire les caprices d'un despote insensé.

Mais de toutes les spéculations auxquelles l'histoire peut donner lieu, en est-il de plus belles, de plus dignes de notre attention que celles qui ont pour objet le bonheur de l'espèce humaine (*a*)? Plusieurs auteurs ont examiné avec soin, si tel peuple était plus religieux, plus sobre, plus belliqueux qu'un autre : aucun n'a encore cherché quel était le plus heureux (*b*). Les Égyptiens l'étaient-ils plus que les Mèdes, les Mèdes plus que les Grecs, et ceux-ci plus que les Romains? C'est ce qu'on n'a guère pris la peine de développer; ou si quelqu'un l'a essayé, ce n'a été que sur des principes vagues et insuffisans.

Parmi nombre d'erreurs commises dans ce genre, la plus commune est de confondre le peuple avec le gouvernement. On croit que le peuple est heureux quand l'état s'agrandit : au lieu d'envisager le bien des individus, on ne considère que l'accroissement et la durée des empires, comme si la prospérité publique et la félicité générale étaient deux choses inséparables. (C'est ce qui faisait dire assez plaisamment à un cynique qu'il fallait changer cette maxime, *Salus populi suprema lex esto*, en celle de *Salus gubernantium suprema lex esto* (*c*). J'aurai plus d'une occasion de réclamer contre ces préjugés; quant à présent, je me borne aux réflexions qui m'ont été

(*a*) *Voilà le sujet du livre.*

(*b*) *Le moins malheureux.*

(*c*) *Bravo!* *

* Ce passage, qui excitait l'enthousiasme philanthropique de Voltaire, fut supprimé dans l'édition de 1776.   R.

suggérées par les faits dont nous nous sommes oc-
cupes.)

Il est temps de prendre en main la cause de l'humanité trop long-temps négligée, de considérer le
peuple dans l'état, et de séparer l'idée du bonheur
de celle de la gloire et des succès. Partout où je ver-
rai des trophées, je penserai donc au sang qu'ils ont
coûté : partout où l'on me montrera de vastes et de
magnifiques édifices, je regretterai la sueur qu'ils
ont fait couler *. Sages Égyptiens, n'aviez-vous donc
de meilleur emploi de votre temps que d'entasser
des pierres sur des pierres ? n'aviez-vous pas d'autre
plaisir que de contempler des pyramides ? Quoi !
lorsque les guerres longues et opiniâtres nées de la
jalousie entre les souverains et d'un vain équilibre
entre les puissances, n'ont pas encore obligé les
princes à entretenir des armées considérables; lorsque
les nations, accablées par des dettes contractées dans
des temps de crise, et multipliées par la négligence
des races passées, ne seront pas contraintes à payer
des contributions immenses; lorsque le luxe, père
ou enfant de l'industrie, n'aura pas encore donné
aux denrées un prix excessif; il faudra cependant
qu'un peuple entier soit condamné au travail, que
ses bras, que ses journées appartiennent à d'autres
qu'à lui ?... Ainsi le pouvoir, toujours tyrannique,

* Je pense.... que les grands édifices et les vastes monumens sont un indice de pauvreté dans le peuple qui les a
élevés. (*Édition de* 1772.)

n'a pas besoin de prétexte pour être oppresseur. Que nos contemporains se consolent, s'il est possible, et qu'ils reconnaissent chez les peuples de la plus haute antiquité, des malheurs dont nous autres modernes nous gémissons d'autant plus, que nous les croyons plus récens; car les hommes, trop accoutumés à supporter, ne souffrent guère que lorsqu'ils raisonnent; et il n'y a que les choses nouvelles qu'ils se permettent de discuter. Arrêtons-nous donc un moment sur cet objet comme sur un des plus importans à la félicité publique, et un de ceux sur lesquels il est le plus pressé d'établir des principes.

En effet, dans tous les jugemens qu'on a portés de nos jours sur le bonheur ou le malheur des peuples, on n'a presque jamais considéré autre chose que les impositions dont ils étaient chargés. Encore n'a-t-on évalué la rigueur de ces impositions que sur la manière dont elles ont été levées, c'est-à-dire suivant qu'elles ont plus ou moins approché de la forme d'un tribut, et que le contribuable a dû tirer de l'argent de sa poche pour le donner au souverain. Rien de plus commun que de demander à un homme qui a parcouru l'Allemagne et l'Italie, si le Palatinat paye plus que la Saxe, le Piémont que la Toscane, l'État romain que le royaume de Naples. Des comparaisons qu'on est à portée de faire, résultent ordinairement ces conclusions très souvent mal fondées : *Il fait meilleur vivre là qu'ailleurs ; tel peuple est plus heureux que son voisin ;* et tous ces faux jugemens

auxquels les gens les plus raisonnables sont sujets,
parce qu'ils ne viennent pas de ce qu'on voit mal,
mais de ce qu'on ne voit pas assez. Si nous remplis-
sons l'objet que nous nous sommes proposé, nous
ne terminerons pas cet ouvrage sans mettre nos lecteurs à portée de connaître tous les élémens du bonheur public, et surtout d'appliquer cette connaissance à la comparaison des temps anciens avec le
temps présent ; mais puisque cette seule idée que les
peuples de la première antiquité n'éprouvaient pas
comme nous le fardeau de l'imposition, pourrait
donner un préjugé contraire à une opinion que nous
ne devons développer que successivement et à mesure que le plan que nous nous sommes proposé
nous en fournira les moyens, il est bon d'examiner
dès à présent quel est véritablement le poids de l'imposition et l'abus que les souverains en ont fait.

Or la manière la plus simple de faire cette appré-
ciation, c'est d'évaluer tout impôt en travail, et de
regarder toute contribution comme un travail que
le sujet est obligé de faire pour le souverain. Qu'un
ouvrier qui gagne vingt sous par jour soit imposé à
dix livres, n'est-ce pas la même chose que si on lui
demandait de travailler dix jours pour rien ? Qu'un
laboureur cultive cinq arpens de terre, et qu'on lui
demande le produit d'un arpent, n'est-ce pas comme
si on lui ordonnait de labourer, de semer et de
moissonner cet arpent de terre à ses frais ? Les Égyptiens, je le suppose, ne payaient pas d'impôt ; mais

si, pour creuser le lac Mœris et pour élever des pyramides, on les obligeait à travailler trois mois de l'année, n'était-ce pas, dans le fait, une imposition très rigoureuse? n'en est-il pas de même du service des armées, de l'entretien des temples et des prêtres? Si l'on veut donc apprécier le sort de tous les peuples relativement à cet important objet, ceux de la première antiquité comme ceux de notre âge, il sera nécessaire de raisonner ainsi :

Première question. Combien de jours dans l'année, ou d'heures dans la journée, un homme peut-il travailler sans s'incommoder, sans se rendre malheureux? On voit du premier coup d'œil que cette question tient à la nature du climat, à la constitution et à la vigueur des hommes, à leur éducation, à leurs alimens, etc.; tous cas qui peuvent aisément (*d*) se résoudre.

Seconde question. Combien faut-il qu'un homme travaille de jours dans l'année, ou d'heures dans la journée, pour se procurer ce qui est nécessaire à la conservation et à l'aisance de sa vie ?

Ces deux questions résolues, il sera aisé de trouver combien il reste à chaque homme de jours dans l'année ou d'heures dans la journée qui soient *disponibles*, c'est-à-dire qu'on puisse lui demander, sans prendre sur sa subsistance et son bien-être ; de sorte que tout ce qui nous reste à faire, c'est d'examiner si ce que le souverain exige est en-deçà ou

(*d*) *Difficilement.*

au-delà de cette épargne que chaque homme peut se ménager sur son temps.

Maintenant, pour tirer de ce développement toutes les conséquences qui en résultent, il faut se figurer que tout le travail qui se fait dans un état est partagé également entre les individus. Je suppose, par exemple, que tout homme étant obligé de se bâtir et de s'entretenir une maison, de se procurer et de se préparer sa nourriture, de se fournir d'un vêtement, etc. il faut que chaque homme soit à la fois maçon, couvreur, cultivateur, cuisinier, tisserand, tailleur, cordonnier, etc. D'après cela, il est nécessaire de calculer ce que chacune de ces occupations prend de jours dans l'année ou d'heures dans la journée, et de comparer ensuite ce qui reste de *disponible* avec ce que le souverain demande. Or je dis que c'est ce rapport qui décidera du bonheur ou du malheur des peuples.

Avant d'aller plus loin, prévenons quelques objections qu'il ne faut pas négliger, quoiqu'elles ne viennent guère que d'un attachement opiniâtre à certaines formules ou nomenclatures devenues trop communes de nos jours, et dont l'effet ordinaire est d'établir une dispute de mots avant la discussion des principes. Nous dirons donc que nous ne considérons pas le travail en lui-même comme la première richesse d'un état; mais puisque aucune richesse, et surtout celle qui vient de l'agriculture, ne peut être obtenue sans travail, nous croyons que celui-là n'aura jamais la propriété de sa terre qui n'a pas celle de son travail; nous pensons, par exemple, que si le paysan chinois est heureux parce qu'il lui suffit de cultiver la dixième partie de son champ au profit de l'état, il serait malheureux du moment que cette tâche, qu'on peut appeler *corvée*, s'étendrait au tiers au lieu du dixième; qu'inutilement le paysan russe, affranchi de sa servitude, deviendrait-il propriétaire, s'il était toujours obligé de fournir à son seigneur la même quantité de temps et de travail, parce qu'il ne lui resterait plus assez de l'un et de l'autre pour améliorer sa culture et donner essor à son industrie : enfin cette hypothèse serait encore plus frappante si, dans nos colonies à sucre, le nègre était rendu propriétaire de cette portion de terre qu'il ne lui est permis de cultiver que les dimanches et fêtes. Ainsi donc si nous voulons former quelques conjectures sur le bonheur des Égyptiens, il est important de considérer quelle quantité de travail l'état a dû exiger d'eux. Or il peut exister plusieurs cas différens : 1°. La population de l'Égypte ayant été immense, il se peut faire que l'épargne sur le travail général que ces grands édifices ont exigé, se soit trouvée peu de chose, étant répartie sur le travail de chaque individu. (*e*)

2°. Ces mêmes édifices ont pu prendre tout ce qui restait de temps *disponible*.

(*e*) *Et si les pyramides ont été bâties par un peuple esclave?*

3°. La population n'ayant pas été assez considé-rable, ils ont pu prendre au-delà de cette partie *dis-ponible.*

4°. Enfin, il est possible que la population n'ait pas été considérable, mais qu'en même temps les besoins des hommes se soient trouvés si bornés, qu'il leur soit resté beaucoup de temps à donner à leur souverain.

Cela posé, il ne nous reste plus qu'à chercher dans laquelle de ces quatre positions l'Égypte s'est trouvée; ce qui ne nous sera peut-être pas si difficile qu'on serait tenté de le croire en considérant l'es-pace immense dont ces objets sont éloignés de nous. Nous savons en effet que les inondations du Nil diminuaient et réduisaient presque à rien tous les travaux nécessaires à la culture (*f*). Ainsi les Égyp-tiens étaient toujours sûrs d'avoir à peu de frais d'abondantes moissons. D'un autre côté, nous ne voyons pas que ce peuple ait été recherché dans la parure, la table, et autres dépenses pareilles. Il ne serait donc pas impossible de prouver que chaque individu n'avait que peu de jours dans l'année, ou d'heures dans la journée à employer pour se pro-curer le nécessaire. On pourrait même en faire le calcul : c'est un problème qui est résolu algébri-quement, et qu'on peut aisément traduire en rap-ports numériques.

(*f*) *Après des siècles de stérilité et de peine, car il fallut dompter le Nil pour vivre.*

Mais une chose bien importante, c'est que cette théorie conduit tout naturellement à connaître enfin ce que c'est que le luxe, et quels en sont les effets; de sorte qu'on pourrait maintenant le définir *tout emploi de temps qui prend sur celui dont les particuliers et l'état ont un besoin véritable.* Suivant ce principe, ce serait pour une nation un luxe égal de s'habiller d'une étoffe qui exigeât de chaque particulier une heure de travail par jour, ou de s'accommoder les cheveux d'une manière qui employât journellement le même espace de temps; bien entendu que ces deux choses ne pourraient être considérées comme luxe qu'autant qu'elles occuperaient un temps qui ne serait pas *disponible.*

Mais, me dira-t-on, comment connaître au juste la quantité de travail que chaque individu doit se réserver pour lui-même? S'il arrive qu'un particulier ne se trouve pas heureux, à moins qu'il ne porte des habits de velours, regarderez-vous comme un temps nécessaire celui que l'éducation des vers à soie et la fabrique des velours ont exigé?.... Peut-être : et pourquoi non, si cela était possible? Mais le fait est que pareille chose ne peut arriver. Je n'aurai donc pas besoin de répondre à cette objection, parce que je puis avancer un principe général : c'est que les besoins des particuliers doivent être limités par ceux de l'état, c'est-à-dire que la commodité ne doit marcher qu'après la sûreté, et qu'une jouissance assurée est préférable à une jouissance étendue.

J'ajouterai que c'est cette considération qui établit les limites de l'aisance et du luxe; qu'ainsi le luxe peut également exister du côté du sujet et du côté du souverain, et que, sans parler du faste des cours, il ne se rencontre pas moins dans les armées trop nombreuses que dans les habits trop magnifiques; enfin que si les Sybarites avaient un luxe de mollesse, les Spartiates en avaient un d'ambition et de gloire.....

Il est incontestable, du moins j'ai lieu de croire que c'est une vérité reconnue dans ce siècle philosophe, que le premier objet de tout gouvernement doit être de rendre les peuples heureux. Or, toutes les fois que les projets d'agrandissement de la part du gouvernement obligeront les sujets à sacrifier une partie des jours dans l'année, ou des heures dans la journée, dont l'emploi est nécessaire à leur bonheur, on tombera dans un excès condamnable, dans un véritable abus. D'un autre côté, si le peuple, abandonné à la mollesse, refuse à l'état la quantité de travail nécessaire au maintien de la sûreté publique, il s'exposera par ce mauvais calcul à devenir la proie du premier qui viendra l'attaquer; et c'est un malheur qu'il ne tardera pas à éprouver. Mais combien de fois les choses peuvent-elles se balancer entre ces deux extrêmes, sans jamais y arriver! Voilà ce qui multiplie à un si haut degré les nuances de malheurs et de prospérités qu'on aperçoit parmi différens peuples, et dans des époques différentes.

Nous ne donnerons qu'un petit nombre d'exemples des diverses manières dont ces causes peuvent agir. Il peut se faire qu'un peuple ignorant et paresseux, ne connaissant ni ses facultés ni ses besoins, reste dans un tel état d'anéantissement, qu'il n'emploie pas même à son propre usage le temps qui lui serait nécessaire pour se procurer une vie douce et commode. Il peut se faire encore que le gouvernement, en exigeant de ce peuple une certaine quantité de travail, l'accoutume à l'activité et à l'industrie; alors le souverain, en augmentant la quantité de jours dans l'année, ou d'heures dans la journée, qu'il exigerait du sujet, augmenterait en pareille proportion le temps que celui-ci emploierait pour sa propre utilité.

D'un autre côté, s'il existe un peuple qui jouisse d'un climat doux et fertile, et qui, content des bienfaits de la nature, ne connaisse pas l'inquiétude des désirs, on sera fondé à regarder le repos comme un de ses premiers besoins; et ce serait alors une politique mal entendue que de vouloir ajouter quelque chose, soit au travail qu'il se réserve, soit à celui qu'il donne à l'état.

Enfin, il peut arriver que l'état exige trop du peuple, sans que le peuple se détruise; mais les mauvaises conséquences de cet excès n'en existent pas moins; parce que s'il ne ravit pas aux sujets ce qui est nécessaire à leur existence, il leur ôte du moins ce qui peut la leur rendre agréable.

Ne pourrions-nous pas dire maintenant que le premier cas s'applique naturellement aux peuples des climats tempérés, et même aux habitans du Nord; le second aux nations méridionales, telles que les Italiens, les Grecs, les Asiatiques; le troisième enfin, à presque toutes les nations belliqueuses qui habitent le centre de l'Europe?

Une autre vérité qui suit de nos principes, c'est qu'il n'existe de *revenu net* [1] (car il faut bien se ser-

---

[1] Il me semble que tous les termes nouveaux, quelque utiles qu'ils soient, ne devraient être employés qu'avec la plus grande précaution, toutes les fois qu'ils servent de ralliement pour les sectes, et qu'ils usurpent le crédit qui n'est dû qu'aux idées et au raisonnement. C'est une chose assez singulière que les Anglais, qui ont tant écrit sur l'agriculture et sur le gouvernement, n'aient pas dans leur langue une expression qui corresponde à celle de *revenu net*. On en peut voir la preuve dans la traduction anglaise de cet ouvrage, où ces mots sont employés en français et en lettres italiques. Ajoutons encore, et cela dans un esprit de paix et de concorde, que ce serait inutilement qu'on voudrait subtiliser sur l'interprétation des mots *revenu net,* et dire que le cultivateur qui ajouterait à son aisance tout ce que sa terre produirait d'excédant aux frais de culture, serait lui-même le consommateur du *revenu net.* Eh! n'at-on pas fait entrer dans les frais de culture l'entretien du cultivateur? Or, qui est-ce qui l'arbitrera? Le réduirez-vous au nécessaire physique? et de quel droit? Lui accorderez-vous quelque aisance? et quelle en sera la limite? Les dépenses du cultivateur peuvent donc diminuer le *revenu net,* etc.

vir de ce terme), que toutes les fois qu'il se trouve
une raison quelconque qui oblige les hommes à travailler au-delà du temps qu'ils ont destiné à leur
propre usage. On appelle en effet *revenu net* l'excédant de valeur, soit en denrée, soit en argent, que
produit une terre, lorsque tous les frais nécessaires
à sa culture sont prélevés, frais dans lesquels il faut
comprendre, outre les semences, engrais, façons, etc.
l'entretien complet du cultivateur. Or, il est aisé de
voir que tout cultivateur qui, pouvant vivre avec
cent gerbes de blé, s'efforce d'en recueillir cent cinquante, et produit ainsi cinquante gerbes de revenu
net, ne le fait jamais à moins qu'il n'existe une raison
qui l'y détermine. Sans cela il arriverait de deux
choses l'une : ou il s'épargnerait une partie de son
travail, se contentant de ce que la terre produirait
avec une culture moins soignée, ou il tournerait à
son profit le surplus qu'il se serait procuré, et l'emploierait à se donner quelques jouissances pour prix
de son labeur; et alors sa dépense, devenue plus considérable, empêcherait qu'il n'eût aucune épargne au
bout de l'année. Tout le contraire arrive si le souverain ou le propriétaire ont imposé des lois au cultivateur, s'ils ne lui permettent la jouissance des
fruits de la terre qu'après qu'ils en auront pris pour
eux une certaine partie. Alors il est clair que, lorsque
le laboureur s'est assuré sa propre subsistance, il n'a
rien fait encore s'il ne s'est ménagé cet excédant
dont il faut qu'il fasse le sacrifice. Tel était, par

exemple, le cas des Égyptiens : tout le revenu net appartenait au roi, aux prêtres et aux soldats ; car c'est une chose remarquable que parmi ce peuple il n'y avait exactement point de propriétaires. Les laboureurs, comme les artisans, formaient une classe de mercenaires ; ou plutôt les premiers étaient tous réduits à l'état de fermiers, puisqu'ils n'étaient que simples cultivateurs des terres qui appartenaient aux trois grands propriétaires de l'état, c'est-à-dire à la couronne, à la milice et au sacerdoce.

Que ce revenu net des Égyptiens ait été très considérable, c'est ce qu'on ne peut révoquer en doute, si l'on considère qu'outre la grande quantité de prêtres que cette nation entretenait, et les dépenses immenses que ses rois faisaient en bâtimens, elle avait continuellement plus de quatre cent mille hommes de troupes sur pied ; ce qui paraît exorbitant lorsqu'on se rappelle que Diodore de Sicile n'évalue la population de l'Égypte, dans les temps les plus florissans, qu'à sept millions d'habitans. [1]

[1] Il me paraît qu'il y a une petite contradiction dans ce passage de Diodore ; car dans le même temps qu'il ne donne que sept millions d'habitans à l'Égypte, il dit que ce royaume contient un très grand nombre de villages et plus de dix-huit mille villes. Or, à ne donner seulement que mille hommes de population à chaque ville, nous aurions déjà dix-huit millions d'habitans.

Nous ne devons pas non plus passer sous silence un autre passage de Diodore, qui pouvait bien acquitter les rois d'Égypte de ces énormes corvées dont on les accuse d'avoir

Nous ne pouvons guère décider si les Égyptiens avaient besoin ou non d'un si grand nombre de troupes. Il paraît seulement que ce peuple n'était ni querelleur ni conquérant. Il y a donc toute apparence que cette nombreuse milice était nécessaire à sa conservation. Quant à la quantité de prêtres qu'il entretenait, nous ne pouvons la regarder que comme une très grande superfluité ; c'est le luxe de l'ignorance le plus nuisible de tous, puisqu'il ne produit aucune jouissance agréable, et n'excite aucune industrie.

Qu'on juge maintenant du bonheur dont les Égyptiens auraient pu jouir, si, au lieu de fournir à la

accablé leurs sujets. Selon lui, Sésostris, l'un de ceux qui ont le plus élevé d'édifices, ne voulut y employer que des captifs. Il eut même l'attention d'y faire placer des inscriptions où on lisait ces mots : *Aucun Égyptien n'a travaillé à cette construction.* Il ajoute que les captifs babyloniens ne pouvant supporter des travaux si pénibles, trouvèrent moyen de s'échapper, et que s'étant emparés d'un endroit avantageux sur les bords du fleuve, ils surent à la fois s'y maintenir, et se rendre redoutables aux Égyptiens. En rapprochant ce passage des faits que l'Écriture sainte nous a transmis, on verra que si la nation égyptienne ne fut pas ennemie d'elle-même, elle le fut du moins de l'humanité. Peut-être n'a-t-on pas assez réfléchi sur ce que pouvait produire la tyrannie que l'homme exerçait alors sur son semblable. Toutes les fois qu'on sera surpris ou saisi d'admiration en voyant les traces de quelques-uns de ces monumens qui semblent surpasser les forces humaines, qu'on se rappelle seulement ces deux mots, *guerre* et *esclavage.*

subsistance de tant de prêtres et de soldats, ils avaient employé tout ce qui leur restait de temps *disponible* à se procurer les commodités de la vie. On ne verra alors que trop clairement que la guerre et la superstition ont toujours été les plus grands obstacles au bonheur des nations.

Il suit encore de ce que nous venons de dire, que s'il existait une nation qui, sans être pauvre, ne produisît pas de *revenu net*, ce serait la plus heureuse nation du monde ; car ce serait celle où les hommes emploieraient tout ce qu'ils auraient de temps *disponible* à augmenter de plus en plus leur bonheur. Mais, me dira-t-on, comment cette nation serait-elle heureuse, si elle employait au travail la plus grande partie de son temps *disponible?* Je répondrai qu'il est des genres de travail qui ajoutent à notre bonheur : par exemple, si les hommes étaient nus et qu'ils couchassent en plein air, ils seraient très heureux d'employer une partie de leur temps à bâtir des maisons et à fabriquer des habits ; ou, si l'on veut, il serait très heureux pour les tailleurs qu'il y eût des maçons, et pour les maçons qu'il y eût des tailleurs. De même ceux qui ne se nourrissent que de pain et ne boivent que de l'eau, se réjouiraient de travailler davantage, pourvu qu'ils pussent espérer de manger de la viande et de boire du vin.

Ces principes sont si vrais, que si nous lisons l'histoire avec attention, nous serons perpétuellement à portée d'en faire l'application. Nous verrons

qu'avant que les arts de commodité, que les décla-
mateurs appellent *arts de luxe*, eussent été connus;
dans ces temps où les nations grossières, ou, si l'on
veut, frugales, n'avaient qu'un simple manteau pour
se couvrir, et du laitage, de l'orge et des *lupins*[1]
pour se nourrir; nous verrons, dis-je, que s'il arrivait que la population s'augmentât sensiblement, on
n'y savait d'autre remède que de tirer au sort à qui
irait chercher à vivre ailleurs[2]. En effet, comment
cette population surabondante, ces nouvelles rami-
fications des familles auraient-elles pu engager les
premiers propriétaires à redoubler de travail pour
fournir à leur subsistance? Il est certain que ce
n'aurait été qu'en travaillant de leur côté à des ouvrages capables de provoquer les désirs des premiers
habitans.

Voilà, je crois, quelle a été la plus ancienne origine des colonies. Supposons un pays où dix mille
personnes vivent grossièrement, en cultivant sans
beaucoup de soin ni de travail le terrain qui forme
leur domaine. Supposons encore qu'au lieu d'un
accroissement dans la population, de la valeur de

---

[1] Espèce de féves communes dont les anciens faisaient
beaucoup d'usage.

[2] Cette politique était bien opposée à celle de sir Williams
Petty, qui désirait, pour le bien de la couronne britan-
nique, que les habitans de l'Écosse et de l'Irlande fussent
transportés en Angleterre, et qu'après cela ces deux royaumes fussent submergés.

cinq mille hommes, il débarque tout d'un coup dans ce pays cinq mille artisans, dont l'un propose de donner des habits, l'autre des souliers, celui-ci du vin, cet autre des ustensiles, à condition de recevoir en échange une certaine quantité des productions cultivées par les premiers colons; qui doute que ceux-ci, excités par le désir de se procurer les commodités de la vie, ne redoublent de travail pour augmenter leurs récoltes, et par conséquent leurs moyens d'échange? Or, de commodités en commodités, de désirs en désirs, on va de l'acquisition de l'habit le plus simple jusqu'à celle d'une troupe de comédiens.

Telle aurait été la marche de notre commerce avec l'Amérique, si, au lieu de détruire les malheureux habitans de cette vaste contrée, on s'était contenté de les civiliser. On peut ajouter à ces réflexions, que les républiques ont dû fonder plus de colonies que les monarchies, parce qu'il ne faut pas beaucoup d'industrie à un souverain pour trouver des objets de travail qui suffisent à l'emploi de toutes les forces de son peuple; au lieu que les républiques n'élèvent pas des pyramides, et ne se piquent pas de planter des arbres sur des terrasses voisines des nuées. Il arrive même rarement qu'elles fassent de ces ouvrages utiles, mais dispendieux, qui exigent de la force et de l'unité dans le commandement. Si Rome eût été libre dans le temps où elle avait quatre-vingt mille habitans, elle aurait peut-être fondé une colonie, au lieu de construire ce fameux aqueduc connu sous le nom de *Cloaca magna*. Il est sûr que Tarquin n'a pu exécuter un si grand ouvrage sans que la classe de citoyens qui restait pour la culture et l'industrie, ne se vît forcée de travailler beaucoup plus qu'elle n'aurait fait, si tous les ouvriers occupés à cet ouvrage avaient été répandus parmi les artisans et les agriculteurs. [1]

Concluons donc cette digression, déjà beaucoup trop longue, en disant qu'on ne peut évaluer le bonheur des peuples de la première antiquité, ni par la frugalité des uns, ni par le faste des autres; qu'une grande simplicité n'était pas plus une preuve de leur vertu qu'une grande magnificence n'en était une de leur félicité : mais que partout l'ignorance, le despotisme, la guerre et la superstition ont enlevé aux hommes les bienfaits que la nature leur avait présentés.

[1] Bien des gens ont été surpris que Rome, dans son enfance, ait pu construire en si peu de temps cet ouvrage immense, et encore dans un temps de guerre. J'en ai d'abord été aussi étonné que les autres; mais ce problème peut se résoudre aisément par nos principes. Selon Tite-Live et Denys d'Halicarnasse, Rome contenait sous Tarquin quatre-vingt mille (g) habitans. Or rappelez-vous quelles étaient la simplicité et la frugalité des premiers Romains, et imaginez combien de jours dans l'année, ou d'heures dans la journée, un homme était obligé d'employer pour lui-même, ou, si vous voulez, combien peu d'hommes il fallait pour suffire aux

(g) *J'en doute.*

~~~~~~

CHAPITRE IV.

De la moyenne antiquité, et principalement des Grecs.

JE pourrais, en commençant ce chapitre, débuter, comme Milton, par saluer la lumière que je retrouve après avoir erré long-temps dans les ténèbres [1]. S'il faut encore appeler l'histoire à mon secours, si l'on exige que je continue d'exposer le rapport des événemens passés avec les principes que j'ai établis, ce ne seront plus les contes puérils d'Hérodote ni les traditions fabuleuses des poètes que je devrai consulter. Je suis muni de l'autorité des auteurs les plus respectables ; je puis citer ces écrivains célèbres qui servent encore de modèles dans ce siècle éclairé. Thucydide, Xénophon, Dio-

besoins de tous les autres. Un passage de Denys sert encore à appuyer cette opinion. Romulus, vainqueur des Antemnates et des Céniniens, en fait passer trois mille à Rome, et se contente d'envoyer six cents hommes pour les remplacer. C'est que six cents hommes pouvaient cultiver la quantité de terres qui suffisaient à la subsistance de trois mille.

Dans la colonie de Caïenne, les nègres ne sont jamais nourris par leurs maîtres ; on se contente de leur accorder un samedi tous les quinze jours pour cultiver les champs d'où ils tirent leur subsistance.

[1] *Hail holy light! offspring of heav'n*, etc. (commencement du troisième chant du *Paradis perdu*).
~~~~~~

dore, Pausanias, Plutarque, se prêtant un jour mutuel, ont suffisamment fait connaître la vérité. En
effet, quelques variétés qu'un zèle patriotique, un
caractère superstitieux, un esprit dogmatique, aient
pu mettre dans leurs récits, Darius, Xerxès, Thémistocle, Aristide, ne passeront pas à la postérité
avec des caractères moins reconnaissables et moins
certains que Charles-Quint, Gustave, De Witt et
Barneweldt. Du moment que nous arrivons à la guerre
Médique, et surtout à celle du Péloponnèse, le voile
de l'antiquité paraît se lever, et la lumière de l'histoire se répandre tout à coup sur les siècles passés.
Au seul nom de la Grèce, l'enthousiasme se réveille,
et nous retrace aussitôt les idées de vertu, de courage, de désintéressement et d'austérité, réunies avec
celles de la perfection dans les arts, de la délicatesse
dans le goût, et du raffinement dans la volupté : tant
l'admiration est capable d'allier les choses les plus
opposées ! Pour nous, qui ne nous sommes proposé
d'autre objet, en commençant cet ouvrage, que le
bien de l'humanité, nous nous contenterons de tout
rapporter à cette seule considération ; c'est sur elle
uniquement que nous mesurerons nos éloges et nos
critiques.

Quelques citoyens se réunissent par la persuasion
d'un homme courageux et entreprenant [1] ; bientôt
des édifices magnifiques s'élèvent, des vaisseaux in-

---

[1] Ce fut Thésée qui le premier rassembla à Athènes les
peuples répandus dans l'Attique.

nombrables (*a*) couvrent les mers, le grand roi est insulté, combattu, repoussé. Un grand nombre d'îles riches et florissantes, une étendue immense de côtes, deviennent tributaires ; Athènes, l'aimable et brillante Athènes s'élève sur les ruines de la barbarie, et ses remparts formidables ne paraissent destinés qu'à procurer un asile aux arts et aux talens.

D'un autre côté, un génie ardent, profond, austère, imagine de réformer le gouvernement de son pays. Animé de l'esprit de patriotisme, il forme et exécute le projet extraordinaire d'éterniser l'enthousiasme en le perpétuant de race en race : l'orgueilleuse Sparte élève un front d'airain sur toute la Grèce, et se couvre de ses armes pour ne les quitter jamais.

Que d'exploits mémorables signalent le berceau de ces républiques! Marathon, Platée, Salamine, Micale, annoncent leur grandeur future. Dix-sept cent mille (*b*) hommes ont en vain débarqué dans la Grèce. Il reste deux villes : que dis-je ? il n'en reste plus qu'une; car Athènes est anéantie ou n'existe plus que sur les flots; et cependant Xerxès est mis en fuite et poursuivi jusque sur un autre continent.

De quels liens précieux et sacrés ne seront pas unies ces républiques qui viennent de partager entre elles des travaux si glorieux! Partout la tyrannie va

(*a*) *Ah ! innombrables ! et du temps de Thémistocle on eut besoin d'un oracle pour les forcer à bâtir des vaisseaux.*

(*b*) *Tarare !*

disparaître ; une sainte association unira tous les membres de la Grèce à ces deux têtes révérées, et la paix fleurira parmi les défenseurs de la liberté.....

C'est ici que nous sommes obligés de changer de langage, et de jeter un second coup d'œil sur les mêmes objets. Peut-être en regardant de plus près, ne verrons-nous dans la république d'Athènes qu'une populace mal organisée, vaine, légère, ambitieuse, jalouse, intéressée, incapable de se conduire par elle-même, et ne pouvant souffrir dans ses chefs la fortune qu'elle partage avec eux; pleine de sagacité lorsqu'il s'agit de discuter, et la perdant lorsqu'il faut résoudre; enthousiaste d'une vaine éloquence, toujours prête à abandonner le fond pour la forme, et les raisons pour des paroles ; un peuple enfin injuste pour ses alliés, ingrat pour ses chefs, et cruel pour ses ennemis. D'un autre côté, si nous revenons sur les Spartiates, et que nous les examinions plus en détail, au lieu d'y voir ce chef-d'œuvre si respectable de la morale et de la politique, nous ne saurons pas seulement comment les qualifier. Est-ce une nation ? Mais ils ne cultivent pas la terre, ils en méprisent les productions (c), et se font un mérite de s'en passer, autant qu'il leur est possible. Est-ce une société ? Mais les liens des familles, ceux du mariage, la paternité, l'amour et l'amitié y sont des choses inconnues. Les femmes ne sont liées à leurs

(c) *Et les gerbes de Lycurgue, qui fut si aise de les voir égales.*

maris que d'une manière précaire et incertaine ; les enfans n'appartiennent point à leurs pères ; la nature est condamnée au silence : une voix impérieuse se fait seule entendre, la patrie possède tout, prétend tout, réclame tout, et cependant elle ne donne, elle n'offre, elle ne promet rien. Qu'est-ce donc que Sparte ? Une armée toujours sous les armes, si ce n'est plutôt un vaste cloître. En effet, si l'on considère d'un côté les exercices continuels, les simulacres de guerre, le renoncement absolu aux arts, à l'agriculture (*d*), au commerce ; et de l'autre, la discipline austère, les macérations, les réfectoires, les cérémonies publiques, etc. on se croit tantôt dans la forteresse de Spandaw (*e*), tantôt aux Camaldules. Quel cœur, à moins qu'il ne soit revêtu du triple airain de l'érudition, n'est pas saisi de terreur au récit des mœurs lacédémoniennes, comme à celui des austérités des Fakirs ou des Jammabos ? (*f*)

Je crois entendre déjà des voix nombreuses s'élever contre moi, et m'objecter la puissance et la durée de cette république. On me l'a fait voir triomphante d'abord des Perses et ensuite de tous les Grecs : il est vrai qu'on ne me dit pas que les Athéniens seuls décidèrent le succès de la guerre Médique, par la victoire de Marathon [1] ; victoire dont un vain pré-

(*d*) *Non.*   (*f*) *Ou de la Trappe.*

(*e*) *Bravo !*

[1] On peut objecter que cette victoire n'empêcha pas la seconde expédition des Perses : mais les Grecs auraient-ils

texte, très suspect en pareille occasion, priva les
Lacédémoniens : on n'ajoute pas qu'ils furent vaincus tour à tour par tous les peuples de la Grèce, et
même par les moins renommés, à commencer par
les Messéniens, et à finir par les Thébains [1] : on se

gagné la bataille de Platée, sans la confiance que ce premier
succès leur avait inspirée ?

[1] La guerre des Lacédémoniens contre les Ilotes et les
Messéniens dura plus de dix ans avec des avantages balan-
cés de part et d'autre. Cependant les Messéniens n'étaient
pas des moines de la réforme de Lycurgue. Thucydide rapporte (Liv. 1) que les Ilotes s'étant réfugiés à Ithome, les
Lacédémoniens furent obligés d'emprunter le secours des
Athéniens pour prendre cette ville. Dans la fameuse guerre
du Péloponnèse, les Spartiates furent battus en même temps
sur terre et sur mer par Alcibiade. Dans une autre occasion,
quarante-sept de leurs galères furent mises en fuite et dis-
sipées par l'Athénien Phormion, qui n'en commandait que
vingt (g). Trasybule battit également Callicratidas, qui commandait la flotte des Spartiates. Personne n'ignore qu'ils
furent totalement défaits à Leuctres et à Mantinée, et que
si Épaminondas eût survécu à sa dernière victoire, c'était
fait de Sparte. Mais ceux qui exaltent tant l'avantage que
les Spartiates obtinrent sur les Athéniens à la fin de la
guerre du Péloponnèse, se rappellent-ils que, dans le cours
de cette guerre, les premiers firent la démarche humiliante
d'envoyer des ambassadeurs demander la paix à Athènes,
et même qu'un de ses ambassadeurs eut la bassesse d'avouer
que ce n'était qu'au moyen des subsides du roi de Perse
que ses compatriotes pouvaient soutenir la guerre ? (Voyez
Diodore de Sicile.) Il paraît constant que les succès de

(g) Bravo !

garde bien d'avouer encore que ce ne fut que par
les secours et l'argent des Perses qu'ils vinrent à

Sparte dans la guerre du Péloponnèse peuvent être attribués
à ces trois causes : la contagion d'Athènes, l'expédition de
Sicile, et le secours des Perses. Or je ne vois nul rapport
entre ces trois causes et les réfectoires de Lycurgue.

Quant à l'injustice qui régnait dans la politique de Sparte,
c'était une chose si notoire parmi les Grecs, que Polybe,
en s'efforçant de rendre les Étoliens odieux par leur mauvaise foi, les compare aux Lacédémoniens. Il cite en cette
occasion deux traits qui peuvent encore servir à les faire
mieux connaître. Phœbidas, dit-il, étant entré par trahison
dans la ville de Thèbes, et s'en étant rendu maître, les Lacédémoniens punirent l'auteur du complot, mais laissèrent
garnison dans la ville. Après avoir fait publier qu'ils ren-
draient la liberté à toutes les villes grecques, ils y laissèrent
tous les gouverneurs qu'ils y avaient établis. L'élégant abréviateur de Trogue-Pompée ne paraît pas leur avoir été plus
favorable. Je citerai, entre plusieurs autres, ce passage
(Liv. III, ch. VII), où après avoir raconté comment Périclès, ayant eu de grands avantages sur les Spartiates, les
força à conclure une trève de trente ans, il ajoute : *Mais
la haine de ceux-ci ne put reposer si long-temps, et bientôt,
au mépris des hommes et des dieux* (cum contemptu deorum
hominumque), *ils vinrent porter le ravage dans l'Attique.*
Si l'on consulte Pausanias (Liv. IX; ch. XXXII; liv. X, ch. IX;
et liv. IV, ch. XVII), on verra pour combien la trahison et
la corruption sont entrées dans tous les succès des Spartiates,
*qui, de tous les peuples connus, sont les premiers qui aient
donné ce pernicieux exemple de tenter ses ennemis par des
présens, et de rendre ainsi la victoire vénale.*

Nous terminerons cette note, où la crainte d'être accusés

bout de subjuguer les Athéniens, leurs anciens alliés (g). Mais quand il serait prouvé que c'est à sa constitution seule que Sparte a dû sa splendeur et sa durée, s'ensuit-il de là qu'une telle constitution ait dû mériter les éloges d'un siècle philosophe et éclairé? Quoi! si elle n'a rendu les hommes ni plus vertueux, ni plus heureux (h), ce qui revient au même; si elle n'a fait le bonheur ni de Sparte elle-même, ni de ses voisins, serons-nous encore assez aveugles pour lui prodiguer notre enthousiasme sur la foi de Xénophon et de Plutarque?

Que si on m'allègue que les Spartiates étaient heureux malgré leur pauvreté et leur austérité, je répondrai que le penchant qu'ont eu la plupart de leurs magistrats pour les richesses et les honneurs, prouve

de paradoxe nous a fait placer plusieurs pièces justificatives, par une observation qui peut avoir quelque importance; c'est que, malgré la sagesse si vantée des lois de Lycurgue et de celles de Solon, tout l'effet qui en a résulté pour les deux plus célèbres républiques de la Grèce, a été de donner à la première un esprit de rapine et de domination, et à la seconde un caractère de vanité et de légèreté qui ne se sont jamais démentis; de sorte que Sénèque les a peintes en deux mots, lorsque, reprochant à Alexandre d'avoir tout fait plier sous ses caprices, il s'exprime ainsi : *Lacedæmona servire jubet, Athenas tacere.*

(g) *Ils se vendaient aux Perses, témoin la retraite des dix mille.*

(h) *Ah! plût à Dieu qu'heureux et vertueux fussent synonymes!*

assez qu'ils ne les méprisaient qu'autant qu'ils ne les connaissaient pas (*i*). Voyez un Pausanias dans l'ivresse même des succès de Platée vendre sa patrie au tyran dont il vient de triompher ; un Lysandre marchandant avec des Satrapes le sort de Sparte et d'Athènes ; un Gylippe qui pille son général et fait connaître à ses compatriotes le vol en même temps que les richesses..... Citoyens humbles et soumis dans leurs foyers, tyrans altiers et ambitieux lorsqu'ils s'en éloignent (*k*), ils ressemblent à ces moines hardis et intrigans, qui après avoir bouleversé des provinces et même des états, se trouvent contraints de rentrer dans leurs cloîtres, où ils se soumettent avec une indignation muette aux lois de l'obéissance et de l'austérité.

Quant à la vertu des Lacédémoniens, ce qui vient d'être dit peut servir à la faire connoître. J'en appelle à leurs admirateurs mêmes qui n'ont pu nous déguiser l'inhumanité qui caractérisa ce peuple, et qui n'a jamais eu d'exemple dans aucune autre contrée.

Nous voudrions pouvoir dissimuler qu'il y ait jamais eu un gouvernement assez féroce pour se conduire avec les hommes comme l'on a coutume de faire avec les bêtes sauvages qu'on veut détruire lorsqu'elles viennent à se trop multiplier. De même que nous faisons des battues de cerfs ou de sangliers, les Spartiates envoyaient leurs jeunes gens à la chasse

(*i*) *Bravo !*   (*k*) *Bravo !*

des Ilotes. Dès que ces malheureux devenaient assez nombreux pour donner de l'inquiétude à leurs maîtres, on leur tendait toutes sortes d'embûches, on se cachait derrière les broussailles, on courait les campagnes pendant la nuit, et tous les infortunés qui se présentaient sans défense, étaient aussitôt égorgés (*l*). Ce qu'il y a de plus affreux, c'est qu'il ne faut pas regarder cette atrocité comme une fureur passagère ; elle était passée en usage, et portait le nom de *Kruptia*, du mot grec Κρύπ7ω qui veut dire *se cacher*. La plume m'échappe des mains en racontant de pareilles horreurs, mais mon indignation tombe bien moins sur les Spartiates que sur les auteurs qui nous transmettent froidement ces faits épouvantables, et s'étendent avec tant de complaisance sur les louanges du peuple barbare qui s'en est rendu coupable (*m*). C'est ce qui m'a fait penser que l'histoire, telle qu'elle est écrite, pourrait bien être une lecture très dangereuse pour les jeunes gens, et surtout pour les jeunes princes. Il me semble que c'est un crime de lèse-humanité que de raconter un fait atroce sans le dévouer à l'horreur de la postérité.

Après de pareils traits, il serait inutile de parler de l'injuste et basse jalousie, qui dès la fin de la guerre Médique porta les Spartiates à empêcher les Athéniens de rebâtir leurs murailles, ni des embûches qu'ils tendirent à l'immortel Thémistocle ; ni des Grecs, Athéniens ou alliés d'Athènes qu'ils firent

(*l*) *Bravo !*   (*m*) *Bravo !*

égorger au commencement de la guerre du Péloponnèse ; ni du conseil qu'ils donnèrent aux Syracusains
de faire mourir toute l'armée athénienne qui avait
été forcée de se rendre prisonnière ; atrocité dont
ils donnèrent eux-mêmes l'exemple, lorsqu'après la
bataille d'Ægos-Potamos, Lysandre non content de
faire égorger quatre mille Athéniens qui s'étaient
rendus à discrétion, défendit qu'on leur donnât la
sépulture ; sur quoi Pausanias remarque qu'il fut
plus cruel envers les Grecs, que ceux-ci ne l'avaient
été envers les Perses.

Voilà les vertus de Sparte, voilà la morale de cette
république qui fut l'exemple de la Grèce, qui a été
même tant de fois proposée pour exemple à nos siècles
corrompus. O philosophie ! ô raison ! ô humanité !
ne vous introduirez-vous jamais parmi les érudits et
les politiques ?

Il eût été du moins à souhaiter que la conduite
des autres Grecs eût contrasté avec celle des Lacédémoniens ; mais nous ne pouvons dissimuler que
l'humanité fut une vertu presque généralement igno-
rée parmi ces peuples. Inutilement les arts et les
lettres vinrent-ils fixer leur séjour dans Athènes ; les
décrets portés contre Mitylène et contre les habitans
de Sicyone sont des monumens de cruauté qui prouvent assez la supériorité de notre philosophie moderne (n) sur celle qui a pu s'accommoder de telles
abominations : car il est impossible de nier que le

(n) *Moderne depuis la Fronde.*

massacre des prisonniers était regardé alors comme une chose permise par la loi de la guerre. Les Corinthiens, les Corcyréens et les autres peuples de la Grèce, pour être moins célèbres, ne furent pas moins cruels que Sparte et Athènes [1]. Enfin nous sommes contraints d'avouer que ce qu'on appelle le *bel âge* de la Grèce fut un temps de torture et de supplice pour l'humanité. (o)

Hâtons-nous de prévenir les mauvaises conséquences qu'on pourrait tirer d'un pareil aveu. Eh quoi! me dira-t-on, cette époque dont vous parlez avec tant d'horreur, n'est-elle pas celle des premiers progrès des beaux-arts et des belles-lettres? Si les hommes en s'éclairant n'en sont devenus que plus méchans, qu'espérez-vous pour les temps présens et pour les siècles à venir? quel rapport a donc le progrès des lumières avec la félicité publique?

Peut-être n'est-ce pas encore ici le moment de répondre à ces objections que le lecteur sera en état de réfuter lui-même, s'il se donne la peine d'aller jusqu'à la fin de cet ouvrage. J'observerai pourtant que l'éducation de l'esprit humain en général a toujours une marche lente et graduelle. Les arts agréables, tels que la peinture, la sculpture, l'architecture; les

[1] Au commencement de la guerre d'Épidaure, les Corcyriens, après un avantage remporté sur les Corinthiens leurs alliés, firent égorger tous ceux de leurs prisonniers qui ne se trouvaient pas nés en Grèce.

(o) *Quoi! sous Périclès?*

talens frivoles, tels que la poésie et la musique (*p*),
en occupent l'enfance : le goût de la discussion vient
ensuite, et fait régner avec soi la subtilité, la controverse, et cet art dangereux de disputer, que les
Grecs appelaient *éristique* [1] ; jusqu'à ce que les opinions étant devenues toutes également fausses et
également spécieuses, la raison, lasse de flotter dans
l'incertitude, se jette du côté du doute et de l'expérience : ce qui forme petit à petit la véritable, et,
si on peut parler ainsi, la dernière philosophie.

Je fais ensuite l'application de ce principe, et
j'examine quels progrès la philosophie et la politique
ont faits parmi les Grecs. Quant à la philosophie, j'ai
deux manières d'en juger : en l'examinant en elle-
même, et en observant les effets qu'elle a produits
sur les peuples.

On sait assez qu'avant Socrate [2] la philosophie

(*p*) *Ah ! je vois que vous n'êtes ni musicien ni poète.*

[1] Cette subtilité de dialectique est très plaisamment tour-
née en ridicule par Lucien, lorsque, après avoir dit que les
sophistes soutenaient si bien leurs opinions, qu'il était perpétuellement à dire tantôt *oui*, tantôt *non*, suivant qu'ils
avançaient le pour et le contre, il se compare à ceux qui
dorment en voiture, et dont la tête vacillante fait perpétuellement des signes de négation et d'approbation.

[2] Socrate se vantait d'avoir fait descendre la philosophie
du ciel, où elle était reléguée, pour la ramener sur la terre.
Il faut convenir que, pour cette fois-là, elle ne fit pas bon
voyage. Je crois qu'elle aurait été beaucoup plus utile, non-
seulement dans le ciel, où elle aurait pu découvrir le sys-

avait absolument négligé la morale pour ne se re-
paître que de vains systèmes, de *cosmogonie* [1] et
de *théogonie;* que lors même que le goût de l'école
se fut tourné vert la morale, cette science participa
encore beaucoup de l'esprit dominant, et ne put jamais parvenir à s'asseoir sur une base solide. Mais
si nous jugeons des causes par les effets, comment
pourrons-nous qualifier de philosophe un peuple
livré à la superstition la plus extravagante [2]; un
peuple cruel envers ses ennemis, plus cruel encore

tème planétaire, mais encore sur la surface de la terre, où,
à force d'observer, elle serait parvenue sans doute à
apprendre quelques vérités physiques, lesquelles auraient
été bien plus utiles aux hommes que toute la morale de
Platon (*q*). Observons en passant qu'un bien plus grand nombre d'erreurs qu'on ne pense a pris sa source dans l'ignorance de la physique, et qu'il est impossible qu'à la longue
une bonne physique n'amène pas une bonne philosophie.

[1] Les Grecs ont eu plusieurs guerres de religion (*r*) avant
la guerre du Péloponnèse. Il y en eut une qui eut à peu
près le même objet que celle de la Perse par Philippe de
Macédoine.

[2] Rien n'est plus ridicule que de voir, au commencement
de la guerre du Péloponnèse, Sparte et Athènes, prêtes à se
combattre pour le premier rang et la domination de la Grèce,
débuter par se faire mutuellement des reproches puérils sur
de prétendues profanations.

Eschine, dans sa harangue contre Ctésiphon, rapporte

(*q*) *Cela peut se combattre.*

(*r*) *Ce ne sont point guerres de dogmes ni de culte : il s'agissait de
prés et de champs.*

envers ceux que le sort lui a soumis ; un peuple
enfin, qui, méconnaissant les bienfaits de la nature,
et la manière d'en jouir, cherche tout son bonheur
dans sa gloire, et toute sa gloire dans la guerre? Non,
si la sagesse est l'art de vivre heureux ; si la philosophie est vraiment l'amour de la sagesse, comme son
nom seul le fait entendre, les Grecs n'ont jamais été
des philosophes.

Il ne reste donc plus que la science de la politique : il paraît difficile au premier coup d'œil de la
refuser à ces républicains célèbres. Mais dût-on nous
accuser de témérité, nous n'hésiterons point à dire
qu'ils n'en ont jamais eu qu'une connaissance très
imparfaite, assez semblable à celle qu'ils avaient de
la morale et de la philosophie. C'est ce qu'il sera
facile de prouver, soit qu'on envisage la politique
dans le rapport des nations entre elles, soit qu'on
la considère dans le gouvernement particulier de
chaque peuple. Sous le premier point de vue, nous
verrons les Grecs téméraires et inconsidérés, abandonner le projet d'une confédération nécessaire,
presque aussitôt après l'avoir formée : l'esprit de
tyrannie et d'usurpation s'établir dans les deux principales républiques, sans que celui de l'équilibre soit

aussi que, du temps de Solon, les Acrogallides et les Syriens
ayant profané le temple de Delphes, l'oracle ordonna qu'on
fît la guerre à ces peuples, qu'on les réduisît en servitude,
et qu'on consacrât leurs terres à Apollon, Diane, Latone
et Minerve ; ce qui fut exécuté par le conseil de Solon.

adopté par les autres; Sparte et Athènes, ambitieuses
sans principes, borner toute leur politique à établir
à main armée chez leurs voisins, l'une l'oligarchie [1],
l'autre la démocratie; la première enfin oublier assez
et la justice et ses propres intérêts, pour avoir recours au roi de Perse, et se servir ainsi de ses ennemis pour nuire à ses alliés. (*s*)

Si nous examinons ensuite cette politique intérieure qui décide de la forme du gouvernement,
nous verrons que les Grecs y ont mis, comme dans
toutes les autres choses, beaucoup plus d'esprit que
de raison. Cependant quelque liberté que nous nous
soyons donnée en parlant des Spartiates, nous ne

---

[1] Sparte ne s'est pas contentée d'établir l'oligarchie de
préférence à la démocratie, elle a encouru à jamais le reproche odieux d'avoir favorisé la tyrannie; témoin les
trente tyrans d'Athènes et la protection qu'elle accorda à
Denys le tyran contre les Syracusains.

Nous observerons encore qu'il s'en faut bien que nous
soyons les seuls qui accusent ces deux républiques d'avoir
donné les premiers principes d'une politique pernicieuse à
l'humanité. Il y a long-temps que Salluste l'a dit expressément (*t*) : *Posteà verò quùm in Asiá Cyrus, in Græciá Lace-
dæmonii atque Athenienses cœpere urbes atque nationes subi-
gere, libidinem dominandi caussam habere, maximam glo-
riam in imperio putare, etc.* in CATIL.

(*s*) *Il semble qu'il prenne à tâche de dénigrer tous les
Grecs.*

Trouve donc un peuple qui vaille mieux !

(*t*) *Salluste ne dit point cela expressément.*

pouvons prononcer le nom de Lycurgue sans payer
un tribut d'admiration à la sagacité de son esprit et
à l'étendue de son génie. Nous ne nierons pas non
plus que ses lois ne soient profondément pensées,
et qu'il ne règne surtout une unité rare dans toutes
les parties de son plan. Mais son projet était-il raisonnable? Je passe sous silence la singulière idée de
rendre tout un peuple soldat, et j'accorde que le
Spartiate soit élevé uniquement pour les combats,
comme Émile pour être charpentier (*u*); mais s'il ne
fait que des guerres défensives pour maintenir sa
liberté, ne doit-il pas arriver tôt ou tard que, n'ayant
ni murailles, ni défenses locales, il soit subjugué,
comme effectivement il pensa l'être après la bataille
de Leuctres? Si son courage et sa discipline lui donnent un avantage décidé, n'est-il pas certain que ses
conquêtes changeront son esprit, et que peu à peu
il prendra les mœurs et les vices des peuples qu'il
soumettra [1]? Ne devoit-on pas prévoir aussi qu'un

(*u*) *Émile vient là bien mal, car il est ridicule de ne faire
d'un gentilhomme qu'un charpentier; mais il ne l'est pas de
rendre un peuple tout guerrier.*

[1] J'aurai plus d'une fois occasion de répéter qu'un état
d'aisance et de tranquillité, une riche agriculture et une
industrie active sont le terme auquel tendent tous les états:
ce qui me fait comparer la plupart des législateurs à des
gens d'esprit qui ayant rencontré une troupe d'hommes sur
les chemins, leur ont donné d'excellentes règles pour se
conduire en route; mais comme ils n'ont rien prévu pour le
jour de l'arrivée, et encore moins pour l'établissement,

jour l'art militaire se perfectionnerait, et que l'argent serait aussi nécessaire à la guerre que le courage? Dans ce cas était-il naturel que Lycurgue comptât que sa république serait soudoyée par des tyrans ennemis de la Grèce? D'ailleurs cette différence entre l'austérité de la discipline à Sparte, et l'aisance dont on jouissait à l'armée; ces rois qui n'étaient rien en temps de paix et qui étaient tout en temps de guerre, ne devaient-ils pas être cause que la république serait engagée dans des guerres difficiles et périlleuses, qui finiraient par la ruiner ou l'asservir? Si l'on m'objecte que les lois de Lycurgue ont été en vigueur pendant plus de six cents ans, je répondrai que les voisins de Sparte ont été pendant très long-temps des peuples peu instruits et mal policés, et que cet exemple n'est pas plus singulier que celui des Iroquois et de beaucoup d'autres nations américaines, qui ont vécu très long-temps sous les mêmes lois. Athènes n'a commencé à être vraiment florissante qu'après la guerre Médique; et de cette époque à la

cette multitude, parvenue au terme de son voyage, s'est trouvée toute déconcertée, et n'a su ni s'y fixer, ni retourner sur ses pas.

Tel est peut-être à présent le sort des colonies anglaises.... Dans ce cas, Locke a été le plus sage des législateurs, comme Lycurgue le plus téméraire. Le premier a stipulé que ses lois pour la Pensylvanie (x) n'auraient de force que pour cent ans; l'autre a, dit-on, sacrifié sa vie pour rendre les siennes éternelles.

(x) *Locke a fait des lois pour la Caroline, et non pour la Pensylvanie.*

bataille de Leuctres il n'y a guère plus de cent ans.
Les Thébains, qui dans cette action pensèrent renverser Sparte de fond en comble, n'étaient connus
au commencement des guerres antérieures de la
Grèce que par le mépris qu'ils s'étaient attiré dans
la guerre Médique. Vingt ans se sont à peine écoulés
entre la bataille de Mantinée et l'asservissement général de la Grèce par Philippe et par Alexandre son
successeur ; ainsi l'événement condamne la constitution lacédémonienne plutôt qu'il ne la justifie ; en
cela, il se trouve d'accord avec la nature qu'elle
effraie, et la raison qu'elle ne persuade pas. [1]

Pour Athènes, il est inutile de se mettre en frais
pour prouver que son gouvernement était vicieux.
Tout le monde a lu Démosthène et Thucydide, deux
Athéniens célèbres, qui ont pris tant de soin de nous
peindre les mœurs de leur patrie, et qui ont également excellé, l'un par la force, et l'autre par la vérité de son coloris.

[1] Il faut voir ce que dit Polybe (Liv. vi) sur les républiques de Sparte et de Rome. Il prouve que les lois de
Lycurgue ne pouvaient s'accorder avec l'agrandissement de
la république, quoiqu'elles parussent toutes dirigées vers
ce but ; au lieu que les Romains pouvaient s'agrandir par
les principes mêmes de leur constitution. Or, voilà la seule
façon de juger les gouvernemens anciens : si aucun d'eux
n'a eu en vue le bonheur des hommes, mais seulement leur
puissance, il faut les condamner toutes les fois qu'on les
voit renfermer en eux-mêmes un principe contradictoire à
la fin qu'ils se proposent.

En général, il paraît que le gouvernement d'Athènes n'a jamais été en grande considération. Qu'est-ce en effet que ce sénat de quatre cents personnes, et ce mélange d'aristocratie et de démocratie, qui établit des distinctions dans les propriétés, sans mesurer l'influence (*y*) dans les affaires à ces mêmes propriétés ? Tout était porté en dernier ressort à une populace, qu'on pouvait assembler et haranguer sans forme et sans précaution.

Il serait inutile de parler des autres peuples de la Grèce ; il suffira de dire que leur gouvernement se réduisait à une oligarchie tyrannique, ou à une démocratie tumultuaire, lesquelles dégénéraient toujours en deux factions, celle des grands et des petits, du peuple et des riches.

Si nous ne craignions d'anticiper sur les réflexions que nous devons rejeter à la fin de cet ouvrage, il nous serait bien doux de nous arrêter ici à la comparaison des républiques modernes avec celles des anciens. Quels sujets d'admiration ne trouverions-nous pas dans la sagesse qui préside aux gouvernemens fédératifs de la Suisse et de la Hollande (*z*) ; dans la permanence de ces gouvernemens, et surtout dans l'héroïsme qui les a fondés ; héroïsme fait pour exciter l'intérêt en même temps que l'admiration, puisqu'il porte sur des sentimens naturels, je veux

(*y*) *Mesurer une influence !*

(*z*) *Vrai et beau ; mais l'assassinat des De Wit ! et le cou de Barneveldt !*

dire l'amour de la propriété ou le désir de vivre avec sa femme, d'élever ses enfans, de cultiver son champ et de louer son Dieu de la manière qui plaît et qui convient le plus! *(aa)*

Mais, diront les admirateurs de l'antiquité, nous vous laissons librement nous conduire de raisonnement en raisonnement jusqu'à enlever aux Grecs les deux choses sur lesquelles ils ont été jusqu'ici le plus en possession d'être loués; mais il n'est pas de sophisme assez spécieux pour nous persuader que ces peuples n'ont pas excellé dans la poésie, l'éloquence, la peinture et l'architecture. Or, si vous ne pouvez leur ravir cette louange, êtes-vous fondés à croire qu'ils n'ont pas excellé pareillement dans les parties sur lesquelles vous les condamnez si légèrement?

Cet argument aurait, sans doute, quelque force, s'il fallait juger sur un seul aperçu; mais il tombera de lui-même si nous trouvons la raison pourquoi la perfection des beaux-arts a dû précéder de beaucoup celle des sciences rationnelles *(bb)*. Cet objet pourrait seul fournir la matière d'une dissertation; mais il nous suffira d'observer ici : 1°. Que moins les peuples sont instruits, plus ils sont susceptibles d'avoir l'imagination poétique, et que vraisemblablement il n'a manqué qu'une belle langue et une plus grande célébrité à nombre de peuples barbares pour nous transmettre des ouvrages de poésie semblables à

(aa) *Bravo!*

(bb) *Tout cela peut être combattu.*

ceux des Grecs; témoin les poésies *Erses* [1] *(cc)*, celles des Scandinaves, etc. 2°. Qu'il est tout naturel que l'éloquence fleurisse chez un peuple qui est gouverné par des orateurs. En effet, cet art tenait tellement à la nature du gouvernement, qu'il fut poussé à sa perfection à Athènes, et absolument inconnu à Sparte. 3°. Que la grande superstition des Grecs les ayant engagés à bâtir beaucoup de temples, et à ne rien épargner pour ce seul objet, l'architecture de décoration dut faire beaucoup de progrès parmi eux; je dis l'architecture de décoration *(dd)*, car on ne voit pas qu'ils aient approché de nos architectes modernes dans l'entente des intérieurs; nouvelle preuve que c'est à la fureur de bâtir des temples qu'ils ont dû leurs progrès dans l'architecture. Quant à la sculpture, on sait assez que la gymnastique seule a suffi pour former d'habiles sculpteurs. Des hommes qui devaient paraître en public tout nus *(ee)*, ne pou-

[1] Voici un problème à résoudre pour les littérateurs philosophes. Pourquoi tous les sentimens exprimés dans les poésies *Erses* sont-ils des sentimens nobles et sublimes, tels que l'amour, la gloire, l'honneur, le respect pour les ancêtres, le patriotisme, etc.; tandis que ceux que nous trouvons dans *l'Iliade* sont bas et vils, comme, par exemple, le désir du butin, la plate ambition d'avoir une meilleure part dans les festins, l'acharnement à une vengeance lâche et cruelle, etc.?

(*cc*) *Eh, Fingal! supposé par un Écossais!*

(*dd*) *Faible.*

(*ee*) *Et les Indiens vont tout nus.*

vaient manquer d'avoir le plus grand soin de leurs
tailles, et d'en connaître exactement les beautés et
les défauts. Il fallait dans les jeux publics, au milieu
de la *lutte*, du *pugilat*, du *pancrace*, étudier ses
attitudes, et donner autant à la grâce qu'à la force.
Quelle école pour les peintres et les sculpteurs! Les
modernes n'ont que des visages pour inspirer les
arts, je dirais presque les sentimens. Aussi, voyez
ce qu'on fait pour eux. Que de peintres de portraits,
en bustes, en bracelets, en tabatières, etc. ! Imaginez donc ce que devaient être les sculpteurs Grecs,
eux pour qui le visage n'était qu'un objet subalterne
et secondaire. (*ff*)

Que le lecteur juge maintenant. Nous nous sou-
mettrons sans peine : car nous assurons que nous
ne sommes ni enthousiastes, ni détracteurs de l'antiquité. La seule grâce que nous lui demandons (*gg*),
c'est de ne pas regarder ces réflexions comme un
hors d'œuvre, et de se rappeler que notre objet étant
de considérer les progrès de l'esprit humain relativement à la morale et à la politique, il était d'autant
plus important d'arrêter nos regards sur ce peuple
célèbre, qu'il nous offre au premier coup d'œil cette
triste observation : Que les progrès de l'esprit humain n'ont tourné en aucune façon au profit des
peuples (*hh*). Combien ne nous était-il pas nécessaire,

(*ff*) *Le visage fut toujours le premier objet.*
(*gg*) *Grâce difficile à obtenir.*
(*hh*) *A-t-on été plus heureux sous Richelieu que sous Périclès?*

à nous qui fondons toutes nos espérances sur l'avancement de la raison et de la philosophie, d'entrer dans l'examen de ces faits qui paraissent si fort en opposition avec nos principes?

Ce n'est pas, au reste, sans quelque terreur que nous pensons à la manière dont nous venons de parler des Grecs. Outre la crainte que nous avons de déplaire à quelques personnes estimables dont le respect pour l'antiquité n'a point de bornes, nous avons encore celle d'être taxés de ce faux bel esprit moderne qui trouve plus commode de juger que de s'instruire. Mais nous pouvons assurer que, s'il n'était question que des lettres et des arts, nous serions bien plus exposés au reproche de l'enthousiasme qu'à celui de la satire. Nous nous empressons de dire en cet endroit ce que nous aurons peut-être occasion de répéter un jour : c'est que nous ne saurions trop nous étonner de la *fausse route,* si nous pouvons parler ainsi, que nous faisons journellement dans nos études, en laissant de côté les sources de nos connaissances pour nous attacher à des imitateurs très imparfaits. On sent que je veux parler de la préférence que nous donnons à la littérature latine sur la littérature grecque (ü). Que de temps nous employons à apprendre un langage mêlé et à demi

(*ü*) *Et si les Romains ont mieux écrit ; si toutes les métamorphoses inventées en Grèce ne peuvent être lues que dans Ovide ; si les Grecs n'ont rien d'égal aux* Tusculanes *et à la* Nature des dieux.

barbare, au lieu de nous instruire dans une langue si métaphysique et si raisonnée, qu'on peut la considérer elle seule comme une introduction à toutes les sciences! Quelle surprise (*kk*) serait-ce pour Cicéron lui-même, qui avait fait ses études en Grèce, et qui depuis avait rassemblé une bibliothéque immense, toute composée de livres grecs, si, revenant dans le monde, il voyait que nos jeunes gens étudient sa propre langue de préférence à celle de ses maîtres!

(*kk*) *Et quel plaisir!*

CHAPITRE V.

Quelle a été la condition humaine parmi les Grecs, et en général parmi les nations connues pendant cette seconde époque ?

INUTILEMENT avons-nous avancé dans l'histoire, si nous n'y cherchons que des sujets de consolation pour la triste humanité. Loin de la voir s'éclairer sur ses propres intérêts, nous trouvons que la confusion et le désordre augmentent partout. Cette heureuse et respectable Égypte, sur laquelle nous avons arrêté nos regards avec complaisance, asservie désormais aux lois d'un étranger, partage avec l'Asie le malheur de vivre sous le despotisme le plus cruel. La Grèce ne paraît être divisée dans un si grand nombre d'états différens que pour prêter, si l'on peut parler ainsi, plus de surface à la guerre et à la calamité : car c'est une chose digne de remarque que la division des souverainetés multiplie les désastres sur la terre (a). Nous pourrions assurer hardiment qu'il n'y a pas une des petites républiques de la Grèce, qui, dans un période de cinquante années, n'ait éprouvé plusieurs révolutions dont la moitié de ses citoyens a été la victime; qu'il n'y en a point non plus qui, dans le même espace de temps, n'ait vu

(a) *Quoi! voudriez-vous que le monde obéît à un intendant et à ses subdélégués ?*

ses terres ravagées par les guerres ; enfin que nul homme de ces villes malheureuses n'a atteint le terme ordinaire de la vie, sans détester le moment où il l'avait reçue. [1]

Je ne sais si l'on a fait assez d'attention à ce vice inhérent aux petits états. M. Rousseau a dit que partout où les citoyens seraient assez nombreux pour qu'il fût nécessaire de rendre le gouvernement représentatif, il n'y aurait pas de vraie liberté [2] (b). Pour moi, je pense qu'il n'y aura de liberté solide et durable, et surtout de félicité, que parmi les peuples chez lesquels tout se fera par représentations (c). Voyez cette petite république où chaque citoyen est tout, parce que l'état n'est rien ; où tantôt il revêt la toge et tantôt la cuirasse : politique inconsidéré, juge incapable, soldat indocile (d), il est toujours en proie aux factions ou exposé aux fureurs de la guerre ; tandis qu'une vaste société réunie par les mêmes intérêts, et sous les mêmes lois, trouve le repos

---

[1] Diodore de Sicile parle (Liv. xv.) d'une révolution arrivée à Argos dans la cent deuxième olympiade, dans laquelle, après plusieurs cruautés exercées de part et d'autre, le parti dominant fit conduire au supplice douze cents citoyens. (e)

[2] Voyez le *Contrat social.* (f)

(b) *Il a dit une sottise pour les grands états.*

(c) Et moi aussi.   (d) *Vrai.*

(e) *Serrez, serrez.*   (f) *Insocial.*

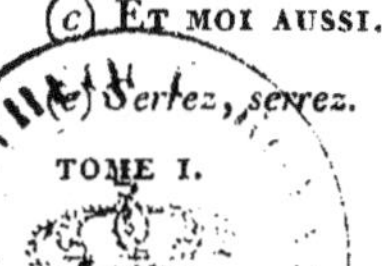

dans le partage qu'elle fait de ses travaux. Là, le militaire n'est jamais chargé de la défense de l'opprimé, ni le magistrat de celle des remparts ; le laboureur cultive en paix, tandis que le juge veille et que le guerrier combat ; et si ce dernier semble porter tout le fardeau public, il en est amplement dédommagé par les salaires et les honneurs. Pour une pareille société, la paix a cent fois plus de charmes, et la guerre cent fois moins d'horreurs. L'étendue du domaine, les précautions prises pour en défendre l'accès, semblables à une force centrifuge, repoussent sans cesse la guerre vers les frontières (g) ; et de même que les affaires intérieures se traitent par représentations, les débats de la guerre ont aussi des représentans qui se chargent de les vider. Lorsque Athènes, au commencement de la guerre du Péloponnèse, voulut mettre assez de troupes sur pied pour faire face à ses ennemis, on fut obligé d'employer les vieillards et les enfans à la garde de la ville. Tous les citoyens, même ceux qui étaient répandus dans les terres de l'Attique, furent contraints de s'y renfermer ; ce qui occasionna cette fameuse contagion dont plus de la moitié du peuple fut la victime. Tout ressentit donc au premier instant les plus grands malheurs de la guerre ; et tandis que la France était occupée aux guerres de 1733, de 1741 et de 1757, il n'y eut tout au plus que la centième (h)

(g) *Vrai.*   (h) *Millième.*

partie de ses habitans qui en partageât le danger; de vastes provinces jouissaient encore du calme le plus serein, et des millions de laboureurs ignoraient même dans quelle partie du monde on combattait.

Ajoutez à ces avantages la douceur des mœurs et l'aisance de la vie que les peuples ne peuvent guère conserver qu'à la faveur des troupes réglées, c'est-à-dire des représentans de la nation à qui le soin de la guerre est confié (*i*). Car si l'expérience n'a que trop prouvé, dans tous les temps, que le plus grand malheur qui puisse arriver à un peuple est d'être subjugué, il est certain qu'on ne saurait trop s'appliquer à se rendre supérieur à tous ses voisins. Il est encore certain qu'on ne peut y parvenir que par une éducation toute militaire (*k*), de façon que pour être soldat un seul jour de sa vie, chaque citoyen est obligé de l'être dès sa naissance. De là l'obligation de n'avoir que des mœurs militaires en tout temps; et quelle destinée pour les hommes de passer toute leur vie comme la veille d'un combat! L'usage d'entretenir des armées sur pied pouvait seul remédier à cet inconvénient. Au moyen de cet arrangement, devenu général, les peuples peuvent être heureux sans s'affaiblir ni s'amollir; parce que la discipline se soutient dans les armées, où les principes d'honneur et de courage doivent se conserver dans un

(*i*) *Ah! voyez si le danger n'est pas plus grand que le remède.*

(*k*) *Vrai.*

certain degré d'exagération, sans lequel ils ne peuvent guère subsister. [1]

Nous avons vu que le despotisme avait chassé la félicité du sein de l'Asie, et même d'une partie de l'Afrique; et que la Grèce, dans son plus bel âge, ne fut qu'un théâtre de sanglantes révolutions. L'histoire ne présente donc plus d'autres objets à nos réflexions que les nations phénicienne et carthaginoise. On n'a guère parlé de la première qu'à l'occasion de son commerce et de ses colonies. Il y a toute apparence que ce peuple actif et propagateur de l'industrie, se conduisit sur de beaucoup meilleurs principes que les Grecs. Mais le voisinage des Perses le tint toujours dans une trop grande dépendance pour que son gouvernement prît une certaine consistance.

Quant aux Carthaginois, quelques éloges qu'Aristote ait prodigués à leurs lois, nous ne pouvons croire qu'un peuple dont l'avarice a été si insatiable, la politique si jalouse et si cruelle, la religion si superstitieuse et si atroce, ait connu le véritable bonheur. La pensée seule s'épouvante de ces sacrifices humains où l'on voyait des mères barbares précipiter elles-mêmes leurs enfans dans les flammes. Un philosophe (*l*) lisant un jour le passage de la Genèse, où il est écrit que Dieu *a fait l'homme à son image,*

---

[1] Majores nostri bella gesserunt; nos, tributa dependimus ne bella patiamur. PAUL. OROS. *Hist.*

(*l*) *Fontenelle.*

s'écria sur-le-champ que l'homme le lui avait bien rendu (m)..... On peut presque toujours juger d'un peuple par son culte : quand ce culte est simple et modeste, le peuple est actif et industrieux; quand il est solennel et fastueux, le peuple est vain et frivole; quand il est triste et rigide, le peuple est farouche, ardent et opiniâtre.

Nous ne parlerons point des Scythes, non plus que des Indiens et des Chinois, parce que nous ne pourrions nous fonder que sur des conjectures ou sur des récits fabuleux. Nous savons seulement que la vie des Scythes ressemblait fort à celle des sauvages. Diodore de Sicile fait de grands éloges des Indiens; mais comme il y ajoute la description d'une île (n) qui n'a jamais existé, et d'autres choses incroyables ou démontrées fausses, il est clair que pour rendre son histoire complète, il n'a pas été assez scrupuleux sur les mémoires dont il a fait usage.

Nous nous contenterons donc de terminer ce chapitre par une réflexion bien naturelle, et qui paraît cependant avoir échappé aux partisans de l'antiquité. C'est que le seul esclavage a suffi pour rendre la condition humaine en général cent fois pire qu'elle n'est à présent (o). En effet, on aura beau dire à un philosophe que les trente mille personnes qui se sont

(m) *Il y a trois mille ans qu'on a dit cela en très beaux vers.*

(n) *L'île Panchaie, célébrée par Virgile :*

     .... *Turiferis Panchaia pinguis arenis.* (Georg. II.)

(o) *Bien vrai.*

partagé entre elles une contrée, telle, par exemple,
que la Laconie, ont été des hommes robustes, bien
braves, bien fiers, qui n'étaient occupés toute leur vie
qu'à s'exercer aux combats; s'il vient à apprendre
que ces trente mille personnes ont réduit plus de six
cent mille (*p*) de leurs semblables à une condition
cent fois pire que celle des bêtes de somme, il dé-
tournera les yeux de dessus ce peuple, et ne le
regardera plus que comme le fléau et l'opprobre de
l'humanité. Or, je ne crois pas exagérer si j'avance
qu'en prenant les villes et les campagnes, le rapport
des hommes libres aux esclaves n'était pas en Grèce
d'un à quatre [1] : et quels étaient pour la plupart ces
esclaves ? Des hommes nés libres, des hommes élevés
dans l'abondance et la prospérité, qui, ayant été faits
prisonniers, ou dans les combats ou par des cor-
saires, étaient vendus ensuite au profit des vainqueurs. On sait jusqu'où s'étendaient les droits du
maître sur les esclaves. La prostitution des deux sexes
en faisait partie [2]. Qu'on se figure quel serait de nos
jours le sort d'un officier ou d'un magistrat, qui, réduit à travailler aux ouvrages les plus vils, verrait
pendant ce temps-là sa femme et ses enfans obligés
de servir aux débauches d'un maître insolent. On

(*p*) *Le compte n'est pas juste.*

[1] A la bataille de Platée, chaque Spartiate avait sept Ilotes
avec lui.

[2] Je ne sais quel auteur a dit: *Impudicitia in ingenuo, cri-
men est; in servo, necessitas; in libero, officium.*

n'imagine pas qu'il se trouvât personne qui eût assez de courage ou assez de lâcheté pour supporter une pareille destinée. C'est pourtant ce qui est arrivé souvent parmi les anciens, et surtout parmi les Grecs. J'insiste sur cette différence entre des esclaves achetés chez quelques nations pauvres et à demi sauvages, et ceux que le sort des armes a réduits à cette affreuse condition. Car, nous l'avouerons avec confusion, notre âge n'est pas encore totalement exempt de ce reproche que nous faisons à l'antiquité; mais quoiqu'on ne puisse assez gémir de ce que l'avarice a conservé parmi les peuples de l'Occident, ce que la barbarie et l'ignorance ont établi et maintenu dans l'Orient, nous observerons pourtant : 1°. Que l'esclavage n'est plus connu chez les chrétiens, si ce n'est dans les colonies. 2°. Que les esclaves sont tous tirés d'une nation très sauvage et très brute, qui vient elle-même les offrir à nos négocians. 3°. Que si la raison et la philosophie s'écrient qu'il fallait traiter l'esclave comme l'Européan (*quamvis ille niger, quamvis tu candidus esses*), il est cependant vrai que la grande dissemblance de ces malheureux avec nous rappelle moins les sentimens d'humanité, et sert à entretenir le préjugé barbare qui les tient dans l'oppression. 4°. Que si ces esclaves ont été traités avec une cruauté très condamnable, l'expérience a prouvé bien des fois que jamais la douceur et les bienfaits n'ont pu ôter à cette nation son caractère lâche, ingrat et cruel; qu'il y a même tout

lieu de croire que si les esclaves des colonies avaient
été des Européans, ils seraient déjà rentrés dans leur
droit de citoyen, comme les serfs de notre gouvernement féodal ont peu à peu recouvré la liberté civile ; enfin que le nombre des esclaves est bien moins
considérable de nos jours, puisqu'il est borné aux
seules colonies à sucre, et que sur plus de cent millions
de chrétiens qui existent à présent, on ne compte
assurément pas un million (*q*) d'esclaves, tandis que
sur un million de Grecs, il y avait plus de trois millions de ces infortunés. '

(*q*) *Nos serfs mainmortables ont peut-être une condition
plus triste, parce que, jouissant de la liberté de leur corps,
ils n'en sentent leur assujettissement qu'avec plus de peine. Il
y a plus de trente millions de ces esclaves chrétiens.*

N. B. *Jésus-Christ n'a jamais parlé d'abolir l'esclavage.*

' Si l'on est curieux de connaître la manière dont les anciens philosophes pensaient sur l'esclavage, il faut lire les
chap. III, IV, V et VI *des Politiques* d'Aristote. On y trouvera
que la servitude est juste et ne l'est pas ; qu'elle est quelquefois « naturelle sans être légitime, et légitime sans être
« naturelle ; qu'il est dans l'ordre que le moins parfait serve
« le plus parfait ; que c'est ainsi que les animaux doivent
« servir les hommes, et les femmes obéir à leurs maris ; que
« dans le cas où la force seule a réduit les peuples en capti-
« vité, l'esclavage est juste sans l'être d'une façon absolue,
« parce qu'encore que ce soit la supériorité de vertu qui
« fonde l'autorité, il n'est jamais dans la nature que les
« nobles soient réduits en esclavage ; mais que s'il est des
« nations nobles, il en est d'autres qui ne le sont pas ; que
« parmi les barbares, les nobles ne sont tels que relative-

CHAPITRE VI.

Des Romains.

Il est à présumer que le lecteur, déjà instruit de l'objet que nous avons en vue, ne s'est pas attendu à trouver dans nos recherches un ordre scrupuleusement chronologique. Une fois introduits parmi les Grecs, il nous a été impossible de les quitter sans avoir porté des regards avides sur ces nombreuses merveilles que tous les siècles ont admirées, et qu'il nous était si nécessaire de réduire à leur juste valeur. Nous avons osé dire que ce qui paraît beau n'est pas toujours bon; et considérant l'antiquité comme les personnages qu'elle produisait sur la scène, nous avons levé le voile d'Agamemnon pour laisser voir l'esclave

« ment à leurs concitoyens; au lieu qu'il est des peuples qui « sont nobles partout.... ». En voilà assez pour faire connaître en quelles mains étaient déposés autrefois les droits sacrés de l'humanité. Mais ce qui est encore plus ridicule que barbare, c'est qu'Aristote se proposant de prendre une famille pour le modèle des sociétés politiques, trouve que cette famille primitive est composée essentiellement de trois parties, dont la première est le maître et l'esclave, comme si la nature avait formé, au commencement, des êtres de deux espèces différentes, les uns pour être maîtres, les autres pour être esclaves. Il n'est pas besoin de dire que les deux autres parties intégrantes de la société sont le mari et la femme, le père et les enfans.

qui représentait le roi des rois. Il nous faut maintenant revenir sur nos pas et recommencer une tâche non moins difficile.

Tandis que les Grecs perfectionnaient les lois, érigeaient des temples et disciplinaient les armées, l'Italie nourrissait dans son sein un peuple qui devait détruire leur gouvernement, renverser leurs édifices, et triompher de leurs phalanges. De même que Démosthène, ayant mis l'ambition aux prises (a) avec la nature, ne voulut paraître dans la tribune que lorsqu'un travail long et opiniâtre l'eût assuré du succès; de même Rome, barbare dans son origine, humble dans son principe, et lente dans ses progrès, avait employé quatre siècles entiers à s'instruire dans l'art de vaincre et de dominer. Sans doute qu'il n'est point de travail plus digne d'un philosophe que d'examiner quels sont les principes qui ont pu conduire une simple cité à ce comble, ou, pour mieux dire, à cet excès de gloire et de prospérité : mais les événemens connus ne sont pas toujours en proportion avec les causes connues, et il arrive souvent aux écrivains politiques d'en user comme les anciens astronomes qui expliquaient, qui annonçaient même assez bien les phénomènes, en leur assignant des causes absurdes. D'ailleurs quand il serait vrai que nous eussions découvert les véritables sources de la grandeur des Romains, qu'en résulterait-il pour nous qui ne voulons pas savoir comment on devient

(a) *Trop énigmatique.*

grand, mais seulement si en devenant grand on devient plus heureux? Que serait à nos yeux cette découverte, sinon celle d'un large et magnifique chemin, mais qui ne nous mènerait pas où nous voulons aller?

Si le gouvernement romain doit être recommandable à la postérité, ce n'est pas lorsque, borné dans l'enceinte d'une ville, il lui prescrivait une police ou lui préparait une défense : c'est sans doute lorsque Rome commença à dominer en Italie, et qu'elle soumit toutes ses belles contrées, sinon à ses lois, du moins à ses principes, à sa discipline; c'est encore, lorsque, après s'être étendue sur toute la Méditerranée, elle joignit à son empire la Sicile, la Sardaigne et l'Espagne; c'est surtout au moment où, maîtresse de l'Afrique, elle parvint à donner des lois à l'Asie. Or, si dans ces fastueuses époques les hommes ont été plus libres et plus tranquilles, si la tyrannie a été abolie, si le droit de la paix a été plus sacré et celui de la guerre plus humain, si les champs ont été mieux cultivés, si le commerce a multiplié les liens qui unissent les nations entre elles, admirons avec tous les siècles passés, et ne cessons d'étudier la politique d'une nation qui, commençant à travailler à sa propre félicité, se trouve, par la seule perfection de son gouvernement, par la seule énergie attachée à sa constitution, en état de dicter des lois à la barbarie, d'enchaîner l'ambition, enfin de s'assimiler l'univers entier dont elle aurait été la bienfaitrice et le modèle. Mais si rien de pareil n'est arrivé, si les Romains, loin de triompher par l'ascendant des vertus, n'ont prévalu que par le crime, et ne se sont établis que sur les ruines du monde; qui nous empêcherait de les juger avec autant de rigueur que ces Grecs aussi braves, aussi héroïques, mais plus aimables qu'eux?

Il semble, en effet, que dès que l'histoire ancienne a quitté la Grèce pour ne s'occuper que de Rome, elle prenne un caractère austère et dogmatique. Les fables mêmes sur lesquelles elle est obligée de jeter les fondemens de son vaste et imposant édifice, ont je ne sais quoi de triste et de sauvage, et ce sombre coloris se fait apercevoir jusque dans les récits du bon Plutarque, qui n'est plus le même lorsqu'il vient à parler des Romains. C'est que l'histoire de ce peuple n'ayant commencé à être écrite que cinq ou six siècles après sa naissance, eut cet avantage particulier d'être une, de former un tout, et de lier l'idée de l'état le plus brillant de la république avec celle de son origine. C'est ainsi que l'auteur dramatique, l'esprit déjà prévenu des grands événemens qui doivent se passer dans sa tragédie, prend dès son exposition un ton grave et majestueux, et fait pressentir dans son début la solennité de sa catastrophe; artifice ingénieux, toutes les fois qu'il s'agit d'émouvoir et d'intéresser les hommes, mais qui ne peut convenir à l'auteur impartial et philosophique, qui, se dévouant tout entier à la vérité, ne voit dans l'ornement qui la décore qu'un voile odieux qui en cache la beauté.

Sans doute il est important de la voir dans tout son jour cette vérité si sainte et si respectable : c'est surtout lorsque, par une habitude anciennement contractée, les faits ont usurpé le pouvoir de la raison, et que chaque événement érigé en exemple entraîne avec lui une moralité fausse ou vraie. Alors rien n'est indifférent dans l'étude de l'histoire, et la critique va de pair avec la philosophie. Nous regrettons sincèrement de n'avoir pas de notions plus détaillées et plus sûres sur l'origine de la république romaine, persuadés qu'elles pourraient jeter quelques lumières sur les objets importans que nous devons soumettre à nos réflexions. Qu'un roi d'Assyrie ait porté un nom ou un autre, qu'il ait régné un an ou un mois, c'est une question qu'on peut abandonner aux érudits de profession ; mais que Rome ait dû sa naissance à une colonie de Latins, ou seulement à une troupe de fugitifs et de brigands ; que ses fondateurs aient conservé dans leurs premières institutions civiles et religieuses le caractère des Troyens, dont ils descendaient par Énée, et celui des Grecs dont ils tiraient leur origine par Évandre, ou qu'on ne découvre en eux que les principes grossiers qui dûrent prévaloir parmi des brigands sans mœurs et sans lois, et des aborigènes à demi sauvages ; que lors de la fondation de Rome le gouvernement ait été mixte, c'est-à-dire composé de la monarchie, de l'aristocratie et de la démocratie, ou que le peuple, trop abject pour avoir part aux affaires [1], ne fût regardé que comme un vil troupeau qu'on rassemblait au son du cornet, et qu'on traitait

[1] Gian-Battista Vico a soutenu cette opinion dans un livre intitulé : *Principi di scienza nuova intorno alla comune natura delle nazioni ;* il a été suivi par M. Duni, dans un ouvrage plein de sagacité et d'érudition, qui a pour titre : *Origine e progressi del cittadino Romano,* et par M. l'abbé Bignon, dans son *Histoire critique du gouvernement romain.* Nous exposerons en peu de mots les raisons sur lesquelles ces auteurs ont fondé leur système. En partant d'un fait avoué par tous les historiens, que Romulus ouvrit un asile à tous les fugitifs qui voulurent s'établir dans sa ville naissante, ils vont plus loin, ils supposent que cette ville ne fut peuplée dans le principe que de vagabonds et de gens sans aveu ; et s'attachant à Plutarque de préférence aux auteurs latins, ils prétendent que Romulus, pour donner quelque forme à cette colonie, fut obligé de faire un triage ; qu'il sépara d'abord les hommes qui étaient nés libres (*ingenui*) et dont on connaissait les pères, qu'il les nomma patriciens, et qu'il en forma une classe à part dont il tira les sénateurs ; tandis que les esclaves fugitifs, les bandits, les gens sans aveu formèrent la populace (*plebs*), et n'eurent aucune part au gouvernement ; que non-seulement la législation, mais la religion appartenait exclusivement aux patriciens, qu'eux seuls pouvaient adopter ou rejeter les lois, qu'eux seuls aussi avaient le droit de faire les sacrifices, de diriger les cérémonies religieuses, et même d'y participer ; que les patriciens affectèrent de mêler les droits civils et religieux, afin de faire une espèce de monopole des uns et des autres ; qu'ils se réservèrent celui de prendre

comme des esclaves; c'est ce qui ne peut être indifférent aux yeux de quiconque veut chercher dans l'histoire le fil caché qui seul peut conduire à des vérités importantes.

les auspices, et que tout acte public ne pouvant être fait sans auspices, le peuple se trouva éloigné non-seulement de la magistrature, mais même du droit d'hérédité et de tous les droits domestiques, qui ne pouvaient s'acquérir que par un mariage religieux précédé des auspices; que ce mariage, fait suivant toutes les règles, s'appelait *connubium* ou *nuptiæ*, et n'appartenait qu'aux patriciens; que les mariages du peuple n'étaient qu'une simple cohabitation en vertu d'un consentement réciproque, et s'appelaient *matrimonium*; qu'ils ne donnaient ni le droit de tester, ni aucun de ceux que les lois romaines attribuaient aux pères de famille, etc.

De toutes ces suppositions, les mêmes auteurs concluent qu'on n'a rien entendu jusqu'ici au gouvernement romain, dans lequel ils ne voient aucune trace de démocratie, du moins pendant les trois premiers siècles. Comme ce paradoxe, qui a été soutenu avec beaucoup d'esprit et d'érudition, ne tendrait à rien moins qu'à faire envisager l'histoire romaine sous un point de vue tout nouveau, et à détruire les fondemens sur lesquels les meilleurs auteurs ont établi leur doctrine et leurs raisonnemens, nous n'avons pas cru devoir les négliger, et nous avons pensé que du moins une partie de nos lecteurs nous sauraient gré de rassembler ici quelques-unes des objections qu'on peut y opposer.

1°. Tite-Live, Denys d'Halicarnasse et tous les auteurs qui ont écrit sur l'histoire romaine, s'accordent à dire que le peuple (*plebs*) eut le pouvoir de créer des magistrats et de faire la paix et la guerre : or, c'est une grande témérité

Avouons-le cependant, quelques découvertes qu'on fasse dans ce genre, il est difficile d'en tirer des résultats d'une grande utilité. Quand on aura bien examiné, bien constaté la constitution primi-

que de prétendre être mieux instruit que ces auteurs, ou une grande subtilité de vouloir tirer de leur propre narration des résultats contraires aux leurs. (*b*)

2°. Denys d'Halicarnasse dit positivement que lorsque Horace eut poignardé sa sœur, le jugement de ce crime atroce fut renvoyé au peuple. Tite-Live s'exprime en termes à peu près équivalens.

3°. Dans la supposition que le peuple de Rome fût si vil et si méprisé, comment peut-on expliquer que les Sabins se soient unis aux Romains par une convention libre, sans se réserver aucune distinction, aucun privilége? car on ne dira pas que chez les Sabins le peuple n'était encore qu'un vil ramas de bandits et d'esclaves fugitifs : d'ailleurs Denys d'Halicarnasse nous apprend (Liv. ii) que, même avant cette réunion des deux peuples, la cité de *Médullie*, colonie de celle d'Albe, s'était unie aux Romains et identifiée avec eux, et personne n'ignore que plusieurs familles romaines faisaient remonter leur origine jusqu'aux Troyens; ce qui prouve encore qu'un certain nombre de familles illustres parmi les Albains suivit Romulus, et combat cette opinion, tout au moins exagérée par Plutarque, que Romulus voulant former un sénat, eut de la peine à trouver des hommes qui connussent leurs pères. Voyez à ce sujet Carolus Sigonius, *de Republica romana*, et Cantelius, *de Familiis romanis*.

4°. Denys d'Halicarnasse dit que Servius-Tullius partagea les terres conquises entre les citoyens qui, n'ayant rien à

(*b*) *Mais les Romains ont douté aussi.*

tive de cette république si célèbre, qu'y trouvera-
t-on en dernière analyse? Une simple police : l'arrangement intérieur d'une cité. Je prie le lecteur de
donner quelque attention à ces paroles. Il me semble

eux, étaient obligés de travailler de leurs mains; de sorte
qu'après cet arrangement, il n'y eut plus à Rome que des
propriétaires et des esclaves. Or, le même auteur, voulant
justifier Servius-Tullius d'avoir affranchi un grand nombre
de ces derniers, nous apprend avec assez de détail ce que
c'étaient que les esclaves chez les Romains. Il dit qu'ils
étaient tous composés ou de prisonniers faits à la guerre et
vendus au profit du fisc, ou des esclaves même des ennemis,
lesquels faisaient partie du butin : d'où il résulte deux choses
importantes. 1°. Que chez les Romains la guerre était
l'unique source de l'esclavage. 2°. Que cette race serve et
dépendante des grands, telle que quelques auteurs nous
l'ont dépeinte, n'a jamais existé à Rome. Il est encore d'autres passages si décisifs, qu'on ne saurait assez s'étonner
qu'ils aient échappé à nos critiques. Tel est celui de Tite-
Live, où cet auteur, racontant les tumultes qui précédèrent
la retraite du peuple sur le mont Sacré, s'exprime ainsi :
*Civitas secum ipsa discors intestino inter patres plebemque
flagrabat odio....; et plus bas : Magno natu quidam cum
omnium malorum suorum insignibus se in forum projecit.* Or
ce citoyen d'une grande naissance, qui montrait les bles-
sures qu'il avait reçues en combattant, et les coups dont il
avait été meurtri dans l'esclavage des patriciens; cet infor-
tuné qui sut intéresser tout le peuple en sa faveur et l'armer
contre les grands, que pouvait-il être qu'un plébéien?....
Voilà donc, dès l'année 260 de la fondation de Rome, un
plébéien que Tite-Live, partisan outré de l'aristocratie,
qualifie pourtant d'homme d'une grande naissance. Il est

qu'elles renferment une idée neuve, et qu'elles jettent un grand jour sur la politique......

Sur la politique *! Ce mot qui vient de se trouver au bout de ma plume sert encore à prouver la vérité que je vais développer : c'est que tous les gouvernemens de l'antiquité, si l'on excepte les grandes monarchies anciennes dont on ignore l'origine, doi-

sûr que quelque modification qu'ait reçue l'esclavage chez les anciens, jamais les esclaves n'ont été regardés comme peuple, comme partie intégrante de l'état. On peut voir dans Athénée des recherches assez curieuses sur cet objet. Il distingue plusieurs sortes d'esclavages ; comme lorsqu'une nation se soumet entièrement à une autre ; lorsqu'un peuple émigrant demande des terres à cultiver, ou lorsqu'un peuple vainqueur en abandonne aux vaincus à certaines conditions onéreuses, ce qui se rapporte assez à la servitude féodale ; mais il ne parle nulle part de cette demi-servitude, de cet état mitoyen entre la liberté et l'esclavage qu'on suppose avoir existé dans les trois premiers siècles de la république. Voyez Deip. liv. vi, ch. vii.

5°. Il paraît que ce n'est que par induction que M. Duni a pensé, ainsi que Brisson, que les auspices étaient absolument nécessaires pour les mariages. On sait seulement que ces cérémonies se faisaient par la *confarreatio* (partage d'un gâteau sacré) et par la *coemptio* (espèce d'achat fait par le mari) ; mais on ne voit nulle part qu'elles aient été exclusivement le partage des nobles. Voyez Brisson, *de Ritu nuptiarum*, et Heineccius, *Ant. Jur. Rom.* liv. ii, tit. x.

6°. Il y a une équivoque palpable dans l'usage que M. Duni

* Πολιτικὴ, *regendæ civitatis scientia*, de πόλις, qui veut dire *ville*.

vent leur naissance à une ville, à une cité : et si
l'on veut y réfléchir, on verra que les choses n'ont
pu se passer autrement. En effet, les hommes n'ont
été connus sous le nom de peuple que lorsqu'ils ont
eu des lois pareilles, des usages communs, des dé-
pendances mutuelles qui les ont réunis, qui ont,
pour ainsi dire, attesté leur identité. Or, les hommes n'ont eu besoin de lois et de conventions que

a fait des harangues de Tite-Live, particulièrement de celle
de Canuleius. M. Duni voudrait faire entendre que les tribuns demandèrent pour le peuple le *connubium*, c'est-à-
dire le droit de se marier comme les patriciens ; mais partout
où ce mot se trouve seul, il est clair que Tite-Live a sous-
entendu *cum plebe*, c'est-à-dire que le tribun demandait
qu'il fût permis aux plébéiens d'épouser des patriciennes.
Il n'en résulte donc pas que les plébéiens ne se soient pas
mariés avec les mêmes cérémonies que les patriciens.

7°. Il y a tout lieu de croire que Romulus établit dans sa
ville un gouvernement analogue à celui des villes voisines ;
car l'esprit d'imitation a régné de tout temps, excepté chez
les réformateurs comme Lycurgue, lesquels se trouvent
dans un cas différent, parce que les réformes ayant toujours
pour fondement des abus existans, l'esprit humain se jette
alors du côté opposé, et cherche les contraires au lieu des
semblables. Qu'opposer enfin au témoignage de tous les auteurs latins, jusqu'à Sénèque lui-même, qui dit (Ep. LVIII),
en parlant des lumières qu'on peut tirer de Cicéron relativement à l'histoire, qu'on y trouve ce fait intéressant qu'autrefois on appelait des rois au peuple? encore est-il à observer que tous les historiens romains ont été contraires au
peuple, et favorables à l'aristocratie.

lorsqu'ils ont été rassemblés en grand nombre dans un petit espace (c). Car plus ils sont disséminés sur la surface de la terre, plus ils sont occupés à se procurer leur subsistance, soit par la chasse, soit par la culture, moins ils ont besoin de législation, *et vice versâ*, plus ils sont réunis, plus les points par lesquels ils se touchent sont multipliés, et plus ils sont contraints de recourir aux traités et aux conventions. De là il résulte que le premier besoin de toute société a été la *police*, et que tous les gouvernemens ont commencé par n'être qu'une simple *police*. C'est ici surtout que le langage sert à expliquer les faits, et non les faits à expliquer le langage. Πολιτεῖα chez les Grecs, *civitas* chez les Romains, ne signifiaient dans leur origine que le gouvernement d'une ville, quoiqu'ils aient désigné ensuite tout ce qui appartenait à l'administration en général : et de nos jours encore, le terme de *police* peut s'entendre du gouvernement des hommes par opposition à celui d'administration, qui désigne plutôt le gouvernement des propriétés. (d)

Peut-être m'objectera-t-on que la guerre est la première source de l'autorité, et par conséquent du gouvernement : mais je répondrai, que si la guerre a été longue et l'armée nombreuse, le gouvernement de cette armée aura encore appartenu à la *police;*

(c) *Pourquoi pas en plusieurs villages, comme chez les Celtes ?*

(d) *Trop fin.*

et que si la guerre a été bientôt terminée, le premier objet du vainqueur, le premier fruit de la paix
aura été une société paisible, et la possibilité pour
les hommes de vivre ensemble sans être inquiétés.
Dans ces deux cas, la *police* se sera donc établie ou
dans un camp, ou dans une ville naissante. Si l'on
voulait étendre ces considérations jusque sur les animaux, on verrait que, de même que la société des
bêtes féroces et indépendantes, qui trouvent aisément leur nourriture, est la plus imparfaite de
toutes (e), de même la fourmilière et la ruche des
abeilles sont les plus beaux exemples de police que
nous offre la création. Tout concourt donc à prouver que les premières conventions ont été faites
pour une multitude, et qu'elles se sont bornées,
pour ainsi dire, à des lois de *juxta-position*.

Loin de penser que ces vérités aient besoin d'un
plus long développement, nous craignons plutôt
qu'elles ne paraissent trop simples et trop triviales,
si nous ne nous hâtons d'en montrer l'importance,
en faisant observer les contradictions qui règnent
entre ces principes de tout gouvernement, et les fins
que tout gouvernement doit se proposer.

En effet, que sont les hommes sur la terre? Des
enfans à la mamelle, obligés de presser le sein qui
doit les nourrir. Que sont les hommes dans les villes?
Des plantes transplantées, des êtres dénués et incer-
tains, semblables à cette multitude d'animaux mi-

(e) *Trop fin, et peu utile.*

croscopiques, qui, s'agitant en tout sens et se pré-
cipitant sans cesse les uns sur les autres, ne semblent être nés que pour le mouvement. (*f*)

N'en doutons pas, l'agriculture devait être le premier objet des législateurs, et la propriété le principe de l'agriculture. La nature n'accordant rien qu'à
des sollicitations réitérées, ses premiers bienfaits
furent achetés, et les premières dépenses, soit en
argent, soit en travail, auraient dû fonder le premier droit de propriété. La perfection de la culture
n'eût pas manqué d'amener l'abondance et la variété
des productions, d'où serait venu le commerce, et
par le commerce les richesses. Alors la nécessité des
marchés publics, la convenance des lieux situés sur le
bord des rivières ou sur le rivage des mers, auraient
donné naissance aux cités. Mais celles-ci, regardées
comme le dernier produit ou la simple conséquence
du gouvernement agraire, auraient reçu de lui leurs
formes et leurs lois. Les paisibles cultivateurs n'auraient pas négligé d'y faire régner leurs principes
salutaires. Ces hommes, attachés à la glèbe par intérêt et par habitude, auraient fait de la conservation la base de leur politique, et le mot de *gloire*
n'aurait peut-être été connu dans aucun langage.
Mais le contraire est arrivé.

Soit que les premiers habitans de la terre se soient
trouvés placés par la nature dans ces lieux privilé-
giés, où ses bienfaits sont et plus communs et moins

(*f*) *Satire un peu frivole.*

nécessaires; soit que la force, ayant eu d'abord plus de moyens de s'exercer, ait su bientôt prévaloir sur le travail; soit enfin que la marche de la population ait toujours été plus rapide que celle de l'industrie, nous ne voyons pas que les états aient dû leur origine à des cultivateurs, mais plutôt à des brigands et à des vagabonds (g). De là il est arrivé que les villes ont été les premiers rudimens des nations, et que le gouvernement de police a servi de principe à la constitution des états.

Nous l'avons déjà dit : l'origine des anciennes monarchies nous est inconnue; mais sans porter des regards inutiles dans la nuit des temps, arrêtons-nous un moment sur les progrès de la population dans cette partie du monde qui donna si long-temps des lois ou des exemples à toute la terre.

Que Danaüs, que Pélasge, Inachus et Pélops aient été, ou non, les premiers fondateurs des villes grecques, il n'en est pas moins vrai que la Grèce fut peuplée par des colonies venues de l'Asie ou de l'Égypte (h); il n'en est pas moins vrai que ce fut de Sparte, d'Athènes, de Corinthe, d'Argos, etc. que sortirent toutes les grandes villes de la Grèce et de la Sicile. Or, suivez les progrès de cette population, et vous verrez s'élever autant de républiques que de villes : et si jamais quelques-uns de ces établisse-

(g) *Quoi! les Indiens, les Chinois, les Égyptiens, les Celtes, les Arabes, etc.?*

(h) *Quoi! personne en Grèce auparavant?*

mens se réunissent et paraissent former un système politique, c'est par une simple union fédérative, telle que celle des Amphyctions, des Étrusques et des peuples du Latium. D'un autre côté, si ces riches minières de l'espèce humaine, si ces vastes monarchies orientales ont succombé sous les efforts des républiques naissantes, que sera-t-il resté sur la terre, sinon les vestiges du seul gouvernement auquel les vainqueurs avaient obéi? Corinthe donna naissance à Syracuse, Tyr à Carthage, Troie à Albe, et Albe à Rome. Joignez à ces noms fameux ceux de Sparte et d'Athènes, et vous aurez les principaux rôles qui ont paru sur la scène du monde. [1]

Que ces philosophes estimables qui s'efforcent de ramener l'homme de tant de jeux frivoles ou de spéculations oiseuses à ces deux objets importans, son aliment et son bonheur, ne s'étonnent donc plus si le plan d'un gouvernement fondé sur l'agriculture et sur la propriété territoriale est une idée toute neuve qui n'existe encore que dans l'opinion ou sur le papier. Mais s'ils veulent se rendre raison de notre ignorance dans une matière si intéressante, qu'ils

[1] Atheniensis in Asia turba est. Miletus lxxv urbium populum in diversa effudit : totum Italiæ latus quod infero mari alluitur major Græcia fuit : Tuscos Asia sibi vindicat: Tyrii Africam incolunt : Hispaniam Pœni : Græci se in Galliam immiserunt, in Græciam Galli : Pyrenæus Germanorum transitus non inhibuit : per invia, per incognita versavit se humana levitas. SENEC. *Consol. ad Helviam matrem.*

s'en prennent aux erreurs innombrables qui ont été
commises par ce gouvernement de police, irrécon-
ciliable ennemi de la propriété. Ils y verront des
convulsions perpétuelles, des censures, des réformes, des partages de terre, des distributions de
grains, des taxes arbitraires, des amendes excessives, enfin la propriété compromise dans toutes les
querelles politiques. Alors ils s'apercevront aisément
que toutes les fois que les changemens de la constitution de l'état sont liés nécessairement aux changemens dans les fortunes, les querelles, les sédi-
tions doivent être beaucoup plus fréquentes ; et
qu'au contraire, lorsque les factions ne disputent
entre elles que pour des priviléges et des dignités,
il est beaucoup plus facile de les apaiser que si elles
attaquaient aussi leurs propriétés mutuelles. (i)

Si l'administration municipale, si de simples régimes de police ont été les premiers gouvernemens
de tous les peuples, il est clair qu'on ne doit point
s'attendre que leur origine rende raison de leurs
progrès. Ainsi ce serait inutilement que nous cher-
cherions dans le berceau des états les germes de leur
grandeur, et surtout que nous nous flatterions de
trouver sur quelques collines entourées de murailles
les principes d'une monarchie universelle.

Un jeune ambitieux, las d'attendre la succession
de son aïeul, et peut-être même de voir sa légitimité

(i) *Hélas ! Ubicumque calculum ponas, ibi naufragium
invenies.*

révoquée en doute, propose de fonder un nouvel établissement. Il obtient aisément des secours, et trouve encore le secret de débaucher quelques-uns de ses compatriotes. On choisit un lieu convenable; on élève des maisons contiguës, pour être plus à portée de se secourir mutellement : on forme une enceinte qu'on entoure de murs et de fossés : à peine a-t-on fini de s'établir, qu'on songe à prendre quelques arrangemens intérieurs. Le fondateur, qui ne s'est attiré des compagnons que par l'espoir de la liberté et de l'égalité, ne peut tout d'un coup s'ériger en maître; mais en même temps la part qu'il a eue au projet et à l'exécution lui donne une grande considération, et le constitue chef de l'état naissant. Les pères de famille, les hommes les plus apparens, forment un conseil qui doit traiter de toutes les affaires; mais la décision des plus importantes est renvoyée à l'assemblée générale de tous les colons. Bientôt on songe à se mettre en état de défense, et même en mesure d'attaquer ses voisins. On distribue les nouveaux habitans en différens corps, on forme de l'infanterie et de la cavalerie, et cette milice bourgeoise devient le modèle de l'armée. Le désir d'acquérir de nouvelles forces engage à ne pas se rendre scrupuleux sur les recrues; un asile est ouvert à tous les aventuriers, et surtout aux esclaves fugitifs, article bien important alors, et qui pouvait être la source d'une population immense. Mais comme cette admission d'étrangers de toute espèce n'a encore procuré des colons que d'un sexe (*k*), on imagine un projet qui se sent bien de la morale introduite parmi de tels citoyens. Les femmes des peuples voisins sont enlevées contre toutes les lois de l'hospitalité. Ce peuple arme pour les recouvrer; au moment de la vengeance, les offensés se laissent désarmer; les deux nations s'unissent par un traité solennel, et (ce qu'il y a de plus extraordinaire) religieusement observé. La ville augmente et la police se perfectionne. A un roi législateur succède un prince belliqueux, qui est suivi à son tour par des rois militaires. La nation devient guerrière, mais elle est entourée de nations guerrières, et l'avantage ne paraît se décider pour elle qu'en raison de la capacité de ses chefs; bonheur qui dépend de la fortune, et qui ne peut être encore l'effet de sa constitution politique, etc. etc.

Jusqu'ici j'ai beau considérer les progrès de la république romaine, je ne puis leur assigner que deux causes : l'une est due au hasard qu'il faut toujours mettre pour beaucoup dans toutes les affaires humaines, c'est la capacité des rois et la longueur des règnes [1]; l'autre appartient davantage à la politique, et c'est le principe de population établi par

(*k*) *Mais il y a quelque apparence que les esclaves femelles sont venues avec les mâles.*

[1] Hæc est prima ætas populi romani, et quasi infantia quam habuit sub regibus septem, quadam fatorum industria tam variis ingenio, ut reipublicæ ratio et utilitas postulabat. FLOR. liv. I, ch. VIII.

Romulus, et suivi par ses successeurs ; principe d'après lequel les Romains se firent une loi de transporter dans leur ville tous les peuples vaincus, au lieu de les réduire en captivité, comme c'était l'usage alors. Voilà la véritable source de la grandeur de Rome ; voilà ce qui fit que deux cent cinquante ans après sa naissance, elle contenait cent trente mille citoyens [1]. Quant à son gouvernement, quelle idée pouvons-nous en concevoir lorsque nous voyons le peuple assez vil pour gémir si long-temps et si patiemment sous le joug d'un tyran tel que Tarquin-le-Superbe ? En effet, si la jeunesse romaine n'eût pas été fatiguée d'une guerre longue et pénible, si la plus affreuse tragédie ne fût pas arrivée à propos pour remuer les esprits de la populace, Rome serait devenue ce qu'a été Syracuse, le jouet des tyrans et le théâtre des révolutions.

Mais les rois ont été chassés ; la liberté s'est assise à leur place. La liberté..... Quelle liberté ! la tyrannie n'a fait que passer des mains du roi dans celles des grands. Le peuple regrette ses premières chaînes ; il se plaint et n'est point écouté ; réduit enfin au dernier désespoir, il ne trouve que dans l'excès même de ses maux, le courage nécessaire pour les finir. L'établissement du tribunat assure l'effet de la loi

[1] Ou, suivant le calcul de Denys d'Halicarnasse, cent quarante mille âmes. (*l*)

(*l*) *Mais les bornes de l'état étaient donc déjà très reculées. Il fallait nourrir cent trente mille citoyens au lieu des trois mille de Romulus ; plus, apparemment, cent trente mille esclaves.*

Valeria. Le peuple respire ; mais à peine cesse-t-il de craindre, qu'il devient formidable. Ici tout change d'aspect, et l'histoire du gouvernement romain n'est plus que celle des progrès de la démocratie. Les plébéiens se confondent avec les nobles par les mariages, et Rome démocratique dans le fait, n'est plus aristocratique que dans l'opinion : car c'est une chose remarquable que jamais la politique romaine n'a été en proportion avec la constitution du gouvernement, de manière que le peuple a régné par la terreur lorsqu'il n'a pas eu de priviléges, et que la noblesse a régné par la considération lorsqu'elle a perdu ses premiers droits. [1]

Maintenant, je demanderai à ces politiques subtils qui voient tout dans Rome, comme Malebranche voyait tout en Dieu (*m*), quelle époque, quel instant de cette fluctuation perpétuelle ils saisiront pour faire du gouvernement romain le modèle qui doit être suivi par toutes les nations.

Peut-être cette question les embarrassera-t-elle un peu ; cependant ils peuvent l'éluder en quelque façon. Nous convenons, diront-ils, que la constitution de la république romaine n'a jamais eu de principes bien fixes ; mais au moins ne pouvez-vous faire un pareil reproche à sa politique. Cet esprit de discipline, cette perfection dans l'art de la guerre, ce

[1] Pendant la seconde guerre Punique, presque toutes les dignités furent entre les mains des patriciens.

(*m*) *Plaisanterie très déplacée.*

système suivi de pouvoir et d'agrandissement, déposent assez en faveur des principaux ressorts du
gouvernement. De si grands effets décèlent une cause
puissante..... (*n*)

Ici je dois demander grâce pour un scepticisme
dont je ne puis me dissimuler la témérité, si toute-
fois le doute peut jamais être téméraire. Les Romains, il est vrai, ont, suivant le rapport des historiens romains, triomphé de leurs voisins presque
toutes les fois qu'ils les ont combattus; mais pour
juger de ces grands avantages, rappelons-nous qu'ils
ont fait la guerre près de quatre cents ans (*o*) avant
que de soumettre la seule ville de Veïes [1]; et atten-
tendons, pour apprécier cette supériorité romaine,
que nous ayions lu dans les historiens volsques,
eques, samnites et étrusques les mêmes faits que
Tite-Live a racontés. Encore n'en est-il pas besoin;
cet auteur lui-même avoue quelque part que pendant un long espace de temps, les Volsques ont au
moins balancé les succès des Romains. Nous ne rap-
pellerons pas ici les histoires trop connues (*p*) de Por-

(*n*) *Oui.*

(*o*) *C'est parce que Rome fit toujours la guerre, qu'elle
finit par tout dompter. Ses voisins ne furent pas toujours en
armes contre elle.*

[1] Il semble qu'après un siége de dix ans, ils ne sont venus
à bout de la réduire, que par la faute qu'elle fit de se donner
un roi et de se séparer de la confédération latine, qui ne put
lui pardonner cette défection.

(*p*) *Et suspectes.*

senna, de Coriolan, et du Gaulois Brennus; mais nous nous contenterons d'observer que si Horatius-Coclès était tombé par malheur de la blessure qu'il reçut au genou; si la mère de Coriolan était morte quelques années plus tôt, et enfin si Manlius-Capitolinus avait dormi un quart d'heure de plus, c'était fait de la maîtresse du monde. (q)

Je ne puis m'empêcher d'arrêter encore un moment l'attention du lecteur sur cet objet. Je veux qu'il juge avec moi de la frivolité de ces lieux communs, si souvent répétés par les auteurs qui ont écrit sur les Romains. Quoi de plus ordinaire que d'entendre dire que l'esprit de conquête était l'âme de leur gouvernement (r)? L'esprit de conquête chez un peuple qui a été trois cent soixante ans sans s'aviser de faire un siége! Chez un peuple qui ne faisait que des guerres de représailles ou de brigandages; chez un peuple qui n'avait jamais imaginé enfin que pour soumettre ses ennemis, il fallût s'emparer de leurs forteresses! Ne sortons pas de la place publique de Rome pour connoître les ressorts de son gouvernement, et ne cherchons que dans les dissensions du peuple et des grands la source de tous les événemens qui causent notre surprise. D'abord, les grands, craignant le peuple animé par ses tribuns, imaginèrent

(q) *Il en est ainsi de tout. Si Alexandre était mort d'un coup de pied de Bucéphale, il n'eût pas détrôné Darius, etc. etc.*

(r) *L'esprit de conquête eut d'abord pour objet un village, ensuite l'univers.*

de l'envoyer (s) à la guerre : mais comme le soldat devait se pourvoir de vivres à ses propres dépens, les campagnes ne pouvaient être longues. Les diversions que la guerre faisait aux affaires publiques n'étaient que passagères, et le peuple revenait de ces batailles plus fier, plus incommode que jamais. Ce fut alors qu'on s'avisa de prolonger les guerres et de faire des siéges. Il fallut pour y parvenir se déterminer à donner une paye aux troupes. Les patriciens firent de bon cœur le sacrifice de leur contingent, et l'envoyèrent d'eux-mêmes au trésor public; mais les tribuns n'en furent pas les dupes : ils démasquèrent cette fausse générosité, et firent voir quel piége était caché sous cette bienfaisance apparente.

Que résulte-t-il de tout cela? c'est qu'il se fait dans nos jugemens une réaction des effets sur les causes, et des causes sur les effets; c'est-à-dire que nous sommes portés, par exemple, à juger de la constitution d'un gouvernement sur quelques faits éclatans qui nous inspirent du respect; et que d'un autre côté, pénétrés de cette idée, nous jugeons ensuite la plupart des événemens suivant celle que nous nous sommes formée de leur principe. Or je considère la raison humaine comme armée de deux instrumens, la contemplation [1] et l'expérience. Ce sont les seuls qui puissent lui servir à creuser dans le chaos

(s) *De le mener.*

[1] *Théorie*, qui vient du mot grec θεωρία, ne signifie autre chose que *contemplation*.

des opinions pour y trouver la vérité. Mais, si au lieu de les perfectionner, elle se hâte de les employer concurremment, il arrivera que, se heurtant sans cesse l'un contre l'autre, ils seront émoussés avant que d'avoir pu lui servir. (*t*)

Une chose étonnante, c'est que les hommes se sont presque toujours mépris dans l'usage de ces deux instrumens. La physique a été soumise à la contemplation, et la politique à l'expérience. Les lois de la nature ont été fondées sur des rêves ingénieux; celles de la société sur des faits particuliers. Les cruautés d'un tyran ont fait proscrire la monarchie; un mauvais succès, une erreur dans les conseils, a fait abandonner la démocratie; l'abus du pouvoir ou des richesses a décrédité l'aristocratie; quelque crime commis envers une personne chérie, a établi l'extrême rigueur des peines; une représaille dictée par la colère a fondé le droit de la guerre. Ainsi les hommes augurant toujours (*u*) de ce qui arrivera demain, par ce qui est arrivé hier, ont gâté l'instrument de l'expérience et abandonné tout-à-fait celui de la méditation.

Combien différente ne devait pas être la marche de nos connaissances (*x*)! L'astronomie, la physique, l'histoire naturelle, nous ont pour ainsi dire prodigué les données des problèmes qu'elles nous ont offerts. Nous n'avons donc eu qu'à ordonner l'*équation*,

(*t*) *Un peu subtil.*   (*u*) *Non.*

(*x*) *Celles de Newton ou d'Archimède, etc.*

qu'à arranger, qu'à nombrer. *(y)* Une seconde étude
s'offrait ensuite à nos recherches, c'était la *zoologie*
ou la connaissance des êtres dans leurs espèces, ou
dans les individus, qui conduisait à la médecine
philosophique, c'est-à-dire à la science de conserver
les hommes dans le plus grand bonheur possible,
en employant également les moyens physiques et moraux; je dis moraux : car qui doute que la morale ne
soit une branche de la médecine? Ici la quantité des
faits était immense; mais l'inconvénient de la variété
compensait l'avantage de la multiplicité. Dans ce cas
l'expérience devait être timide, et le doute condui-
sant sur ses pas l'expectation, la pratique ou la
science mise en action n'aurait été employée qu'avec
beaucoup de réserve. A ces études succédaient naturellement celles du gouvernement, c'est-à-dire des
corps politiques, de ces agrégations organisées, qui,
sous le nom d'*empires* et de *républiques*, présentent un nouvel ordre d'êtres moraux. Or, qui ne voit
du premier coup d'œil que ces corps politiques étant
en très petit nombre, et cependant pleins de variétés
et d'accidens particuliers, sont de tous les objets de
nos recherches ceux qui se dérobent le plus aux lumières de l'expérience ? *(z)*

(aa) De ces réflexions que nous ne faisons qu'indiquer à nos lecteurs, il semble naître tout d'un coup

(y) Étranger à la question.

(z) Je doute que cela plaise aux lecteurs.

(aa) Trop étranger.

un nouveau système de science inconnu jusqu'ici. L'examen de la nature, de ses lois fixes, immuables et nécessaires, serait le premier fondement de toute doctrine, l'*initium sapientiæ*. De ces premières notions de la nature, on passerait à ses principales productions, et ensuite à son action circonscrite et individualisée ; *l'andrologie*, ou la connaissance de l'homme en général, servirait de base à la médecine physique et morale, et de cette science naîtrait la politique (*bb*), qui ne serait que le résultat de toutes les autres. Ce serait alors qu'on aurait une véritable *Physiocratie*, un gouvernement fondé sur les forces de la nature, et sur l'énergie de son action.

Dans un siècle moins éclairé, avec des esprits moins accoutumés aux nourritures les plus substantielles, je devrais m'excuser de cet écart philosophique et surtout de la forme concise et abstraite que j'ai donnée à ces réflexions : (*cc*) mais je n'ignore pas que l'instruction est tellement répandue de nos jours, que les auteurs ne peuvent presque plus réclamer d'autre avantage sur leurs lecteurs, que d'avoir pensé plus long-temps qu'eux à la chose dont ils écrivent. (*cc*) Je trouve même que rien n'est plus doux pour celui qui compose un ouvrage que d'imaginer qu'il est assis près d'un homme d'esprit qui saisit rapidement toutes ses pensées, dont l'attention l'anime, dont les regards l'encouragent, près duquel enfin

(*bb*) *La médecine qui fait naître la politique ! Ah !*

(*cc*) (*cc*) *Bon, et très neuf.*

il se sent plus fort, plus sûr de lui-même. *(cc)* C'est dans cette confiance que je me crois dispensé de développer comment il résulte de ce que nous avons dit, que d'un côté les hommes n'ont jamais appuyé sur une base solide les principes qu'ils ont adoptés sur la politique; et que de l'autre, il s'en faut bien qu'il y ait assez de faits dans cette science pour qu'elle soit soumise à l'expérience, ou si l'on veut à la doctrine de l'exemple.

Mais revenons aux Romains, et rappelons-nous ce que nous avons dit plus haut de l'erreur qui nous porte à juger des faits, plutôt d'après quelques préjugés antérieurs que sur l'examen de ces faits en eux-mêmes; nous reconnaîtrons bientôt à quel point la vanité des Romains, l'adulation des Grecs, et l'enthousiasme de la postérité se sont efforcés de donner du relief à l'enfance de la république *(dd)*. C'est ainsi qu'après que Servius-Tullius eut été élevé de l'état d'esclave à la dignité royale, on assura qu'on avait vu autrefois une flamme céleste descendre sur son berceau.

Cette disposition ne paraît nulle part d'une manière plus frappante que dans l'opinion qu'on s'est formée de la milice romaine. En effet, on ne se contente pas de lui donner les éloges qui lui sont dus, mais on veut encore nous faire oublier qu'elle n'atteignit à son dernier degré de perfection que du temps des Scipions; et ce que les Romains n'appri-

(dd) *Qu'importe ?*

rent qu'à force de fautes et de mauvais succès, on veut le faire passer pour une suite nécessaire de la sagesse de leur gouvernement. [1]

Je m'étonne que personne ne se soit encore avisé

[1] Comme l'objet de cet ouvrage ne me permet pas d'entrer dans aucun détail sur la milice romaine, je ne donnerai ici qu'un seul exemple des erreurs qu'on a commises à ce sujet.

Parce qu'on a vu que les Romains, vers le temps des guerres Puniques, se formaient en bataille, l'infanterie rangée en échiquier sur trois lignes, et la cavalerie sur les ailes, on a cru que telle avait été leur ordonnance dans tous les temps. Mais je suis en état de prouver que, pendant les quatre premiers siècles de la république, la cavalerie fut toujours placée en réserve. Parmi le nombre de faits qui déposent en faveur de cette opinion, je me contenterai de rapporter ceux-ci : Tite-Live, en parlant d'une grande bataille que Fabius livra aux Samnites, dit que ce consul ordonna à sa cavalerie de charger, mais qu'elle causa autant de désordre parmi les siens que parmi les ennemis : *Equites ducibus tribunis ante signa evecti, haud multo plus hostibus quam suis præbuerunt tumultus.* Or, ces cavaliers, *ante signa evecti*, qui mettaient le désordre dans leur infanterie comme dans celle des ennemis, que peuvent-ils être, sinon une troupe en réserve (*ee*) qui charge par les intervalles de cette infanterie? J'omets nombre de descriptions de batailles, où l'on suppose que le consul ordonne à sa cavalerie de se couler derrière la ligne pour aller charger les flancs de l'ennemi; ce qu'elle n'aurait pas manqué de faire dès le commencement de l'action, si elle eût été placée sur les ailes, et ce qu'elle n'aurait jamais pu exécuter, si la

(*ee*) *Pourquoi pas avant-garde plutôt que réserve ?*

de comparer la quantité de batailles que Tite-Live
a fait gagner aux Romains avec le petit nombre de
véritables succès qu'ils ont eus pendant quatre cents
ans. Je m'étonne encore qu'on ne forme pas quelque

cavalerie ennemie eût observé le même ordre ; mais je remarquerai que la première fois que Tite-Live parle de
cet ordre de bataille si souvent employé depuis, c'est à
l'année 440 de la fondation de Rome. Il dit, en parlant des
Samnites : *Itaque in aciem procedunt equitibus in cornua di-
visis.* Le soin qu'apporte l'auteur à décrire cette disposition
ne prouve-t-il pas assez qu'il en a trouvé peu d'exemples
jusque-là ? Voici un autre passage qui nous apprend que
l'infanterie ne combattait pas en échiquier, et qui sert encore
à prouver l'opinion où nous sommes que la cavalerie était
placée en réserve. Le dictateur Marcus-Valerius, allant au
secours d'un corps avancé, marcha dans l'ordre qui suit :
*Prima incedebant signa legionum, ne quid occultum aut re-
pentinum hostis timeret, sed reliquerat intervalla inter ordi-
nes peditum, qua satis laxo spatio, equi permitti possent.*
On voit par là que, d'un côté, la légion ne conservait pas
toujours des intervalles, car alors l'historien se serait contenté de dire qu'on les avait augmentés ; et, de l'autre, que
la cavalerie n'était point placée sur les ailes, car si elle s'y
fût trouvée dans cette occasion, un ordre si nouveau aurait
donné à penser aux ennemis, et leur aurait annoncé une
charge rapide (*quid repentinum*). Ce qui m'étonne le plus,
c'est qu'on n'ait pas été conduit à ces observations par la
nécessité dont elles sont pour expliquer certains passages
qui, sans cela, doivent paraître absurdes. On voit la cavalerie romaine tantôt prendre l'ennemi en flanc ou en queue,
et décider ainsi la victoire ; tantôt mettre pied à terre pour
rétablir le combat. Or, il est ridicule de dire que les

doute sur l'authenticité de l'histoire, lorsqu'on voit
l'historien assez exact pour ne jamais omettre le détail d'une seule action; lorsqu'on peut comparer
cette attention scrupuleuse avec celle qu'il emploie

Romains, étant mauvais cavaliers, préféraient quelquefois
de combattre à pied, puisqu'on voit souvent qu'ils décident
le succès d'une bataille en chargeant à cheval. Mais qu'arri-
vait-il ? C'est que lorsque les ennemis avaient trop bien
appuyé leurs flancs pour craindre d'être tournés, et que,
dans la première charge, leur infanterie avait fait plier celle
des Romains, les consuls, voyant qu'ils n'avaient ni le
temps ni la facilité de faire une diversion sur les ailes, ne
manquaient pas d'ordonner aux cavaliers de mettre pied à
terre; et, faisant en même temps ouvrir les manipules, ils
menaient cette réserve *ante signa*, c'est-à-dire au *front de
bandière.*

Quant à la milice romaine en général, voici, après un
mûr examen, le meilleur jugement que j'en puisse porter.
Pendant près de cinq siècles, elle n'a eu qu'un avantage
médiocre sur celle des peuples voisins, et l'infanterie n'a
même jamais eu de supériorité marquée, presque toutes
les batailles que les Romains ont gagnées l'ayant été par
des charges de cavalerie. Je sais que cette vérité est peu
connue; mais je prie les militaires de lire Tite-Live avec
attention, et je suis sûr qu'ils seront de mon avis. Ils seront
peut-être plus surpris encore s'ils ouvrent Valère Maxime,
de Milit. inst., d'y trouver que, jusqu'au temps de la guerre
des Cimbres, arrivée vers le milieu du septième siècle de la
république, on n'avait pas encore imaginé d'enseigner aux
soldats l'art de l'escrime, si nécessaire dans un temps où
les hommes se battant corps à corps, l'adresse des individus faisait la force des armées. Du reste, les Romains

à rapporter toutes les harangues ; lorsqu'on remarque surtout une certaine uniformité dans les descriptions, qui avertit le lecteur instruit que la variété des ordres de bataille a eu pour limite la tactique de l'auteur, et non les possibles de la guerre. Quoi ! après tant de batailles gagnées par la gauche, par la droite, par le centre, au bout de trois cent soixante années de guerre, Veïes n'est pas encore prise ! Veïes soutient un siége de dix ans ! (remarquez que ce rapport avec Troie est très suspect) et au bout de ce temps elle ne doit sa perte qu'au génie supérieur d'un seul homme ! Et quel homme encore ! le libérateur, le réformateur de sa patrie, l'immortel Furius Camillus ! Que dirai-je des Samnites qui soutiennent contre Rome une guerre de quarante ans ; des Gaulois qui en ont presque toujours triomphé, malgré les efforts des historiens pour déguiser les faits et même pour les altérer ? [1]

n'avaient nulle connaissance de la guerre de campagne, ni des stratagèmes d'aucune espèce : de façon que lorsque Annibal employa la ruse, et que sa cavalerie Numide eut pris l'avantage sur celle des Romains, ce ne fut plus pour eux qu'une suite de défaites, toutes plus humiliantes les unes que les autres. Enfin, il ne paraît pas que les auteurs romains qui ont écrit du temps que la république existait encore, et avant que la flatterie fût parvenue à son comble, aient jamais eu de prétentions aux louanges excessives qui furent prodiguées depuis à leur nation : témoin cet aveu de Salluste : *Sciebam.... facundia Græcos, bello Gallos, ante Romanos fuisse.* BELLUM CATIL.

[1] Il est manifeste que l'histoire de l'arrivée de Furius

Mais enfin, me dira-t-on, Rome est devenue la maîtresse du monde, et si vous attaquez ainsi son gouvernement et sa milice, que restera-t-il donc pour rendre compte de ses prodigieux succès?

Je répondrai à cette objection : premièrement, que celui qui mesure un édifice ne prétend pas pour cela le renverser, et que si j'ai pensé que l'enthousiasme a trop donné à la politique des Romains, je n'en suis pas moins porté à révérer mille choses admirables dont ils nous ont laissé l'exemple. Secondement, je dirai que tandis que les érudits les plus profonds et les génies les plus brillans ont donné toute leur attention à chercher dans Rome même la source de sa grandeur, on a trop négligé l'examen des causes extérieures qui pouvaient y contribuer; comme si pour juger de la force d'un levier il ne fallait pas aller à l'extrémité et connaître la résistance. C'est une omission dont j'accuserai plus particulièrement le célèbre Machiavel ' et l'illustre Mon-

Camillus, lorsque les Romains étaient prêts de se rançonner, n'est qu'une fable inventée par l'orgueil ou par la flatterie. Le chevalier Folard l'a réfutée avec succès dans ses *Commentaires sur Polybe*, quoiqu'il ait encore négligé le témoignage de Diodore de Sicile, qui est absolument contraire à ceux de Tite-Live et de Plutarque, et l'autorité de Tacite, qui met ces propres paroles dans la bouche de Claudius : *Capti à Gallis fuimus*. Voyez TACIT. *Annal.* lib. XI.

' Machiavel, en composant ses admirables discours sur la première Décade de Tite-Live, ne paraît point s'être attaché à développer le système de l'agrandissement de la république

tesquieu, parce que l'un et l'autre n'auraient pas manqué de porter dans ces observations tout le feu de leur génie et toute la sagacité de leur esprit : mais puisqu'ils ont négligé cet objet, essayons d'y jeter quelques lumières, et premièrement considérons l'Italie en elle-même.

Rien ne pouvait être plus favorable à l'établisse-

romaine. Aussi M. le président de Montesquieu a-t-il regardé cette tâche comme nouvelle. Mais son ouvrage répond-il au titre qu'il lui a donné? à peine emploie-t-il soixante pages in-12 aux réflexions qu'il se permet sur les cinq premiers siècles de la république; et j'avoue que quelque génie qu'on aperçoive dans ses réflexions, elles paraissent si vagues, si détachées, qu'elles ressemblent à des notes marginales écrites sur le même ouvrage dont Machiavel a fait le commentaire. Pourquoi ne pas consulter les anciens eux-mêmes? Qui voudra les lire avec *attention* et *intention*, y trouvera le germe de toutes les idées auxquelles une longue étude nous fait parvenir lentement et laborieusement. J'en citerai pour exemple un passage de Florus, où cet auteur, dans sa manière précise et rapide, me paraît développer suffisamment et la marche et les causes des progrès de l'empire romain : *Liber jam hinc populus romanus, prima adversus exteros arma pro libertate corripuit; mox pro finibus; deinde, pro sociis; tum pro gloria et imperio, lacessentibus assidue usquequaque finitimis : quippe cui patrii soli gleba nulla, sed statim hostile pomœrium, mediusque inter Latium et Tuscos, quasi in quodam bivio collocatus, omnibus portis in hostem incurreret; donec quasi contagione quadam per singulos itum est, et proximis quibusque correptis, totam Italiam sub se redegerunt.* Liv. 1, ch. ix.

ment d'un état quelconque que la position où s'est trouvée l'Italie à la mort de Tarquin-le-Superbe ; c'est-à-dire lorsque la république romaine a commencé de prendre une certaine consistance. En effet, les choses étaient arrangées de façon que les nations qui habitaient l'intérieur des terres étaient assez belliqueuses pour exercer le courage des Romains, mais trop barbares encore, trop incultes pour trouver le moyen de les soumettre ; tandis que les peuples qui vivaient sur les bords de la mer étaient à la fois riches et policés, mais trop amollis pour se rendre redoutables. Ainsi l'Italie se trouvait partagée entre des nations indigènes, encore barbares, et des colonies grecques chez lesquelles le commerce et l'industrie avaient déjà conduit le luxe et la corruption.

Les Romains, vainqueurs de leurs voisins les plus proches, dûrent donc l'être en même temps de toute l'Italie. On se rappelle la faiblesse de Capoue, et la pusillanimité des Tarentins ; mais on doit se rappeler aussi que si Pyrrhus, moins inconstant, moins vague dans ses projets, ou plutôt plus immédiatement intéressé à la liberté de l'Italie, avait poussé vigoureusement la guerre *(ff)*, Fabricius eût peut-être été le dernier héros dont Rome aurait pu se vanter. Une fois maîtresse de l'Italie, que manquait-il à Rome pour le devenir du monde entier, que d'en concevoir la possibilité ? Carthage l'en fit apercevoir,

(ff) Que pouvait-il faire de mieux que de gagner des batailles ?

et ne parut se mesurer avec elle que pour lui faire connaître ses forces. En effet, quelle puissance les Romains avaient-ils à redouter? Était-ce la Sicile partagée entre plusieurs petites républiques (*gg*) et plusieurs petits tyrans? Était-ce les Illyriens, nation méprisable qui vivait de piraterie? l'Épire occupée à se défendre de la Macédoine, ou la Macédoine elle-même engagée dans toutes les querelles des Grecs, et devenue à son tour le théâtre des révolutions? Toutes les forces de l'Europe avaient passé en Asie, et la puissance s'y était fixée de nouveau, comme dans son séjour natal.

Il ne restait donc en Occident que la seule Carthage : mais qu'était en elle-même cette puissance de Carthage? Ce qu'est de nos jours celle des Anglais (*hh*) dans l'Amérique et dans l'Inde; c'est-à-dire celle qui, ayant été établie par un commerce ambitieux et conquérant, s'est d'abord étendue le long des côtes, et de là s'est fait ressentir dans l'intérieur des terres; à cette différence cependant, que la puissance des Anglais a du moins un centre respectable, un noyau où ses forces se trouvent concentrées; au lieu que Carthage, semblable à ces polypes dont la vague existence perd en énergie ce qu'elle acquiert en surface, paraissait plus jalouse de s'étendre, qu'occupée à se fortifier. Les rois numides, tels que Syphax et Masinissa; les peuples de l'Espagne, tels que les Celtibériens et les Lusitaniens; les habitans de la

(*gg*) *Et les Gaulois cisalpins.*   (*hh*) *Ah!*

Sardaigne et de la Corse étaient pour elle ce que sont de nos jours les Marattes, les Indiens pour les établissemens anglais, et surtout ce qu'auraient été les Mexicains pour les Espagnols, si ceux-ci, contens de trafiquer avec eux, ne s'étaient point cruellement attachés à les détruire. Or, cette puissance établie ainsi par le commerce est plus propre à l'attaque qu'à la défense. Quelques ports de mer, quelques factoreries qu'on a fortifiées, et surtout la supériorité que donnent l'audace et l'industrie sur l'ignorance d'un peuple lâche et stupide, sont les seuls moyens qu'elle puisse employer pour retenir dans le devoir tant de nations tributaires ou alliées. Au moment où l'on arme, où l'on déclare la guerre, il est aisé d'en obtenir des secours et de les traîner à sa suite ; mais lorsque les ennemis revenus de leur premier effroi ont songé à former des diversions, alors tout l'avantage commence à passer de leur côté. Ils n'ont qu'un projet d'attaque, mais elle doit en former mille de défense. Les regards qu'elle porte sur l'étendue de ses domaines, loin de lui inspirer de la confiance, ne servent qu'à multiplier ses craintes ; et comme un seul sacrifice semble donner le signal d'une mauvaise fortune, l'envie de tout conserver engage à partager ses forces. Ces précautions timides répandent une espèce de langueur sur tous les moyens de la guerre. Bientôt toutes ces nations alliées, qui paraissaient attester son pouvoir, deviennent suspectes à leur tour. Au lieu de les envoyer contre l'ennemi, il faut veiller sur elles-mêmes ; et c'est ainsi qu'une république qui paraissait souveraine de l'Afrique, de l'Espagne et de la Sardaigne, finit (*ii*) par avoir pour ennemis les Espagnols, les Africains et les Sardes.

D'après ce tableau, il est aisé de juger si les Romains qui ne s'étaient agrandis qu'en repoussant leurs voisins, et qui s'étaient même plutôt arrondis qu'agrandis, devaient avoir l'avantage sur les Carthaginois. Placés au centre de l'Italie dont ils s'étaient rendus maîtres, leur flotte pouvait aisément dominer sur les deux mers, et leurs armées se porter rapidement partout où l'ennemi oserait paraître [1]. D'ailleurs dans la première guerre Punique, les Romains ne furent qu'auxiliaires : Syracuse en fut l'objet; et puisque cette puissance, sous Gelon, sous Denys, sous Agathocle, avait bien pu résister souvent à Carthage, et même la mettre à deux doigts de sa perte, il n'est pas étonnant qu'avec un tel allié Rome ait obtenu quelques succès. Sans doute que si Hiéron eût vécu plus long-temps, il aurait su balancer le pouvoir de ces deux redoutables ennemies, et qu'il se serait appliqué à délivrer la Sicile de toute

(*ii*) *Ce n'est pas par là qu'elle finit.*

[1] Strabon pensait que la situation de Rome avait beaucoup contribué à l'agrandissement de la république : c'est le jugement d'un géographe. Montesquieu en trouve toutes les causes dans la nature du gouvernement : c'est le jugement d'un jurisconsulte. Voyez STRAB. liv. VI.

armée étrangère. Encore aurait-il eu de la peine à y parvenir, parce que cette île renfermait nombre de petits états différens, tous divisés d'intérêts, tous jaloux les uns des autres. Mais le règne d'Hiéronyme donna occasion aux Romains de la protéger; et rien n'est plus dangereux que de se laisser protéger par une puissance ambitieuse; car le prétexte spécieux dont elle se couvre, prévient ce premier effort dont toute nation jalouse de sa liberté est toujours susceptible.

Mais tandis que les Romains, semblables à un athlète qui a remporté la victoire sans être fatigué du combat, se plaisaient à jouir de leurs propres forces, l'empire de Carthage est ébranlé jusque dans ses fondemens. La guerre des mercenaires, plus terrible cent fois que celle des Romains, fait couler des ruisseaux de sang, et jette la confusion dans le gouvernement. C'est alors que Rome, contre la foi des traités, contre cette décence même, qu'on sait au moins conserver de nos jours au milieu de l'usurpation, s'empare de la Sardaigne, et par là se rend la maîtresse de la Méditerranée.

La seconde guerre Punique ne tarda pas à se rallumer. C'est ici que les Romains vont enfin se faire connaître. Quelques droits qu'ils aient prétendu acquérir sur notre admiration, ils vont les perdre en peu d'années. Un seul homme a fait tomber le masque : ce n'est pas même Carthage, c'est Annibal seul qui se mesure avec cette puissante république. Quelle

suite étonnante de défaites! Quels exemples multipliés de faiblesse dans les conseils, de lâcheté dans
les combats!

Cependant Rome n'a pas succombé.... Cela est
vrai; mais s'ensuit-il que les Romains aient donné
les exemples d'une fermeté, d'une constance admirables; que Fabius soit un des plus grands généraux
de l'antiquité, et que Rome ait prévalu enfin par le
nerf de sa constitution, par son seul ascendant sur
Carthage? Cette question a souvent été décidée pour
l'affirmative, et nous ne pourrions la traiter ici sans
tomber dans beaucoup de lieux communs dont le
lecteur a dû être fatigué plusieurs fois. Nous aimons
donc mieux hasarder quelques réflexions sur le projet d'Annibal, et nous avouons qu'il nous paraît le
plus extravagant, le plus téméraire qui soit tombé
dans l'esprit humain. Ce n'est certainement pas que
nous prétendions blâmer les diversions hardies; mais
quel est l'objet d'une diversion? C'est de frapper un
coup terrible et inopiné. C'est ainsi qu'Agathocle,
laissant Syracuse assiégée, se présenta tout de suite
devant les murs de Carthage. Mais la rapidité nécessaire à ces opérations demande qu'elles se fassent
par mer; que les premiers succès soient faciles; que
la terreur imprimée aux ennemis soit soudaine et
imprévue.

Sur ces principes jugeons de la conduite d'Annibal. Est-il d'expédition plus longue, plus laborieuse,
plus rebutante que de traverser les Pyrénées et les

Alpes, et de donner aux soldats les fatigues, les
maladies, la misère, pour le prélude d'une guerre
sanglante? A quoi ont tenu ses premiers succès? A
la trahison de quelques paysans, à la foiblesse des
montagnards, et plus encore à l'impéritie des généraux romains, qui ne défendirent ni le passage du
Rhône, ni les défilés des Alpes. Je passe sous silence
les victoires inattendues du Tésin et de Trébie; mais
que dira-t-on de la marche d'Annibal dans les marais
de Clusium, de l'imbécillité les généraux romains
qui donnent ensuite à son armée le temps de se rétablir, et qui la combattent à Trasimène au moment
où ils devaient se contenter de la tenir en échec, et
de la laisser dans l'embarras de prendre des quartiers
d'hiver? Quoi! si Frédéric-le-Grand a été accusé de
témérité une fois dans sa vie, parce que le siége d'Ol-
multz (*kk*) a traîné en longueur, parce que les efforts
des Autrichiens pour se mettre en campagne ont été
presque incroyables; Annibal pourra-t-il se justifier
d'une entreprise dans laquelle un seul échec devait
causer sa ruine, tandis que la victoire même ne pouvait lui donner des succès?

Peut-être m'objectera-t-on que si la fortune a servi
ce fameux Carthaginois dans le commencement de
son expédition, elle signala bientôt son inconstance
lorsque le sénat de Carthage refusa d'envoyer en
Italie les secours nécessaires pour continuer la
guerre; mais je répondrai, 1°. qu'avant d'être à

(*kk*) *C'est à la bataille de Kolin, et il l'avoua.* (En 1757.)

portée de recevoir des secours d'Afrique, Annibal avait surmonté les plus grandes difficultés de son entreprise, et que par conséquent il s'était déjà soumis à tous ces événemens, dont un seul aurait suffi pour le perdre, s'il eût été défavorable. 2°. Que tout son crédit à Carthage n'était fondé que sur une faction, et qu'il devait savoir que lorsqu'une république est partagée en deux factions, celle qui a des avantages au dehors est exposée à perdre son crédit au dedans, parce que les grands succès font naître l'envie, et éloignent en même temps la crainte, qui peut seule maintenir l'ordre dans un état divisé. Rien n'était donc plus facile à prévoir que la chute de la faction *Barcine*, et rien n'était plus téméraire que d'attendre des secours d'un sénat jaloux qui n'avait pas même approuvé cette diversion. Ainsi il ne faut plus s'étonner qu'Annibal ait été chassé d'Italie, mais qu'il ne l'ait pas été plus tôt; il ne faut pas admirer les Romains qui combattaient dans leur propre pays, et qui pouvaient toujours opposer quatre armées à une seule; mais Annibal, qui, dénué de tout secours et affaibli par ses propres victoires, se trouvait réduit à faire une défensive dans le sein même du pays ennemi : il faut louer surtout cette supériorité de génie qui, dans les désastres comme dans les succès, sut lui asservir un ramas de nations barbares, et lui fit maîtriser leurs âmes au point d'y substituer, quand il le fallut, la constance à l'audace, et le dévouement à la présomption.

Parmi tant d'événemens célèbres arrivés pendant
la seconde guerre Punique, je ne dois pas en oublier
un qui me paraît encore plus étonnant que l'entreprise d'Annibal, puisque c'est une espèce de réci-
dive de la faute commise par ce grand général : je
veux parler du secours amené par Asdrubal et défait
par les consuls Livius et Néron. Il m'est impossible
de ne pas réclamer contre la prévention, qui n'a eu
garde de laisser échapper cette occasion de prodiguer des louanges aux Romains ; comme si ce n'était
pas le comble de la folie, que d'imaginer de partir
d'Espagne, de traverser les Alpes et l'Apennin, pour
marcher au secours d'une armée bloquée, pour ainsi
dire, dans le Brutium (*ll*), et se soutenant à peine
dans cette extrémité de l'Italie ; et comme si la marche dérobée de Néron n'était pas, en pareil cas, la
manœuvre la plus indiquée et même l'A B C de l'art
militaire. Annibal avait-il bien pu se flatter qu'il
traverserait paisiblement l'Appulie, la Daunie, le
Samnium et le Picenum, pour se joindre dans l'Om-
brie avec Asdrubal ? Deux armées qui viennent ainsi
par deux côtés opposés ne sont-elles pas toujours
exposées à être battues en détail ? Sans doute que
celui que nous avons vu, presque dans le même
temps, victorieux en Saxe, en Silésie et en Pomé-
ranie ; celui qui, se trouvant comme renfermé entre
trois armées formidables, et prêt à en voir une qua-

(*ll*) *Contradiction.*

trième fondre sur lui, sut, à force *(mm)* d'adresse et de victoires, dissiper en quinze jours tous ces orages réunis; sans doute, dis-je, que ce grand homme, qui n'a contre sa gloire que d'appartenir à nos temps modernes, se serait trouvé bien à son aise, s'il eût été dictateur de Rome lors de l'entrée d'Annibal en Italie. Il eût ri de la témérité de ces barbares; et ce que Livius ne fit que par ignorance, il l'eût fait par politique, c'est-à-dire qu'au lieu d'arrêter Asdrubal au débouché de l'Apennin, comme cela eût été facile à quiconque aurait su la guerre défensive, il l'eût laissé s'avancer dans la plaine pour avoir l'occasion de le détruire dans un seul combat.

Tant de fautes de la part des Carthaginois, tant de désastres qui en furent les conséquences, dûrent bien accélérer les progrès des Romains en Espagne et en Sicile. Aussi Scipion ne leur proposa-t-il sa fameuse diversion que comme une entreprise dont le succès était infaillible, et son départ même eut-il plutôt l'air d'un triomphe que d'une expédition périlleuse. Annibal vola au secours de Carthage; mais quel spectateur éclairé put alors douter de l'événement? Comment imaginer qu'une armée harassée par une guerre longue et désastreuse ne serait pas épouvantée du contraste accablant qu'elle trouva dans les plaines de Zama? Qu'était-ce encore que cette armée? La phalange carthaginoise n'en formait

(mm) A force de notre maladresse.

pas le tiers. Le reste était des auxiliaires malinten-
tionnés, ou des mercenaires dégoûtés, qui n'avaient
plus devant les yeux que le péril à la place du butin.
On a blâmé Annibal d'avoir placé ses mercenaires en
première ligne ; il fallait le plaindre d'être dans le
cas de se défier d'eux au point de n'en espérer aucun
effort, à moins qu'ils ne fussent soutenus, ou pour
mieux dire gardés par les nationaux.

(*nn*) Mais quelque désavantage qu'ait eu Annibal,
rien ne peut cependant atténuer la gloire de Scipion.
Ce héros dans ses premiers travaux brille d'un éclat
qui lui est propre. Quelque chose de divin domine
dans son caractère et se fait remarquer jusque dans
sa fortune...... Heureuse Rome ! patrie des Scipion
et des Emile, pourquoi t'avilir par des louanges frivoles et pédantesques ? Pourquoi prétendre t'honorer
par des jugemens si différens de ceux que tu portes
sur toi-même ? Pour moi, si je veux t'offrir l'hommage de mon admiration, je me transporte en idée
dans tes places publiques, lorsque Marcellus étale à
tes yeux les merveilles de la Sicile, ou plutôt lorsque Émile conduit à son char des rois précédés de
leurs richesses immenses. Alors je te donne avec
transport les titres que tu t'es arrogés toi-même. Je
loue ta fortune, ta fortune dont tu fus jadis si orgueilleuse, et à qui tu te fis gloire d'attribuer ta
puissance, plutôt qu'à ton enfance barbare, à tes

______

(*nn*) *Quel rapport de tout cela à la félicité publique ?*

lois incertaines, à ton gouvernement orageux, à tes vertus mêmes, qui ne furent jamais plus célébrées que dans ces temps malheureux où tu n'eus que des précepteurs à la place de tes héros. [1]

Carthage vaincue, Rome se trouva maîtresse du monde entier : car qui pouvait désormais lui résister? Philippe, Antiochus et Persée, entourés de voisins jaloux et de rois leurs ennemis, devaient-ils se flatter de faire plus que Carthage? C'est ici surtout que la fortune romaine se manifeste. Rome triomphante, ou pour mieux dire Rome devenue riche, aurait pu s'amollir; les richesses auraient dû amener le luxe, et le luxe la jalousie entre les citoyens, laquelle à son tour aurait conduit sur ses pas les

---

[1] « Proinde ab hoc orsurus aliquis initio.... ipsos in testi- « monium vocaverit Romanos ut qui plus fortunæ quam vir- « tuti retulerint. » PLUT. *de Fort. Rom.*

Il faut lire ce petit traité de Plutarque. On verra que, si l'on néglige quelques idées superstitieuses, les jugemens qu'il porte sur les affaires des Romains paraissent les mêmes que ceux que nous osons hasarder ici. Or, comme on ne peut soupçonner Plutarque d'injustice à l'égard des Romains, auxquels il a presque toujours prodigué la flatterie, il y a lieu de croire que cette opinion n'avait rien de choquant pour eux. On sait encore que les empereurs avaient coutume de placer dans leur propre chambre une statue d'or qui représentait la Fortune. Lorsque Marc-Aurèle se vit près de mourir, il ordonna qu'on la portât chez son successeur; ce qui fut regardé comme un signe qu'il renonçait à l'empire.

troubles et la discorde civile : il ne fallait pour cela
que quelques années de repos ; mais la mauvaise politique de Philippe et la présomption d'Antiochus la
sauvent de ce danger. Au lieu de temporiser, au lieu
de se contenter d'opposer une digue au torrent,
ces deux princes osent combattre une nation aguer-
rie par de longs travaux et encouragée par les plus
brillans succès. C'est une démence si marquée qu'on
est presque dégoûté d'en chercher les motifs ; mais
comme il ne suffit pas à la véritable philosophie de
savoir que les hommes se trompent, et qu'il lui faut
encore chercher comment ils se sont trompés, nous
allons hasarder quelques réflexions sur les causes
de ces événemens singuliers.

Quelques avantages que Rome eût remportés jusque-là, on ne peut se dissimuler qu'elle n'avait pas
encore acquis une grande considération parmi les
Grecs. Ils traitaient tous ces exploits de guerre entre
barbares, et l'on se rappelait plutôt l'expédition de
Pyrrhus que la bataille de Zama. On voit même qu'au
commencement de la guerre de Macédoine les Romains n'avaient encore pour alliés que les Étoliens,
peuple haï et décrédité dans toute la Grèce, qui
s'attribua cependant tout le succès de la bataille de
Cyno-Céphale, et se vanta d'avoir seul triomphé de
Philippe. L'orgueil, la vaine présomption, étaient
les vices ordinaires aux Grecs de ce temps-là. Il n'y
a pas lieu de douter qu'ils ne commencèrent à craindre la puissance des Romains qu'au moment où ils

en sentirent les funestes effets. Pour Attale et Eumène son fils, qui servirent les Romains dans les
guerres de Macédoine et de Syrie, on peut les regarder comme des rois de fortune. Chancelans, mal
établis, et surtout très jaloux des grandes monarchies voisines, ils ne virent aucun danger à seconder
une république dont ils croyaient avoir bien moins
à craindre qu'à espérer. (*oo*)

Au milieu de ces monarchies naissantes ou expi-
rantes, au milieu des convulsions dont ces nouveaux
empires, restes de la puissance d'Alexandre, étaient
sans cesse agités, les républiques grecques trop faibles, trop désunies pour exister par elles-mêmes,
ne laissaient pas d'ajouter des forces considérables
au parti qu'elles embrassaient. C'étaient des poids qui
servaient à compenser les balances, et qui passaient
perpétuellement d'un bassin dans l'autre. Cependant
toujours bercées par le souvenir de la liberté et de
l'indépendance, elles tendaient les bras au premier
qui leur en présentait l'image. Or, les Romains ayant
fait publier par Quintus-Flamininus qu'ils voulaient
que la Grèce redevînt libre, et que toutes les villes
fussent délivrées des garnisons étrangères, les Grecs
furent assez dupes pour imaginer que la face de la
terre allait être encore changée, et que Rome conspi-
rerait avec eux pour abolir partout le pouvoir absolu.
En effet, c'est une chose digne d'être observée

(*oo*) *Cela même fait l'éloge de la politique romaine.*

qu'avant les conquêtes d'Alexandre, le despotisme n'était connu en Europe que par le voisinage des Perses. Il sortit alors tout à coup du sein de l'armée grecque ; mais comme il n'avait pour lui ni l'antiquité des empires, ni l'ancienneté des familles royales, ordinaire soutien de l'autorité, son règne fut toujours précaire, et il n'avait encore acquis aucune consistance. Les peuples retournèrent donc à la liberté comme à leur état naturel; mais c'était un piége terrible (*pp*) que Rome avait tendu à la partie la plus éclairée du monde; et ce bienfait apparent n'eut d'autre effet que de rompre toute fédération, tout lien, tout système politique parmi ces peuples malheureux, qui n'eurent plus, à la place du sentiment délicieux de la liberté, que la conviction de leur propre faiblesse.

Sans doute il eût été plus sage aux Grecs de se réunir entre eux et même avec Philippe pour empêcher les Romains de s'agrandir de leur côté ; mais dans les petites républiques où l'esprit de parti tient toujours la place de l'esprit de patriotisme, on aime mieux périr avec ses ennemis que de leur céder le moindre avantage. Il n'était point de tyran qu'une faction n'eût préféré à un magistrat d'une faction opposée, et la ligue des Achéens qui n'avait pas craint d'appeler Philippe à son secours, lorsqu'il s'agissait de combattre les Étoliens, abandonna

(*pp*) *Autre éloge de Rome.*

Persée, lorsqu'il fallut résister aux Romains. Pour Antiochus, sa présomption, son orgueil asiatique, l'éloignement dans lequel il voyait encore les forces des Romains, et plus que tout cela les mécontentemens qu'il donnait aux Rhodiens, furent la cause de sa ruine. Je ne parlerai pas de Persée, parce que ce prince parvint au trône dans des circonstances si malheureuses, qu'il n'avait plus à choisir qu'entre la guerre et l'esclavage. Ainsi, quelque mauvais que fussent les succès qu'il dût attendre de ses efforts, ils étaient devenus nécessaires.

Telles sont les fautes de politique qui frayèrent le chemin par où les Romains devaient passer pour arriver à la monarchie universelle. Nous avons vu ce peuple donner des lois à l'Europe, à l'Asie et à l'Afrique : mais, semblables à ces émissaires qu'on envoie avant la guerre pour sonder les intentions des princes, examiner leurs forces et apprécier les secours qu'on peut en espérer, nous avons parcouru le monde entier pour nous former une idée plus juste des entreprises des Romains et des causes de leurs succès; tout au contraire de ceux qui, bornant leurs recherches à l'étude des lois romaines, peuvent être comparés à ces citadins paresseux à qui Paul-Émile reprochait de discuter vainement les affaires dans la place publique, tandis qu'au moment où le consul partait pour quelque importante expédition, ils se contentaient de l'accompagner jusqu'aux portes de la ville, en lui souhaitant d'heureux succès [1]. Le fruit de nos réflexions a été de nous convaincre que les principes de la puissance romaine ont existé plutôt au dehors qu'au dedans de cette célèbre république. Examinons maintenant les effets de son gouvernement, relativement à elle-même, et l'influence qu'il a eue sur le sort des autres peuples.

[1] Voyez le discours que Plutarque place dans la bouche de Paul-Émile, lorsque ce général part pour la Macédoine. Ce passage est curieux, et capable de diminuer l'opinion que nous avons des Romains de ce temps-là.

CHAPITRE VII.

De l'influence du gouvernement romain sur le bonheur du peuple, et quelle a été la condition humaine parmi les Romains jusqu'au temps de César.

Le titre de ce chapitre annonce suffisamment que ce ne sont plus les conquêtes des Romains, ni même leurs vertus héroïques qui vont nous occuper. Ce peuple était-il heureux ? faisait-il bon vivre à Rome ? Telle est la question que nous devons résoudre, comme si nous étions à la place de Lucumon ou d'Appius, lorsque ces deux étrangers vinrent s'établir dans cette ville.

Il est inutile de dire que nous n'examinerons point cette question relativement aux passions et aux habitudes de nos contemporains. Quand il serait prouvé que le sort des Romains ne paraîtrait pas digne d'envie aux Français ou aux Anglais, il ne serait pas démontré pour cela qu'il fût malheureux en lui-même. En effet, quelque penchant que nous ayons à tout rapporter à nos propres idées, nous sommes habitués, de longue main, à admettre quelques suppositions, d'après lesquelles nous consentons que notre âme soit modifiée. C'est ainsi qu'un spectateur philosophe et tolérant partage souvent les fureurs de Séide ou l'enthousiasme de Polyeucte. Mais il y a plus : il y a certaines généralités, certaines marques par lesquelles le sort des peuples se manifeste d'une façon abstraite. De même que le cri est le signe de la douleur, de même les plaintes, les débats, les querelles, sont la preuve d'un mécontentement, d'un malaise général dans une nation : et sans parler des guerres civiles, des famines, des contagions, etc. la férocité n'est-elle pas un symptôme qui décèle toujours une souffrance habituelle? Rien n'empêche donc que nous ne jugions les anciens comme nous nous jugeons les uns les autres, et que nous n'appliquions à ces grands objets les principes les plus connus de la morale et de la politique. Mais parmi tant de révolutions, tant de changemens arrivés dans le gouvernement des Romains, comment porter sur eux un jugement éclairé, si nous ne divisons pas leur histoire en plusieurs époques?

Depuis la fondation de Rome jusqu'à l'expulsion des rois, il s'est écoulé à peu près deux cent quarante ans; de l'expulsion des rois jusqu'à l'entière conquête de l'Italie, le même espace de temps; de la première guerre Punique jusqu'à la ruine de Carthage, environ cent vingt-neuf ans, et de cet événement à la subversion de la république, cinquante ou soixante ans au plus. Ces quatre époques peuvent nous servir comme de quatre points de vue différens sous lesquels nous envisagerons le peuple romain. Tout ce que nous demandons, c'est que le lecteur trouve bon que nous ne les appelions pas les quatre

âges de la république. Il nous dispensera sans doute
d'en distinguer l'enfance, l'adolescence, la virilité et
la vieillesse. Tout ce fatras de plate rhétorique et de
mauvaise politique ne serait bon tout au plus qu'à
nous montrer l'abus qu'on fait des mots, et l'influence que le langage peut avoir sur les opinions.
En effet, après que les hommes ont eu la faiblesse
d'accorder de l'estime à ces jeux frivoles d'un esprit
plus subtil que pénétrant, ils se sont accoutumés
peu à peu à leur attacher quelque sens ; et ils n'ont
plus considéré les républiques, les gouvernemens
même, que comme des êtres physiques dont il fallait
examiner les maladies, les habitudes, le régime, etc.
C'est que rien ne coûte plus à l'esprit que l'abstraction, c'est que cette abstraction a besoin elle-même
de s'étayer des choses sensibles : de là vient que le
raisonnement est toujours prêt à dériver vers le
style figuré, style vicieux et incorrect, dont l'allégorie est le dernier abus. Aussi voyons-nous que
plus un peuple est brut et ignorant, plus son langage abonde en métaphores et en comparaisons (a).
Ce sont autant de tours d'adresse de l'esprit pour
éluder l'exacte définition qui est souvent un effort
au-dessus de ses forces. S'agit-il de développer les
principes d'une république, on la compare à un être
vivant ; veut-on définir ce que c'est qu'un homme
juste, on le compare à une république : ainsi nous
tournons sans cesse dans un cercle vicieux, où cha-

(a) *Un peu galimatias.*

que chose est semblable à une autre, et où nulle chose n'est définie. [1]

Mais ce n'est pas assez de condamner et d'éviter ces abus introduits avant nous; peut-être avons-nous besoin de nous ouvrir des routes nouvelles; et puisqu'il nous faut chercher quelques moyens pour connaître l'esprit des différentes constitutions politiques, nous ne ferions peut-être pas mal d'examiner si, au lieu de donner toute son attention à des lois, à des institutions qui sont souvent l'effet du hasard, il ne vaudrait pas mieux s'occuper particulièrement des

---

[1] Platon ne paraît avoir eu d'autre objet en écrivant son livre *de la République,* que d'enseigner en quoi consiste la justice. Il compare l'homme à une république où la raison est le monarque, et où les passions forment le bas peuple. C'est à cette idée subtile que nous devons tous ces rêves ingénieux que quelques auteurs modernes ressuscitent encore de temps en temps, à la honte de la philosophie. Au reste, Platon n'était pas toujours si allégorique, et il n'a pas dédaigné quelquefois de descendre aux définitions exactes. Diogène-Laërce rapporte qu'il faisait consister la bonté du gouvernement en trois choses : 1°. En ce que les lois fussent bonnes. 2°. En ce que le peuple fût soumis. 3°. En ce que les coutumes et les maximes pussent suppléer au défaut des lois. Il voulait pareillement que, pour connaître les vices du gouvernement, on examinât trois choses en particulier : 1°. Si les lois ne sont utiles ni aux régnicoles, ni aux étrangers. 2°. Si on les transgresse impunément. 3°. S'il n'y a point de lois, et si la tyrannie règne seule dans l'état. Ceci est bien moins spirituel, et s'entend aussi beaucoup mieux.

circonstances dans lesquelles une nation s'est formée, du caractère, des intérêts qu'avaient les hommes au moment où ils se sont réunis en société, et se sont donné des lois. En effet, les peuples ont existé avant les lois, et il est très difficile que les fondateurs des républiques ou des empires se soient tous trouvés dans la même position, lorsqu'ils ont établi des gouvernemens. Or, il y a lieu de croire que ces premiers momens ont influé prodigieusement sur l'avenir ; de sorte qu'on pourrait proposer ce problème politique : Les circonstances de l'établissement d'un peuple étant données, en déterminer l'esprit et le caractère [1]. C'est ainsi qu'on pourrait se convaincre, par exemple, que quelque modification qu'on eût voulu introduire dans les gouvernemens de Tyr, de Sparte et d'Athènes, l'esprit de commerce aurait dû régner dans la première, celui d'égalité dans la seconde, et celui d'indépendance dans la troisième [2].

[1] Soit que cette observation ait été négligée par les auteurs politiques, soit qu'elle ne m'ait pas frappé dans leurs ouvrages, je me fais un plaisir d'en rendre hommage à l'auteur de l'*Histoire politique du gouvernement romain*, à qui j'en ai l'obligation.

[2] Je ne puis me dispenser d'observer ici que cette vue pourrait bien être contraire à une maxime que Machiavel a avancée dans son discours sur Tite-Live, où il assure que, pour qu'un état subsiste long-temps, il est nécessaire de le rappeler souvent aux principes de sa constitution. Il me semble que presque tous les états ayant été établis dans des circonstances tout opposées à celles où ils se trouvent

Cette manière d'envisager notre objet, semble y prendre une clarté toute nouvelle ; mais parmi les différentes applications que nous en pourrions faire, nous nous bornerons aux Romains, et nous examinerons en quelles circonstances leur premier législateur essaya de donner une forme à son état.

Rappelons-nous ce que nous avons dit dans le chapitre précédent, et nous verrons que, suivant toute apparence, Romulus ne fut qu'un aventurier

ensuite par le laps de temps, il serait inutile, et même nuisible, de recourir à un pareil remède. C'est que tout changement dans un état n'est pas une marque certaine de la corruption du peuple ; c'est que toutes les variations qu'éprouvent les circonstances peuvent et doivent même influer beaucoup sur le gouvernement. Une nation barbare et féroce peut devenir commerçante et agricole, tandis qu'une nation commerçante deviendra guerrière. Il faut donc bien distinguer dans les changemens de gouvernement ce qui appartient à la nature des choses, et ce qui appartient à la corruption des hommes. La paresse, l'orgueil, la désobéissance, sont des marques certaines de corruption ; mais les changemens de fortune, les nouvelles prétentions, les altérations dans les rangs et les dignités ne découlent pas du même principe. A Rome, par exemple, un plébéien pouvait bien prétendre au consulat, sans que la république fût corrompue ; et de même à Londres un négociant peut s'asseoir dans la chambre des communes au-dessus (*b*) du fils d'un lord, sans que la nation soit détériorée pour cela. C'est qu'à Rome la perpétuité des familles, les honneurs reçus à la guerre, les vertus, les mœurs, parvinrent bientôt à donner du relief

(*b*) *Ni au-dessus, ni au-dessous.*

dont Numitor se servit pour se venger d'Amulius, et qui, bientôt après, lui devint suspect à son tour; de façon que ce prince n'eut rien de plus pressé que de s'en défaire en lui donnant les moyens d'établir une colonie. Romulus assembla donc quelques jeunes gens de la ville d'Albe, auxquels il joignit les aventuriers qui voulurent se présenter. Parmi ces derniers, il y en eut qui par leur naissance ou par leurs richesses méritèrent d'être distingués des autres; ils

aux plébéiens; c'est qu'à Londres l'esprit de commerce a rendu le négociant aussi important que le baron. Ainsi le plébéien du temps de Canuléius ne pouvait être assimilé au plébéien du temps de Valérius; et de nos jours, un négociant de Londres ne peut pas être comparé à un marchand du temps d'Édouard III. Or, prétendre dans un temps de crise rappeler l'état à ses premiers principes, c'eût été à Rome ramener un peuple puissant et estimable à son premier état de misère et d'avilissement; et ce serait en Angleterre rétablir le gouvernement féodal à la place de celui de propriété et de représentation. Il faut donc examiner, 1°. quel a été le caractère d'une nation lors de son établissement; 2°. quelle influence ce caractère national a eue dans la constitution de l'état; 3°. si les premières habitudes et les premières lois sont bonnes à conserver, ou si les changemens dans les circonstances en ont entraîné dans la législation. C'est dans ce dernier cas que le caractère originaire et primitif d'une nation peut se trouver en opposition avec ses intérêts; et alors il faut bien se garder de la ramener à ses premiers principes : il est même nécessaire de les laisser s'oblitérer le plus qu'il est possible, de crainte qu'un peuple, en voulant toujours redevenir ce qu'il a été, ne soit jamais ce qu'il doit être.

furent séparés du commun du peuple, et réunis avec
les principaux d'entre les Albains; ils formèrent le
corps des patriciens. Tout souverain qui n'établit
pas son pouvoir par les armes ou par une révolution
quelconque, ne peut jamais être despote. Romulus
dut donc avoir beaucoup d'égards pour les premiers
de sa colonie. De là l'esprit d'aristocratie et le caractère de fierté qu'elle conserva toujours (c). Une colonie qui s'établit sans objet de commerce et d'industrie, doit être portée au brigandage. Le brigandage amène les représailles, et les représailles
rendent l'état de guerre nécessaire et habituel. De
là le premier arrangement intérieur de la ville de
Rome. De là la forme de légion donnée au peuple
romain, et d'autant mieux adaptée à la situation où
il se trouvait pour lors, que les femmes étaient en
si petit nombre dans la nouvelle colonie, qu'on pouvait la regarder comme une petite armée.

Dans une colonie guerrière, le premier besoin
qui se fait sentir est celui de la population. Comme
il y a plus de brigandage que de culture, plus de
guerre que de commerce, on a plus besoin de soldats que d'esclaves. De là le principe de ne jamais
massacrer ni réduire en captivité l'ennemi qui rend
les armes; principe digne de la plus grande attention, puisqu'on peut le regarder comme la source de
tous les succès des Romains.

Une colonie exposée aux dangers de la guerre

(c) *Vrai et beau.*

doit toujours être prête à combattre, et ne peut se
dispenser de tenir ses membres rassemblés le plus
qu'il est possible. De là les limites des héritages et
la nécessité pour les chefs de famille de ne cultiver qu'une petite portion de terre. De cette nécessité naît la frugalité, et de la frugalité l'austérité des
mœurs, etc.

Une colonie où les femmes étaient en très petit
nombre lors de son établissement, où elles furent
même conquises l'épée (d) à la main, dut avoir des
lois très dures à leur égard et à celui de leurs enfans [1]. De là l'autorité atroce des maris sur leurs
femmes, et même celle des pères sur leurs enfans:
car le pouvoir des pères est toujours plus dur et
plus absolu que celui des mères, qu'on peut regarder comme les premières modératrices du despotisme paternel.

Telles sont les observations que nous offre le

(d) *Tarare!*

[1] On sait que les femmes étaient punies de mort pour les
moindres fautes, comme, par exemple, pour avoir bu du
vin. Les pères avaient le pouvoir de vie et de mort sur leurs
enfans, et ce pouvoir barbare s'étendait jusqu'au droit de
les vendre comme esclaves. Denys d'Halicarnasse dit à ce
sujet que tous les législateurs avaient cru devoir fixer le
temps pendant lequel les enfans resteraient sous l'autorité
paternelle; que les uns les en avaient affranchis dès l'âge de
puberté; les autres, au moment de leur mariage; mais que
les Romains, plus sages que tous les autres peuples du
monde, n'avaient donné aucun terme à cette autorité.

peuple romain dans son berceau ; et quoiqu'elles soient en petit nombre, c'en est encore assez pour nous annoncer qu'il sera toujours ambitieux dans ses projets, fier dans son gouvernement, et féroce dans ses mœurs.

Que l'admission des Sabins dans la ville de Rome ; que le règne paisible d'un législateur étranger[1] qui voulut, à l'aide des lois et de la religion, adoucir un peuple barbare ; que le règne plus brillant encore d'un autre étranger[2] qui tira les Romains de la fange et sut pourvoir avec magnificence à leurs premiers besoins, aient apporté quelque modification à ce caractère originel, nous sommes sûrs de le retrouver partout depuis l'assassinat de Camille jusqu'aux proscriptions de Sylla.

Mais quand il serait vrai que les vertus de Rome naissante eussent assez prévalu sur ses vices, pour que le bonheur ait pu habiter dans ses premières cabanes, quelle conséquence en pourrait-on tirer pour le bien de l'humanité ? S'ensuivrait-il qu'on serait communément plus heureux dans un état naissant ? Mais les commencemens des empires ne sont que des momens dans la suite des siècles, et l'objet d'un bon gouvernement est de donner de la permanence à la félicité publique. D'ailleurs Rome combattant sans cesse pour se procurer quelques gerbes de blé, Rome qui ne connaît ni la tranquillité de la vie sociale, ni l'activité de l'industrie ; Rome

[1] Numa Pompilius.   [2] Tarquin l'ancien.

pauvre encore, sans être puissante, n'offre pas à nos yeux une perspective bien flatteuse : et dans le fond, qu'est-ce qu'une populace qui se laisse gouverner pendant huit jours par un roi[1] que les vers consument déjà dans son tombeau; qui reçoit ensuite des mains d'une femme un esclave pour monarque, et qui bientôt après devient la victime d'un tyran détestable dont elle n'eût peut-être jamais secoué le joug, si le sentiment de l'honneur n'eût été plus fort que celui de la liberté? Et qu'on ne croie pas qu'une certaine aisance dans la vie, qu'une espèce de satisfaction qui naît de l'égalité des fortunes, ait pu dédommager les Romains de ce qu'ils avaient à souffrir d'ailleurs; car la misère du peuple, la tyrannie des riches, la rigueur de l'imposition et le poids de l'usure étaient devenus excessifs dès le temps de Servius Tullius[2]. Avouons-le donc, cette première époque du gouvernement des rois ne présente nulle part l'image du bonheur.

Peut-être les temps qui vont suivre offrent-ils

[1] Tanaquil, femme de Tarquin l'ancien, jugea à propos de cacher la mort de ce prince jusqu'à ce que Servius Tullius eût pris ses mesures pour lui succéder. Servius Tullius était né esclave.

[2] Voyez la harangue dans laquelle Denys d'Halicarnasse suppose que ce monarque déclare au peuple romain que s'il a ordonné un cens général, c'est seulement pour distribuer des terres à ceux qui n'en ont pas, et pour remédier à l'usure, qui est une suite nécessaire de la difficulté qu'on trouve à payer les impôts.

plus de grandeur que de félicité, plus de vertus que
de consolation. A peine les rois sont-ils chassés qu'une
guerre cruelle s'allume pour les rétablir. Malgré les
victoires du lac Régille, Rome voit ses ennemis
camper sur le Janicule, et ne doit qu'au courage d'un
seul le salut de tous [1]. La mort de Tarquin dissipe
les alarmes de la nouvelle république; mais pour un
tyran qu'il a perdu, le peuple en trouve mille dans
les patriciens. Si je voulais faire juger de la félicité
des Romains dans cette époque, je ne demanderais
que la seule inspection des notes marginales de
Tite-Live : on n'y verrait que guerres extérieures ou
troubles intérieurs; et ces derniers étaient encore
plus terribles que les combats, puisque la guerre
était regardée comme un remède, ou du moins
comme un soulagement aux malheurs publics. Quel
état que celui où ce fléau devient désirable, où les

[1] On devine aisément que c'est Horatius Coclès que j'ai
en vue. Quant à l'histoire de Mutius Scévola, je n'en parlerai dans cette note que pour remarquer combien le goût
du merveilleux domine encore parmi nous. Denys d'Halicarnasse ne fait aucune mention de cette action singulière
de Mutius, qui se brûle la main pour attester un mensonge.
Mais ce fait est extraordinaire, et l'on aime mieux suivre
Tite-Live que Denys, sans se donner la peine même d'observer
la différence qui se trouve entre le narré des deux auteurs.
M. de Pouilly, dans sa savante dissertation *sur l'incertitude
de l'histoire des quatre premiers siècles de Rome*, fait voir
que celle de Scévola a été imitée d'un pareil fait tiré d'un
historien grec.

pleurs ne tarissent que lorsque le sang commence à couler!

Au milieu de ces maux habituels, que de plaies étrangères! la ville prise par des ennemis inconnus jusque-là; des disettes, des contagions, des malheurs de toute espèce [1].....

Mais, me dira-t-on, voilà une énumération terrible des maux que le peuple romain a soufferts, et vous en tirez avantage avec d'autant plus de facilité que les désastres étant le partage de l'humanité, l'idée n'en est que trop présente à tous les hommes: mais l'amour de la patrie, l'attachement aux lois, l'enthousiasme de la gloire, sont des passions factices qu'il faut avoir éprouvées pour les pouvoir con-

---

[1] On sera peut-être surpris de me voir mettre en ligne de compte les disettes et surtout les contagions, et l'on aurait raison, si elles étaient l'effet du hasard. Mais dans les états bien gouvernés, dans les états heureux, ces fléaux ne sont point à craindre. On sait assez que la culture prévient les disettes; mais il n'est pas moins vrai qu'elle prévient les maladies : 1°. parce que les disettes sont les sources ordinaires des épidémies; 2°. parce que l'air est d'autant plus sain, que la terre est mieux cultivée; 3°. parce que la paix et l'abondance fournissent les moyens de conserver la santé par des établissemens utiles, tels que les aqueducs, les égouts, la propreté dans les maisons et les vêtemens, le choix dans les alimens, les boissons salutaires, le jardinage, etc. M. Corbin Morris a remarqué que, depuis que les Anglais se sont adonnés au jardinage, Londres a beaucoup moins souffert de ces épidémies fréquentes qu'on qualifiait de pestes. Voyez *Remarques sur les nécrologes*, etc.

naître. Ainsi, lorsque vous vous livrez à ces spéculations, il arrive que vous êtes plus sensible au malheur des Romains qu'au bien dont ils ont pu jouir :
et tandis que votre esprit compare, votre imagination trop partiale fait pencher la balance. Ne négli-
geons pas cette objection, et entrons dans quelques
détails.

La plus forte passion qu'on attribue aux Romains,
c'est l'amour de la gloire. Adoptons un moment
cette opinion générale, et essayons d'en faire l'application au bonheur du peuple. Sans doute que nous
verrons une milice exercée aux combats demander
perpétuellement qu'on la mène à la victoire. Les
moindres citoyens, en se promenant dans la place
publique, traceront le plan des opérations, et fixe-
ront l'époque des conquêtes. Les épouses les plus
tendres, les mères les plus timides partageront l'enthousiasme commun, et le peuple enivré de succès
oubliera aisément ses travaux.

Quelle différence de ce tableau avec la réalité !
Ne jugeons plus Rome par les choses que les historiens nous disent, mais par celles qu'ils nous apprennent (e). Transportons-nous en idée dans le sein
de cette ville, et voyons une populace triste et mi-
sérable frémir autour du sénat. Entendons-la demander, tantôt en gémissant, tantôt en menaçant,
qu'on lui daigne accorder quelques arpens de terre
pour sa subsistance. Écoutons les cris de ces braves

(e) *Est-ce qu'on apprend sans dire ?*

soldats qui montrent, parmi leurs nobles cicatrices,
les traces honteuses du fouet et des chaînes; malheureux confondus parmi les plus vils esclaves,
parce qu'ils n'ont pu payer les armes dont ils ont
percé les ennemis, et le pain qu'ils ont mangé le
jour du combat..... Les portes s'ouvrent, les sénateurs paraissent, leurs regards féroces annoncent
leurs projets, une joie cruelle brille sur leur visage : que vont-ils annoncer au peuple ? Le soulagement de ses peines, la tranquillité, l'abondance?.....
Non; mais l'ennemi attiré, soit par leurs intrigues
secrètes , soit par la confiance que de longues
dissensions ne pouvaient manquer de lui inspirer,
s'avance à grands pas , et bientôt on le verra aux
portes de la ville. Déjà les consuls assis dans leur
chaire curule citent les jeunes gens à leur tribunal;
demain on combattra l'ennemi. Peut-être achètera-
t-on par le sang de trois mille citoyens l'honneur de
le repousser; peut-être aussi viendra-t-il porter le fer
et le feu jusque dans le Capitole. Mais n'importe,
pour cette fois la loi agraire ne sera pas publiée.

C'est ainsi que les guerres s'allument; c'est ainsi
que l'amour de la gloire enivre les Romains, et qu'ils
marchent à la conquête du monde. [1]

[1] « Di modo che volendo Roma levare le cagioni de' tu-
« multi levava ancora la cagion' dell' ampliare. » *Machia-
velli Discorsi sopra Tito Livio*, l. II.

Saint Augustin (*de Civitate Dei*, lib. III, cap. x) retrace les guerres continuelles dont les Romains ont été agi-

Mais quelle sera l'issue de cette guerre? Quelques succès équivoques; l'ennemi sera repoussé, ou se retirera de lui-même; mais quoi qu'il arrive, on n'imaginera pas de profiter de l'avantage qu'on aura pu remporter sur lui; on se gardera bien de l'aller chercher dans ses foyers, et on retournera bientôt à Rome demander du pain au sénat.

Autre objection. Les Romains, dira-t-on, étaient pauvres, il est vrai; mais cette pauvreté, loin d'être un malheur, était un trésor pour eux. La frugalité leur tenait lieu de richesse, et comme ils n'avaient pas de besoins, ils ne connaissaient pas le prix de l'opulence...... Ils n'en connaissaient pas le prix? Et d'où vient donc que les patriciens s'étaient emparés de toutes les terres du peuple par l'usure, et de toutes celles de la république par la fraude? Pourquoi ces hommes superbes avaient-ils de vastes possessions, peuplées d'esclaves faits à la guerre, et achetés à vil prix des mains des soldats nécessiteux?

tés, et se propose pour objection une réflexion à peu près semblable à celle de Machiavel. Ces guerres continuelles, dit-il, étaient presque nécessaires à l'agrandissement des Romains; mais quel individu voudrait acquérir une taille gigantesque aux dépens de sa santé? *Idonea vero caussa ut magnum esset imperium cur esse deberet inquietum ? Nonne in corporibus hominum satius est modicam staturam cum sanitate habere, quam ad molem aliquam giganteam perpetuis afflictionibus pervenire.* (ƒ)

(ƒ) *Déclamation de rhéteur.*

Pourquoi ont-ils cent fois préféré de mettre la république à deux doigts de sa perte, plutôt que de céder un pouce de leurs terres ? Pourquoi ont-ils mieux aimé faire au peuple le sacrifice des rangs, de la magistrature, de la religion même [1], que celui de leurs richesses [2] ? Inutilement voudrions-nous le dissimuler : à Rome, le peuple était pauvre et mécontent, les grands, riches et avares. Ainsi, au milieu des troubles et des révolutions, après la tyrannie des décemvirs, les ravages des Gaulois et l'invasion de Pyrrhus, après cent cinquante années de guerres contre les Éques, les Volsques, les Étrusques, et quarante années de combats perpétuels contre les Samnites, Rome, toujours divisée, toujours pauvre, parvint à la troisième époque que nous avons indiquée; c'est-à-dire à la conquête de l'Italie et au commencement de la première guerre Punique.

[1] La noblesse avait seule le droit de prendre des auspices. De là vient que l'esprit aristocratique fut toujours joint à l'esprit superstitieux. Nous aurons occasion dans la suite de développer comment la ruine de l'aristocratie détruisit toute religion chez les Romains, ouvrit une entrée aux sectes stoïcienne et épicurienne, et fut une des voies cachées qui préparèrent l'établissement du christianisme.

[2] Ce n'a jamais été que pour éviter la loi agraire que les patriciens ont laissé passer les lois *Licinia* et *Sicinia*, par lesquelles les mariages des plébéiens avec les patriciens et le partage des magistratures furent permis pour la première fois.

J'avoue que cette époque a quelque chose d'attrayant. Il semble qu'on ne voie plus le même sombre dominer dans le tableau de l'histoire romaine. Les discordes civiles s'apaisent ; des conquêtes brillantes deviennent le prix des travaux militaires; et Rome commence à se faire respecter hors des limites de l'Italie. Si on consulte les auteurs, on trouvera que ce moment est celui où les succès de la république n'avaient point encore altéré ses vertus. Rome, s'il faut s'en rapporter à eux, était déjà puissante, et n'avait pas encore été corrompue ; mais nous sommes loin d'adopter une pareille opinion, et nous allons au contraire essayer de donner une idée plus exacte de la morale et de la félicité du peuple romain.

Un peuple heureux n'est pas celui qui vit de peu; les Goths et les Vandales vivaient de peu , et ils ont été chercher l'abondance dans les autres climats. Un peuple heureux n'est pas celui qui est endurci à la peine et aux travaux; les Goths et les Vandales étaient endurcis aux travaux, et ils ont été chercher ailleurs la mollesse et le repos. Un peuple heureux n'est pas celui qui est le plus fort dans les combats; il ne livre des combats que pour obtenir la paix et les commodités de la vie. Un peuple heureux est celui qui jouit de l'aisance et de la liberté qui est attachée à ses propriétés, et surtout qui ne désire pas de changer d'état. Or, une preuve que les Romains n'ont jamais éprouvé un pareil bonheur, c'est qu'à peine ont-ils connu les richesses, qu'ils les ont désirées avec fureur, et qu'ils leur ont sacrifié leurs principes et leurs habitudes.

Ce fut l'an 413 de sa fondation que Rome acquit la souveraineté de Capoue. Mais à peine l'armée eut-elle pris des quartiers dans ce pays célèbre par ses délices, que l'esprit de révolte s'en empara. Elle méconnut ses chefs, et forma le projet de s'établir dans cette ville. Que de trahisons à la fois! désertion, manquemens aux sermens, abus de la force militaire (g)! Rien n'arrête cependant ces hommes avides de richesses. On sépare l'armée, mais inutilement; la plus grande partie persiste dans la rébellion, et marche droit à Rome.

Peu de temps après, la ville de Rhège demande des secours aux Romains : on lui accorde une légion. Que font ces hommes vertueux? Sans respect pour la foi des traités, sans égard pour l'hospitalité, ils égorgent tous les citoyens, ils forcent les veuves à les prendre pour maris (h), et s'emparent ainsi de cette ville malheureuse : tant l'appât d'une vie commode et oisive eut d'empire sur ces cœurs féroces! Ces deux traits suffisent pour mettre le lecteur en état de juger si les Romains étaient heureux à Rome, et s'ils préféraient leur sort à celui des autres peuples.

La première guerre Punique replongea la répu-

(g) *La légion coupable fut punie.*
(h) *Punis aussi.*

blique dans de nouveaux malheurs. En effet, quoique pendant le cours de cette guerre elle eût eu plus
de succès que de désastres, ces avantages ne dédom-
magèrent pas le peuple de la défaite de Régulus et
de trois flottes battues ou submergées (*i*). Une victoire fait souvent regagner le terrain perdu par une
défaite, mais elle ne rend pas des maris aux veuves
et des pères aux orphelins. Quant à la seconde guerre
Punique, il est difficile de se peindre un état plus
cruel que celui où s'est trouvée la république depuis
les quinze premières années de cette guerre. Sans
parler des humiliations continuelles qu'elle a éprouvées, le cens de ses citoyens, diminués presque de
moitié, prouve assez quelles sensibles pertes elle
avait faites.

Carthage humiliée, ce ne fut plus qu'une suite
de succès tous plus brillans les uns que les autres;
ainsi la fin de notre troisième période peut en
compenser le commencement. Ce fut alors que la
guerre parut utile, parce qu'on apporta successivement à Rome les dépouilles de toutes les nations [1].
Mais qui est-ce qui profita de ce butin? Premièrement le fisc; tout ayant d'abord été apporté dans

(*i*) *Il y eut des victoires aussi.*

[1] On a reproché à Métellus d'avoir étalé à son triomphe
les statues et autres productions des arts qu'il avait apportées de Syracuse. Mais rien n'est si frivole que cette censure.
Pourquoi les Romains combattaient-ils? pour être maîtres
du monde, direz-vous. Et pourquoi voulaient-ils être maî-

les temples ou au trésor public : ensuite quelques
généraux avides, et enfin l'ordre des chevaliers qui
n'eut part à ses richesses qu'après que les impositions eurent été mises en traités. Or, toutes ces conquêtes purent bien valoir au peuple romain quelques spectacles, quelques fêtes, quelques jeux; mais
elles ne répandirent jamais l'abondance parmi les
nécessiteux. On en voit un exemple dans l'histoire
des Gracques (*k*). Tiberius ne craignit point de
s'écrier à la tribune aux harangues : « Les bêtes
« sauvages ont des cavernes et des tannières pour
« se retirer, tandis que les citoyens de Rome ne
« trouvent pas un toit ni une chaumière pour se
« mettre à couvert de l'injure du temps, et que, sans
« séjour fixe ni habitation, ils errent comme de
« malheureux proscrits dans le sein même de leur
« patrie. On vous appelle les seigneurs et les maîtres
« de l'univers. Quels seigneurs! quels maîtres! Vous
« à qui l'on n'a pas laissé seulement un pouce de
« terre qui pût au moins vous servir de sépulcre. »
Quelque exagération qu'on puisse supposer dans
cette peinture, il fallait qu'elle eût des traits de
ressemblance, et qu'elle pût s'appliquer à quelques

tres du monde, si ce n'est pour avoir des richesses, des
arts, et tout ce qui rend la vie agréable? Louer un peuple
de ce qu'il a été frugal en son enfance, c'est louer un homme
parvenu de ce qu'il n'avait pas de carrosse quand il était
simple commis.

(*k*) *Les Gracchus étaient un peu séditieux.*

citoyens pour remuer le peuple autant qu'elle l'a fait.
D'ailleurs on sait assez que les richesses acquises sans
peine, et partagées entre un très petit nombre de
gens, entraînent avec elles le luxe et la corruption [1];
ou plutôt, tout est déjà corrompu lorsque le luxe
arrive; car le luxe n'est qu'un effet qu'on a érigé en
principe. Il ne vient que lorsque toute règle est déjà
détruite, et soit qu'il naisse de l'inégalité des fortunes, soit qu'il prenne sa source dans l'abus des
richesses, il suppose toujours qu'il est des moyens
faciles et rapides d'acquérir de l'argent, et qu'il existe
des passions contraires à la convenance et à l'hon-
nêteté.

L'opinion de tous les hommes, le jugement de
tous les siècles, nous dispensent d'exercer notre
censure sur la quatrième époque que nous nous
sommes fixée. Il n'est personne qui ne frémisse
au récit des révolutions arrivées du temps des
Gracques, des Marius et des Sylla. Nous éviterons
donc de porter nos regards sur ce funeste tableau
pour nous hâter de conclure que dans aucune des
époques que nous avons annoncées, Rome n'a joui

---

[1] En l'année 572, c'est-à-dire long-temps avant la ruine
de Carthage, Caïus Mœnius, préteur, fut chargé par le
sénat de faire des informations sur les empoisonneurs qui
pouvaient se trouver à Rome ou à dix milles autour de cette
ville. Au bout de peu de jours, ce magistrat écrivit qu'il en
avait déjà trouvé trois mille, et que le nombre en augmentait à mesure qu'il faisait des recherches.

d'un bonheur qui puisse faire envier son sort et admirer son gouvernement. [1]

[1] Une autre objection que j'ai à faire contre la prétendue félicité des Romains, c'est qu'ils ont été fort tristes jusqu'au règne d'Auguste. Lorsque Caton accusa Muréna, un des plus grands reproches qu'il lui fit, fut d'avoir dansé. Cicéron, son défenseur, se récria sur l'atrocité de cette accusation, assurant qu'on ne pouvait imputer à un homme d'avoir dansé, sans supposer qu'il se fût livré auparavant à l'ivrognerie et à toutes sortes de débauches.

J'ajouterai à ces observations que la religion des Romains fut toujours féroce comme leurs mœurs. Après la bataille de Cannes, ils s'avisèrent, pour apaiser les dieux, d'enterrer tout vifs un Gaulois et une Gauloise, un Grec et une Grecque. Cette abominable cruauté n'était chez eux qu'une affaire d'usage. D'ailleurs la religion était aussi intolérante dans l'ancienne Rome que dans la nouvelle. Pendant la seconde guerre Punique, le magistrat s'étant aperçu qu'il s'était introduit dans la ville de nouveaux rites et quelques cultes étrangers, il fut ordonné que toutes ces formules seraient apportées au préteur, et défenses furent faites d'en faire usage par la suite. A cette intolérance religieuse ils en joignirent une littéraire. L'an 591 de la fondation de Rome, tous les rhéteurs furent chassés de la ville. L'an 660, des rhéteurs latins ayant voulu former des écoles en concurrence avec les grecs, ils reçurent défense d'instruire, et les derniers furent conservés dans leur privilége exclusif. Il est vrai qu'on ne doit plus être étonné de ces sottises, lorsqu'on voit dans le testament attribué au cardinal de Richelieu, ce ministre agiter gravement cette question : *Si les jésuites ou les franciscains doivent être chargés exclusivement de l'éducation publique ?*

CHAPITRE VIII.

De l'influence des Romains sur le bonheur des autres peuples de la terre, et de l'état du monde lors de la subversion de la république.

A mesure que nous avançons dans nos observations sur l'histoire du genre humain, nous nous sentons de plus en plus pénétrés d'étonnement; non que nous admirions, comme tant d'autres, la succession des événemens et la variété des scènes qui ont occupé la surface de notre globe, mais plutôt parce qu'en travaillant à cet ouvrage, il nous a été impossible de sacrifier à l'étude des faits, les sublimes contemplations de l'antique nature, sans être surpris et même humiliés de la différence qui règne entre l'histoire du monde et celle des humains. D'un côté, nous voyons les eaux disposer la terre que nous devons cultiver; soit que leur lente retraite forme les différens lits dont elle est composée, soit que leur cours plus rapide dessine les vallons et les montagnes. Des peuplades nombreuses d'animaux aquatiques semblent ne s'être pressées les unes sur les autres, n'avoir vécu et péri par monceaux, que pour préparer les matériaux qui servent à nous élever des édifices; tandis que des feux dévorans, sortis des entrailles de la terre, vont porter dans les creux des rochers les métaux nécessaires à ces mêmes ouvrages. Ici, des amas de pierres s'élèvent comme des tours immenses qui dominent sur l'univers; masses étonnantes, tantôt par leur désordre, tantôt par leur parfaite symétrie; là, d'épouvantables alluvions ouvrent un passage à l'océan, et le conduisent au milieu des terres (*a*). La mer Noire rompt ses digues et forme l'Archipel de la Grèce; tandis que d'autres inondations séparent l'Amérique en deux parties et lui arrachent les Antilles. Des monstres marins trouvent leurs sépulcres sur des montagnes. L'énormité des ossemens d'animaux terrestres prouve l'ancienneté de leur race, et décèle une lente dégradation dans les espèces, tandis qu'en même temps la végétation se perfectionne, et semble recevoir de l'homme une nouvelle éducation.

Tels sont les magnifiques objets que nous présente l'histoire du monde. Que trouverons-nous dans celle des humains? Des faits assez mal connus; quoique très recens. Trente siècles au plus forment le domaine de l'histoire : un petit nombre de dynasties, trois ou quatre peuples fameux par leurs conquêtes, sont, pour ainsi dire, les seuls titres de noblesse du monde politique. Parcourons cependant cette courte généalogie, et considérons seulement ce qui intéresse le sort des hommes en général.

Que le gouvernement despotique ait pris sa source dans la crainte inspirée par quelques révolutions arrivées sur la surface du globe, comme l'a pré-

______
(*a*) *Déclamations, faits non prouvés.*

tendu prouver un savant et ingénieux auteur (*b*), ou
que ce gouvernement, patriarchal dans son origine,
soit plus naturel aux peuples indigènes ; c'est ce que
nous ne prétendons pas examiner ; mais ce qui paraît très certain, c'est que le pouvoir d'un seul a
existé en Asie de temps immémorial ; au lieu que
les premiers exemples d'un gouvernement républicain se trouvent parmi les colonies nouvellement
fondées. Nous voyons donc d'abord les grandes monarchies figurer sur la scène du monde, qui était
réduite pour lors à l'Asie et à l'Égyte (*c*). Plusieurs
colonies s'établissent ensuite dans l'Asie-Mineure et
dans la Grèce ; et ces colonies en ayant envoyé d'autres à leur tour, le gouvernement républicain, plus
convenable à des gens qui sont tous égaux, se pro-
page aisément dans ces nouveaux établissemens. Il
y porte la prospérité qu'il a coutume de conduire
sur ses pas. Bientôt cette moderne partie du genre
humain, différente par ses mœurs et par ses principes, se trouve aux prises avec l'ancienne, et ne
tarde pas à en triompher. Mais un jeune ambitieux,
déjà corrompu par sa fortune, préfère les mœurs
des vaincus à celles des vainqueurs. Ne pouvant
s'élever au rang des dieux, il ravale ses sujets au-
dessous de la condition humaine, et dégrade ainsi
ses exploits, en faisant voir qu'il n'a voulu combattre que les despotes, et non le despotisme. L'hu-

(*b*) Despotisme oriental, *livre absurde.*

(*c*) *Et l'Inde, l'Arabie, la Scythie, la Celtique, l'Afrique ?*

manité n'eut pas long-temps à gémir sous les lois de ce maître insensé ; mais à sa mort les conquêtes étaient si récentes, le génie militaire si prédominant, l'intérêt des vainqueurs si bien lié au système d'oppression, que le despotisme militaire fut aisément substitué au despotisme héréditaire. Bientôt ce gouvernement, qui avait été adopté par les Grecs, reflua de l'Asie sur l'Europe, et se répandit dans la Macédoine, la Thrace, l'Illyrie, l'Épire, etc. Ce fut alors que la liberté, reléguée vers l'Occident, se réfugia à Carthage et à Rome (d) : mais cette dernière ayant bientôt triomphé de sa rivale, son insatiable ambition fit succéder le despotisme d'un peuple à celui des rois, et cette tyrannie fut la plus funeste de toutes.... Voilà en peu de mots le petit nombre de faits généraux que l'histoire nous présente, et qui nous conduisent aux réflexions qui font l'objet de ce chapitre.

Il mondo invecchia ; e, invecchiando, intristisce. Cette maxime, que je ne crois plus vraie à présent, ne l'était que trop dans l'époque que nous avons sous ·les yeux. Les conquêtes d'Alexandre furent un signal de dépravation pour l'humanité. Avant cette époque, le monde connu était divisé en deux parties, dont l'une était remplie de petites républiques florissantes, et l'autre occupée par une vaste et antique monarchie. D'un côté, la prospérité tenait lieu de repos ; de l'autre, le repos tenait

(d) *Comme si elle n'y avait pas été auparavant.*

lieu de bonheur. Dans cette position les républiques trouvaient dans leur liberté des dédommagemens pour leurs perpétuelles dissensions, et les sujets du grand roi se consolaient de l'esclavage par l'habitude d'une longue tranquillité. Alexandre, en dix ans de temps, changea le sort de tous ces peuples. Il mourut dans les bras de la victoire; mais à peine eut-il les yeux fermés, que ses généraux se firent entre eux les guerres les plus sanglantes. Les Macédoniens, n'ayant plus rien à détruire, s'entre-déchirèrent mutuellement, semblables à ces rats, fléaux du nord, qui, couvrant des contrées entières, cheminent toujours en ravageant la terre, jusqu'à ce que, ne trouvant plus de subsistance, ils s'entre-dévorent les uns les autres. L'univers fut vengé, mais il paya cher cette vengeance. Tout fut bouleversé sur la surface du globe; les républiques ne gardèrent plus qu'une vaine apparence de liberté, qui leur laissa les vices de leur gouvernement sans leur en conserver les avantages : l'inquiétude y prit la place de la force, les factions se multiplièrent et devinrent irréconciliables. Mais ce n'était plus que sur le choix des tyrans qu'elles disputaient. A qui donnera-t-on la préférence des Séleucides, des Lagides, ou des rois de Macédoine? A qui décernera-t-on des couronnes, et quelles statues fera-t-on abattre [1] ? Tel est le sujet de toutes les délibérations.

[1] L'usage d'ériger des statues par flatterie, et de les abattre ensuite pour leur en substituer d'autres par le

Qu'il me soit permis d'observer ici qu'il n'est rien de plus déplorable et en même temps de plus méprisable que les républiques dans leur décadence. Il semble que les anciens usages deviennent de nouvelles sources de vice et d'opprobre. Les conseils publics ne sont plus que des criailleries dignes des marchés et des halles : le vain orgueil, la vile présomption qui ont pris la place de l'amour de la gloire, impriment un caractère de ridicule à ces vices si odieux en eux-mêmes : on s'agite, on dispute, on menace, et cette comédie subsiste entre concitoyens, jusqu'à ce que quelque officier d'un despote voisin soit venu intimer ses ordres. Alors on change de langage, on plie, on rampe, on promet tout, et l'on renvoie comblé d'honneurs l'esclave qui a servi d'organe au tyran.

D'un autre côté, si quelque chose peut consoler un peuple de vivre sous un gouvernement despotique, c'est si ce gouvernement est ancien et étendu : ancien, parce que les hommes étant toujours conduits par l'habitude et l'opinion, ils se figurent aisément que ceux qui les ont gouvernés pendant longtemps, ont effectivement le droit de les gouverner : étendu, parce que le despotisme n'étant jamais que l'ouvrage de la force, plus le principe de cette force est éloigné, moins il a d'activité. C'est ainsi que plu-

même principe, était devenu si commun, qu'à la fin on se contentait de scier la tête d'une statue pour mettre à la place celle d'un nouveau tyran.

sieurs provinces de l'empire ottoman, telles que la Dalmatie, la Transylvanie, la Bosnie, etc. jouissent encore d'une sorte de liberté.

Qu'on se figure donc le sort de ces vastes contrées de l'Asie lorsqu'elles se virent la proie du premier soldat parvenu qui voulut les envahir. Je ne parle pas seulement des Ptolémée, des Cassandre, des Antigone, des Eumène, qui brillaient encore de l'éclat qu'ils avaient emprunté d'Alexandre; mais de tous ces petits usurpateurs qui leur ont succédé, des rois de Bithynie, de Pergame, de Cappadoce, de Pont, etc. etc. Quel autre motif que la crainte pouvait attacher les peuples à de pareils gouvernemens? et quel autre motif que l'avarice pouvait attacher le prince à la nation?

Ce fut dans de pareilles circonstances que Rome, souveraine en Italie et victorieuse en Afrique, porta des regards ambitieux sur le reste du monde. Il semble que le sang de deux millions d'hommes [1] répandu

[1] J'ai pris la peine de faire le relevé du nombre d'hommes que les historiens nous disent avoir péri dans les différens combats livrés par les Romains depuis l'année 533 de la fondation de Rome jusqu'en l'année 577, c'est-à-dire en quarante-quatre ans. J'en ai trouvé 959,846. Mais il y a une grande partie des combats que les historiens ont rapportée sans spécifier quelle a été la perte de part et d'autre; de sorte qu'on peut ajouter à ce nombre au moins la moitié en sus, ce qui fait à peu près 1,400,000 hommes : à quoi, ajoutez plusieurs flottes submergées, et ce qui est péri de maladie ou de misère, vous aurez plus de deux millions

dans la seconde guerre Punique, et la mémoire encore récente des triomphes d'Annibal, devaient inspirer à cette nation des sentimens plus pacifiques.
Quel moment, si elle eût su en profiter! si quelque
nouveau Cinéas fût entré dans le sénat, et eût
dit : (e)

« Sans doute, pères conscrits, si dans le temps
« que Romulus fonda cette ville; où plutôt, lors-
« que après l'expulsion des rois vos généreux an-
« cêtres vous eurent appelés à la liberté, si quelque
« homme divin vous eût annoncé que les dieux vous
« en assuraient à jamais la jouissance, tous vos vœux
« auraient été remplis, et vous vous seriez crus les
« plus heureux des mortels. Mais par quels flots de
« sang n'avez-vous pas été contraints de payer ce bien
« inestimable? combien de temps avez-vous com-
« battu pour le défendre, sans jamais présumer que
« vous ne pourriez le conserver pour vous-mêmes
« qu'en en privant vos rivaux! Telle est cependant la
« dépravation de l'espèce humaine; telle était sur-

d'hommes que la guerre a immolés dans un espace de temps
qui n'excède guère celui de la vie commune de tous les hommes
qui naissent, et qui n'est que la moitié de ce qu'on appelle
âge d'homme. Il est à remarquer encore que cette perte était
d'autant plus grande, qu'elle ne portait que sur les hommes
libres, lesquels ne faisaient alors qu'une partie de la population générale. On peut même présumer qu'un plus grand
nombre d'esclaves attachés au service des armées a éprouvé
le même sort.

(e) *Pourquoi faire dire à Cinéas ce qu'il n'a pu dire?*

« tout la barbarie de vos voisins, que long-temps
« il vous a fallu être oppresseurs, pour éviter d'être
« opprimés. Je dis *long-temps*, parce qu'il est un
« terme où les états, forts par eux-mêmes, n'ont plus
« besoin de s'agrandir, et c'est alors que l'esprit de
« conquête n'est plus qu'un abus de l'esprit de con-
« servation. Ainsi ces liqueurs spiritueuses qui sont
« destinées à ranimer nos forces abattues, lors-
« qu'elles sont prises avec excès nous donnent des
« besoins illusoires, et nous conduisent à l'anéantis-
« sement, en paraissant toujours augmenter notre
« vigueur. Prenez garde, citoyens, que vous ne soyez
« arrivés à ce terme de puissance qu'il est souvent
« dangereux et toujours injuste de passer. L'Italie
« vous obéit, l'Afrique est humiliée, l'Asie vous res-
« pecte. Mais l'Italie est dépeuplée, mais l'Afrique
« est livrée à la barbarie, mais l'Asie gémit dans l'es-
« clavage. Fertilisez donc l'Italie, policez l'Afrique,
« affranchissez l'Asie : voilà votre devoir, vous n'en
« pouvez douter; mais je dis plus : voilà votre in-
« térêt, et je vais vous le prouver.

« Je ne vois que deux objets qui puissent vous
« faire désirer des conquêtes : ou vous voulez vous
« assurer un repos durable, et vous ne prétendez
« plus avoir que des sujets au lieu d'ennemis; ou
« vous désirez d'être riches, et pour y parvenir,
« vous voulez dépouiller les autres peuples. Si c'est
« une paix durable que vous désirez, pourquoi ne pas
« obtenir de la seule politique ce que vous attendez

« de la force? Croyez - vous deux ou trois légions
« suffisantes pour dompter les peuples du Taurus et
« du Caucase? Croyez-vous que cet empire que les
« généraux d'Alexandre n'ont pu conserver pour
« eux-mêmes, vos proconsuls le conserveront à la
« république? Comment soutiendrez-vous la disci-
« pline dans vos troupes? comment retenir dans la
« règle une armée accoutumée au pillage, et dans
« le devoir un consul instruit à se passer de vos
« ordres ? Mais vous craignez Antiochus, mais vous
« craignez Philippe? Voulez-vous que je vous donne
« sur-le-champ des armées formidables pour les tenir
« en bride ? Rendez à la Grèce son ancienne forme;
« rétablissez le gouvernement républicain dans toute
« l'Asie-Mineure : Philippe tremblera dans la Macé-
« doine, et Antiochus sera repoussé vers le centre
« de l'Asie. C'est du sein du sénat que vous gouver-
« nerez le monde, et, sans vous dépouiller de la toge,
« vous gagnerez des batailles où le sang des Romains
« n'aura pas abreuvé la terre.

« Supposons maintenant, ce que je n'ai garde de
« penser, que ce peuple fier et guerrier, las enfin
« de son austérité, demande à l'univers le prix de
« ses longs travaux. Vous le pouvez, Romains; votre
« frugalité et votre discipline sauront encore vous
« acquérir ce qui ne manquera pas de détruire l'un
« et l'autre. Eh bien! soyez riches, j'y consens; mais
« dites-moi, qui est-ce qui aura droit à ces richesses?
« est-ce l'armée qui les a enlevées? Mais les soldats

« seront donc les seuls heureux, les seuls opulens.
« Est-ce tout le peuple romain? Mais si chaque ci-
« toyen devient riche, qui est-ce qui s'enrôlera dans
« les légions? qui portera des fardeaux, qui soutien-
« dra la longueur des marches, et les fatigues des
« campemens? Je prévois vos desseins : vous paye-
« rez, vous soudoierez des étrangers pour faire la
« guerre à votre place, et vous serez riches tandis
« que d'autres seront forts? et vous serez libres
« quand d'autres seront armés? Croyez - moi, Ro-
« mains, si vous vous lassez de votre antique sim-
« plicité, si vous voulez surtout posséder les beaux-
« arts, digne occupation d'un peuple heureux et
« puissant, ne faites pas venir des statues, mais des
« statuaires; n'enlevez point des tableaux, mais in-
« struisez des peintres. Ce n'est pas de ce qu'on a
« pris, c'est de ce qu'on a fait qu'il est doux de jouir :
« je vous en avertis. Le pain qui proviendra des
« grains que vous aurez semés aura plus de saveur
« que celui qu'on fait avec le blé d'Égypte, et le
« marbre qu'on aura travaillé sous vos yeux vous sera
« mille fois plus précieux que les chefs-d'œuvre de
« Phidias. Soyez donc cultivateurs, industrieux et
« politiques, mais justes surtout; car l'ordre de l'uni-
« vers a voulu que le bonheur d'un petit nombre ne
« pût rester long-temps en opposition avec le bonheur
« de tous. »

J'ignore si un pareil discours a jamais été tenu
dans le sénat; mais les vérités qu'il renferme sont

si frappantes, que les Romains, tout enivrés qu'ils étaient de leurs succès, n'y furent pas absolument insensibles. Après la bataille de Cynocéphale, Quintus Flamininus proclama dans les villes de la Grèce un décret du peuple romain qui ordonnait qu'elles fussent toutes mises en liberté. La joie excessive avec laquelle cette nouvelle fut reçue est faite pour nous donner des regrets bien amers lorsque nous voyons que ce bienfait apparent ne fut accordé pour un moment que pour rendre plus affreux les malheurs dont la Grèce fut bientôt accablée. En effet, le caractère féroce des Romains ne tarda pas à se démasquer; mais on vit cette république implacable exercer une tyrannie inconnue jusqu'alors. [1]

Nous avons remarqué dans les chapitres précédens qu'une des plus grandes plaies de l'humanité, sous les gouvernemens de l'ancienne Grèce, avait été l'habitude des dissensions civiles. Nous avons observé que lorsque les principales républiques, telles qu'Athènes et Sparte, intervenaient dans ces disputes, et changeaient à leur gré la forme du gouvernement, ces innovations étaient toujours cimentées par le sang d'un grand nombre de citoyens; mais au moins ces massacres avaient-ils l'apparence d'une justice exercée par la faction triomphante qui devenait alors l'autorité législative, tandis que le

---

[1] « Inter impotentes et validos falso quiescas. Ubi manu « agitur, modestia ac probitas nomina superioris sunt. » Tacit. *De Mor. Germ.* c. xxxvi.

parti des vaincus était traité de faction rebelle. Les
Romains suivirent un autre principe. Ils supposèrent
apparemment qu'ils étaient nés maîtres du monde,
et en conséquence, ils traitèrent les autres nations,
non comme des ennemis vaincus, mais comme des
sujets révoltés. Ce fut surtout après la victoire de
Paul Émile que ce principe affreux se montra dans
toute son atrocité : Rhodes, république florissante
par son commerce et sa navigation; Rhodes, reste
précieux de l'ancienne Grèce, pour avoir cessé un
moment d'être favorable aux Romains, se voit soumise à l'inquisition de leurs ambassadeurs, et me-
nacée d'une ruine totale. Elle ne l'évite qu'en faisant
mourir tous ceux de ses citoyens qui s'étaient dé-
clarés contre Rome. Quelque temps après, Bæbius,
lieutenant de Paul Émile, se prêtant à des haines
particulières, fait massacrer cinq cent cinquante des
principaux parmi les Étoliens. Mais ces abominations ne furent encore que le prélude des cruautés
exercées par le peuple romain. Bientôt l'avarice et
l'iniquité des particuliers se joignirent aux barbares
maximes du gouvernement : on ne peut lire sans
frémir l'histoire de la guerre d'Espagne. Je ne parle
pas seulement d'un Lucullus qui, s'introduisant dans
une ville par capitulation, abuse de la foi des traités
pour en faire égorger les habitans au nombre de
vingt mille ; ni d'un Galba qui, trompant une nation
entière par une paix simulée, parvient à la rassembler dans une enceinte où il la fait massacrer comme

un ramas de bêtes fauves ; ni d'un Aquiléius qui,
pour détruire plus facilement les ennemis qu'il n'osait
combattre, eut la lâcheté d'empoisonner toutes les
sources d'une province. Mais des larmes plus amères
coulent de mes yeux, lorsque je vois l'illustre, le
sage Scipion faire couper les mains à quatre cents
jeunes gens de la petite ville de Lutia, dont le seul
crime était d'avoir secouru les Numantins leurs
alliés. Non, c'est en vain qu'on voudrait le nier ; de
pareils forfaits ne sont les crimes ni d'un général,
ni de quelques soldats : il faut que toute une nation
soit féroce pour que de si grands scélérats trouvent
des ministres de leurs cruautés. Et qui ne serait
attendri en voyant presque au même instant deux
villes superbes, deux merveilles du monde, Carthage et Corinthe, réduites en cendres ? En vain les
siècles passés, en vain le monde entier s'est efforcé
d'embellir ces magnifiques témoignages de l'antique
félicité ; la majesté du peuple romain exige qu'ils
soient réduits en poudre. [1]

Cependant des proconsuls, des préteurs avides
vont enlever les trésors que le fer et le feu ont épar-
gnés. C'est peu pour les peuples d'avoir vu périr
leurs guerriers dans les combats, d'avoir perdu leur
gouvernement et leur liberté, le poids de l'imposition vient se joindre à celui de l'esclavage. Une
usure cruelle est exercée par les exacteurs mêmes ;

[1] « Ecce quam feliciter Roma vincit, tam infeliciter quid-
« quid extra Romam vincitur. PAUL. OROS. liv. v.

les gouverneurs et les traitans sont devenus autant
de corbeaux qui se disputent des cadavres. Du moins,
si l'univers opprimé ne peut recouvrer son ancienne
prospérité, qu'il se console par l'espoir de la vengeance : hâtez-vous donc de paraître, ô Mithridate !
ô Viriate ! l'Asie et l'Europe vous appellent. N'attendez pas que ces cruels vainqueurs se fassent justice
eux-mêmes ; car bientôt de vils esclaves, d'infâmes
gladiateurs, un Tryphon, un Spartacus, seront sub-
stitués à Carthage et à Numance ; et s'ils disparais-
sent ensuite, ce ne sera que pour faire place aux
Marius, aux Sylla, aux Octave.... Je m'arrête, et je
sens qu'ayant pour objet d'observer quel a été le
sort de l'humanité dans cette funeste époque, je ne
puis porter, dans une pareille matière, le calme nécessaire à la discussion [1]. Mais enfin faut-il entrer
froidement dans le détail de tant d'atrocités ? et ne
suffirait-il pas pour exciter l'indignation de tout
lecteur sensible, de lui rappeler que dans un très
court espace de temps, Carthage, Corinthe, Numance et Athènes furent détruites ? que sans parler
des millions d'hommes égorgés en Espagne, en Afrique et en Asie [2] ; dans l'Italie et la Sicile seulement,

[1] « Cogit enim excedere propositi formam operis, erum-
« pens animo ac pectore indignatio. » VELLEIUS PATERCULUS,
liv. II.

[2] On sait que Mithridate fit périr dans un jour cent cinquante mille Romains qui se trouvaient dans ses états. Cette

la guerre des esclaves a fait périr un million d'hommes, et que dans l'Italie seule, celle des alliés en a coûté trois cent mille? Ajoutez à cela les proscriptions et les guerres civiles; souvenez-vous encore que César s'est vanté d'avoir pris ou réduit huit cents villes, subjugué trois cents peuples, combattu trois millions d'hommes, dont un million a resté sur le champ de bataille, et un autre million est tombé en captivité. Rappelez-vous enfin les guerres de Numidie, le supplice de Jugurtha, les rois réduits à l'état de simples cliens, et les peuples à celui des plus vils esclaves, et vous aurez en peu de mots une idée de l'influence du peuple romain sur le bonheur de la terre. [1]

cruauté, tout affreuse qu'elle paraît, ne fut pourtant qu'une représaille des injures qu'il avait reçues d'eux.

[1] « Raptores orbis, postquam cuncta vastantibus defuere « terræ, et mare scrutantur : si locuples hostis est, avari; si « pauper, ambitiosi; quos non Oriens, non Occidens satia- « verit; soli omnium opes atque inopiam pari affectu con- « cupiscunt. Aufferre, trucidare, rapere falsis nominibus « imperium, atque ubi solitudinem faciunt, pacem appel- « lant. » TACITE, *Vie d'Agricola*, c. XXX.

CHAPITRE IX.

De l'empire romain sous le règne d'Auguste et de ses successeurs.

Je n'ai fait qu'indiquer ces horribles tragédies, ces temps de meurtres et de carnage, où Rome agitée par les discordes civiles vengeait elle-même les nations abattues, mais les opprimait encore. Cette république victorieuse et expirante ressemblait à un malade dont les entrailles sont dévorées par une fièvre ardente, mais dont les bras encore robustes reçoivent, des crises de la douleur, une force plus énergique et plus dangereuse. Tandis que Cinna et Marius faisaient couler le sang des citoyens, Sylla exterminait les habitans du Pont et de la Cappadoce; et pendant qu'Octave et Lépide sous la sanction des traités s'immolaient réciproquement leurs parens et leurs amis [1], Antoine fatiguait de ses armes les Parthes et les Égyptiens. Dans cette époque désastreuse l'univers retentissait partout des cris de la fureur et

[1] « Ne quid ulli sanctum relinqueretur, velut in dotem in-
« vitamentumque sceleris, Antonius L. Cæsarem avunculum,
« Lepidus Paulum fratrem proscripserant. Nec Planco gratia
« defuit ad impetrandum, ut frater ejus Plancus Plautius
« proscriberetur. Eoque inter jocos militares qui currum
« Lepidi Plancique secuti erant, inter exsecrationem civium
« usurpabant hunc versum : *De Germanis, non de Gallis*
« *duo triumphant consules.* » VELL. PATERC.

des soupirs de la misère. Quel tableau plus affligeant
pour l'humanité, et en même temps plus consolant
pour le siècle présent. Mais comme notre but est
bien moins de remuer les passions que d'en connaître la marche et d'en apprécier les conséquences,
nous n'insisterons point sur des faits que le jugement de tous les siècles a voués à l'horreur de la
postérité. Ce n'est point de l'amour de la guerre civile qu'il est nécessaire de détourner les hommes,
mais de ce vain enthousiasme pour la gloire, de
cet esprit guerrier et conquérant qui ne sert qu'à
aiguiser pendant quelque temps les armes dont les
citoyens doivent un jour s'égorger mutuellement.
Puissions-nous avoir rempli cet objet dans les chapitres précédens, et ne porter dans ceux qui sui-
vront que la sagesse de la discussion, qui seule peut
convaincre, et la naïveté du sentiment, qui seule
peut persuader!

Une nouvelle question s'offre à notre examen.
Nous avons vu que tous les législateurs s'étant occupés plutôt à rendre les hommes forts qu'à les rendre heureux, tous les peuples ont été à leur tour
esclaves ou usurpateurs, sans jamais atteindre à une
félicité permanente. Mais si la diversité des lois et
des intérêts, des mœurs et des usages, était un obstacle insurmontable à la paix générale, quel moyen
plus sûr de réunir tous les hommes que de les asservir tous? Quel fondement plus assuré pour le repos
du monde qu'une monarchie universelle? Cette ques-

tion devenue absurde depuis que la géographie ayant reculé les bornes du monde, nous a fait connaître un seul royaume plus étendu et plus peuplé que tout l'empire romain ; cette question, dis-je, n'était pas destituée de quelque apparence du temps d'Auguste et de Tibère ; et si l'on veut bien ne pas la prendre dans toute son étendue, on trouvera qu'elle peut avoir été agitée avec fondement dans des temps plus modernes. Il est sûr que Philippe ii n'avait pas besoin de faire entrer l'empire de la Chine et celui de la Russie dans ses calculs ambitieux. Une fois établi sur le trône d'Angleterre par son mariage avec Marie, il ne lui manquait plus que d'asservir la France pour rendre la maison d'Autriche maîtresse de tout le monde chrétien ; souveraineté qui paraissait devoir entraîner celle de l'univers entier. Mais Auguste se trouvait placé tout naturellement où Philippe voulait atteindre. Si l'on excepte quelques nations barbares que les Romains n'avaient pas trouvées dignes d'être conquises, tous les peuples connus alors étaient leurs tributaires, et Rome, devenue pacifique, avait banni la guerre de dessus la surface de la terre. Le bon ordre fut rétabli dans l'administration, la justice reprit ses droits, et les beaux-arts, plus attachés à la tranquillité et à l'abondance qu'à la vertu et à la liberté, quittèrent bientôt les portiques de la Grèce pour habiter la cour d'un despote magnifique et éclairé. Sans doute le règne de ce prince aurait été l'époque la plus heureuse pour les Romains, si les

bienfaits d'Auguste avaient pu faire oublier les cruautés d'Octave. En effet, les mains qui répandaient les
grâces, étaient encore teintes de sang, et les peuples,
semblables aux soldats que la fatigue du combat a
livrés au sommeil, ne pouvaient reposer que sur
des monceaux de cadavres. Mais il faut observer aussi
que d'un côté, ce souvenir cruel ne put influer que
sur le bonheur des seuls citoyens de Rome, et que
de l'autre, la prostitution dans laquelle ces mêmes
citoyens étaient tombés leur avait ôté le ressentiment
des offenses pour les livrer au plus vil intérêt et à
la plus basse adulation. Ceux d'entre les Romains
qui avaient un père à pleurer, ou un frère à venger,
se trouvaient assez dédommagés par un sourire du
prince, ou par quelque vain titre de magistrature.
Ainsi les provinces se réjouissaient de la révolution
des affaires, tandis que Rome n'était plus digne d'en
gémir.

Tibère, également subalterne, également indigne
de son prédécesseur dans ses vices et dans ses vertus,
sut pourtant mettre en usage pendant quelque temps
les principes qu'Auguste lui avait enseignés. Le bonheur public ne commença à être troublé que sous le
ministère de Séjan, et je ne suis pas surpris qu'une
si longue bonace parmi les orages de la politique ait
fait naître cette idée, qu'une monarchie universelle,
ou du moins très vaste et très prépondérante, serait
une chose avantageuse à l'humanité. Quelques auteurs, amis du paradoxe, ont même été jusqu'à dire

qu'une paix si constante avait assez dédommagé les
Romains de la cruauté des Claude, des Caligula et
des Néron ; parce que dans le temps même où ces
monstres s'assouvissaient du sang des sénateurs, le
peuple était du moins heureux et tranquille. Il serait
aisé de leur répondre qu'à moins qu'ils n'entendent
par le mot peuple ce que l'on nomme communément la lie du peuple, c'est-à-dire un vil ramas
d'hommes sans fortune et sans talens, il est très sûr
que le peuple romain eut beaucoup à souffrir sous
les tyrans qui remplirent l'intervalle d'Auguste à
Vespasien. Mais sans nous arrêter à cette question
particulière qui sans doute n'a jamais été agitée de
bonne foi, nous allons essayer de mieux apprécier
la prétendue félicité dont les Romains ont joui sous
les empereurs.

Pour bien remplir notre objet, il faut se former
une idée de ce qu'était la nation romaine, lorsque,
après la bataille d'Actium, Auguste resta seul maître
de tout. Rome n'était plus comme autrefois le berceau des rois du monde. Ces familles illustres par le
désastre des nations, avaient déjà expié leur antique et coupable splendeur, et les héritiers des noms
les plus célèbres avaient tendu le cou aux bourreaux.
Des affranchis, ou des bourgeois ¹ sortis de toutes

¹ Tous les peuples de l'Italie étaient devenus citoyens
romains. Ce privilége s'étendit sous le règne de Claude aux
habitans de la Gaule Transalpine, et bientôt après à toutes
les provinces de l'empire. Il faut lire le discours que Tacite

les villes d'Italie, s'étaient établis sur les ruines des anciennes maisons; mais ces nouveaux citoyens n'égalaient ceux qu'ils avaient remplacés, ni par la naissance, ni par la richesse. Parasites publics, sans zèle pour la patrie, sans intérêt pour les affaires, ils venaient à Rome chercher ces distributions de vivres et d'argent, espèce d'aumônes passagères répandues par le souverain, et surtout, ces longs et magnifiques spectacles qui faisaient diversion à leur misère. S'il existait encore des particuliers opulens, ce n'étaient point de ces grands propriétaires, respectables dans tous les états, mais des proconsuls, des préteurs, des questeurs enrichis par la dépouille des provinces, et surtout des chevaliers romains [1]

met dans la bouche de cet empereur. Parmi plusieurs autres raisons plausibles, Claude allègue l'exemple des Athéniens et des Lacédémoniens, dont il attribue la décadence à la jalousie ridicule qui les empêchait de recevoir des étrangers au nombre de leurs concitoyens.

[1] Il y avait chez les Romains, comme chez nous, deux sortes de noblesse : l'une d'opinion, qui dépendait de l'ancienneté et de l'illustration des familles, des charges honorables, des couronnes militaires, des images des ancêtres, etc. *; et l'autre qui tenait à la constitution, et c'était celle qui donnait un véritable rang, en distinguant les patriciens et les sénateurs des chevaliers et des plébéiens. Or, cette dernière noblesse n'était fondée que sur la richesse, sur le *cens*. Ainsi les classes formées autrefois par Servius Tullius dans une autre intention, ne pouvaient manquer de

* Voyez GRAVINA, *de Origine Juris.*

qui, s'étant emparés de toutes les affaires de finance, se formèrent bientôt de ces vastes fortunes d'argent, symptômes manifestes d'un état dans sa décadence. On sait quel fut l'embarras d'Auguste lorsqu'il entreprit la réforme du sénat. La plupart des rejetons des familles les plus illustres manquaient de la fortune nécessaire pour y entrer, et ce prince fut obligé d'y

se trouver par laps de temps en contradiction avec les principes du gouvernement, puisqu'elles égalaient l'homme parvenu, et souvent même le prévaricateur, au citoyen né de parens les plus illustres et élevé dans les meilleurs principes. Je m'étonne que tous les auteurs, et M. de Montesquieu le premier, aient fait si peu d'attention au grand rapport qui existe entre le sort de la noblesse parmi les Romains et celui qu'elle éprouve parmi nous. Il aurait pu remarquer comment dans tous les gouvernemens, dans tous les états, la considération (a) suit toujours l'argent, et comment il est impossible à la fortune de se passer de considération. En effet, malgré les nombreuses satires où tantôt la justice, tantôt la malignité et la jalousie du public se sont exercées sur les financiers, ils sont devenus chez nous ce qu'étaient à Rome les chevaliers romains, une classe à part, ayant une considération attachée à son opulence; et cette considération serait sans doute devenue plus considérable et plus marquée, si les mariages des filles riches n'avaient pas détourné l'argent de ses premiers canaux pour le répandre et le dissiper. Les financiers en voulant jouir d'un éclat emprunté ont diminué de celui qui leur était propre. Malgré cela non-seulement ils forment une classe à part, comme je l'ai déjà dit, mais ils recrutent l'ancienne noblesse, qui s'éteint peu à peu, et fait place à la nouvelle. Une question

(a) *Et les places surtout.*

suppléer par ses largesses [1]. Malgré l'admission des peuples d'Italie au droit de cité, malgré toutes ces recrues si peu dignes de la métropole, lors du cens fait par Auguste au commencement de son règne, le nombre des citoyens n'excédait pas quatre millions cent soixante-trois mille[*], dont la plus grande partie encore serait morte de faim sans les distributions du souverain. Tels étaient les maîtres du monde, ou plutôt tels étaient les premiers esclaves d'Auguste : sans biens, sans propriétés, transportés de la Calabre dans la Toscane, de la Toscane dans la Lombardie, suivant qu'il fallait récompenser les sol-

assez curieuse à proposer, c'est, pourquoi les fortunes du commerce n'ont pas établi un nouvel ordre de citoyens comme celles de la finance (*b*)? Ce n'est pas ici le lieu de la résoudre. Je me contenterai de dire, 1°. que c'est ordinairement dans les états démocratiques que le commerce fleurit davantage ; 2°. que s'il occasionne aussi de grandes fortunes dans quelques états monarchiques, les commerçans sont trop loin des grands pour chercher à s'y assimiler. Le commerçant fuit l'éclat, le financier l'aime, et finit par l'obtenir.

[1] César avait fait entrer dans le sénat un si grand nombre d'étrangers et d'hommes nouveaux, qu'on fit la plaisanterie d'afficher un édit où l'on avait écrit en grandes lettres : *Défenses sont faites à qui que ce soit de refuser d'indiquer à un sénateur le chemin du sénat.*

[*] *Voyez* DION.

(*b*) *Il est établi en Angleterre. On y fait cas des commerçans, non des financiers.*

dats vétérans, ou célébrer quelques noms illustres par l'établissement d'une colonie ; toujours étrangers, jusque dans Rome même, ces malheureux se promenaient sous des portiques, et habitaient sous des cabanes. Ajoutez à cela quelques rhéteurs grecs, des aventuriers étrangers, une foule d'esclaves [1] et un grand nombre de gladiateurs, d'athlètes, de comédiens et de courtisanes, et vous aurez une idée de ce qu'était la ville de Rome sous les empereurs.

---

[1] Il serait aisé de faire voir à quel excès le nombre des esclaves fut porté alors. Voici quelques traits qui pourront en faire juger. Pedanius Secundus fut assassiné par un de ses esclaves. Il fut agité si, selon les lois, tous ceux qui se trouvaient dans la maison lorsque le crime fut commis, seraient condamnés à mort. Caïus Cassius fut pour l'affirmative, et Tacite lui fait dire entre autres raisons, *quem numerus servorum tuebitur, cùm Pedanium Secundum quadringenti non protexerint ?* (Voyez *Annal.* Liv. xiv.) Pedanius avait donc quatre cents esclaves. On ne peut lire sans frémir que tous ces malheureux subirent la mort pour le crime d'un seul. Dion rapporte qu'Égnatius Rufus étant édile, se vanta d'être parvenu à éteindre un incendie avec le secours de ses seuls esclaves ; et qu'Auguste, qui était mécontent de ce magistrat, et qui ne voulait pas d'ailleurs qu'aucun particulier pût se vanter d'avoir pourvu de lui-même à l'ordre public, destina à ce seul emploi six cents esclaves qu'il avait eus de la succession d'Agrippa. Nous lisons aussi dans Pline, Liv. xxxiii, chap. x, que Caïus Cœcilius Claudius Isidorus en avait laissé à sa mort quatre mille cent seize, quoiqu'il eût essuyé des pertes considérables dans les guerres civiles. Cette foule immense d'es-

Quant aux provinces habituées dès long-temps à la tyrannie des proconsuls, à l'avarice des questeurs, et à l'usure des chevaliers romains, elles dûrent regarder comme un bonheur le rétablissement du bon ordre dans toutes les branches de l'administration. Mais ce bonheur n'était que passager : leur condition devint meilleure, mais leur état ne fut point changé. Nous savons même que sous Auguste, quelques prêteurs abusèrent cruellement du pouvoir arbi-

claves ne laissait pas de donner quelques alarmes. Tacite, en nous racontant (Liv. iv) que sous le règne de Tibère on craignit un moment qu'ils ne se révoltassent, a pris soin de nous apprendre que cette nouvelle avait répandu la terreur dans Rome : *ob multitudinem familiarum quæ gliscebat immensam minore in dies plebe ingenua :* et plus bas, dans la lettre que Tibère écrit au sénat sur les plaintes qui avaient été portées contre le luxe, on lit ces paroles remarquables : *Quid enim primum prohibere, et priscum ad morem recidere aggrediar ? Villarum infinita spatia ? Familiarum numerum et nationes ?.....* Freinshemius explique cette expression *nationes* en disant que les Romains avaient un si grand nombre d'esclaves, qu'ils les distinguaient par nations; et Juste-Lipse rappelle à ce sujet un passage de Pline qui donne cinq mille esclaves à un certain Nicilius Isidorus, et un autre d'Athénée, où le nombre d'esclaves qui appartenaient à quelques Romains, est évalué jusqu'à trente mille. (Voyez TACITE, *Variorum.* Liv. iii.) J'ajouterai encore à cette note que dans la même lettre, dont il a été parlé plus haut, Tibère fait entendre qu'il n'est pas étonnant que la corruption se soit répandue parmi les Romains, puisqu'ils ne sont plus qu'un mélange de toutes sortes de nations.

traire qui leur était confié. Dion nous apprend qu'un certain Licinius eut l'impudence de faire payer aux Gaulois, dans une année, quatorze mois de tribut au lieu de douze; mais cette action, qui ne serait pas sans exemple comme concussion, devient plus affreuse à mes yeux, comme rapine exercée par le gouvernement. En effet, Licinius ayant eu la présence d'esprit d'offrir à Auguste l'argent qu'il s'était procuré par ses exactions, parvint aisément à lui persuader que c'était faire une chose doublement utile que de dépouiller les Gaulois de leur argent, et de le faire passer dans les coffres de l'empereur. Ce fait, qui est parvenu à la postérité, doit en faire supposer bien d'autres tombés dans l'oubli; car les plaintes des malheureux ne se conservent pas si long-temps que les panégyriques des rhéteurs. D'ailleurs, quel sort que celui d'un peuple gouverné par deux étrangers, qui, sous le nom de proconsul et de questeur, espions réciproques ou complices des mêmes crimes, ne peuvent être d'intelligence sans ruiner une province, ni divisés sans y jeter le trouble et la confusion ! [1]

Mais, quelle qu'eût été l'intégrité de ces magis-

[1] **Tacite** (*Vie d'Agricola*) a pris soin de nous transmettre les griefs des Bretons contre le gouvernement romain : *Singulos sibi olim reges fuisse, nunc binos imponi, è quibus legatus in sanguinem, procurator in bona sæviret: æque discordiam præpositorum, æque concordiam subjectis exitiosam, etc.* C. XV.

trats, le nombre et la forme même des impositions suffisaient pour réduire les peuples à la plus grande misère. L'esprit humain, habile à imaginer en tout genre, avait déjà inventé ces nombreuses impositions, fléaux de nos contemporains ; et les enthousiastes de l'antiquité (c) qui prétendent que toutes les découvertes attribuées aux modernes sont dues aux anciens, pourraient ajouter aux exemples dont ils se sont appuyés l'art inventé depuis long-temps de *travailler une province en finance* [1], ou plutôt de travailler un peuple par la finance.

Tandis que les frontières étaient vexées par les

(c) *La première édition portait :*
« *Et le savant auteur* [*] *qui a prouvé que....* »

[1] L'abbé Dubos a fait voir que les empereurs levaient sur leurs sujets, et particulièrement sur les Gaulois, des impôts de toutes les espèces ; comme une dîme des fruits dans les terres conquises et aliénées, sous le nom de *Décumane ;* un cinquième sur toutes les productions non semées, comme bois, vignes, prés, etc.; une imposition générale sur les fonds, ou, si l'on veut, une taxe par arpens, appelée *Jugeratio ;* une capitation ou taxe personnelle payée par tout homme libre ; enfin des droits de péage, d'*exportation* et d'*importation*, de *quarantième denier* sur les effets vendus, etc. etc. Voyez l'*Histoire de l'établissement de la monarchie française*, chap. XI, XII et XIII, tome I, liv. I.

[*] *M. Dutens.* [**]

[**] Sur ce nom, voici la note de Voltaire :
« Ce savant auteur est très ignorant et très ridicule. Il croit que les an-
« ciens avaient inventé la boussole, la gravitation, l'aberration des étoiles,
« la machine pneumatique. Eh ! non, il ne le croit pas, mais il l'imprime. »

tributs et fatiguées par la présence des armées, elles
avaient de plus le malheur d'être souvent exposées
aux courses de l'ennemi. En effet, quoique Auguste
n'ait pas soutenu des guerres bien fâcheuses, et que
le centre de l'empire soit resté paisible, les Germains, les Rhétiens, les Dalmates, les Pannoniens,
les Cantabres ne laissèrent pas que de commettre de
grands désordres et de grandes cruautés, tant sur
les Romains que sur leurs alliés; car telles étaient
l'étendue et la fortune de cet empire, que tout ce
qui n'était ni allié, ni tributaire des Romains, était
un peuple barbare, sans lois et sans culture.

Ceci nous conduit encore à étendre plus loin nos
réflexions, et nous met à portée de juger quel était
alors l'état du monde connu : en effet, nous ne
voyons plus sur cette vaste scène qu'un peuple avili,
oisif et frivole [1], des royaumes changés en provinces
opprimées et languissantes; et plus loin, des peuples
barbares qui, n'ayant ni commerce ni agriculture,
ne connaissaient d'autre état que la guerre. Quel
est le philosophe qui pourra jamais porter envie à
ceux dont la destinée a placé l'existence dans cette

[1] Les Romains, depuis les guerres civiles, avaient tellement négligé l'agriculture, qu'Auguste fut tenté, pour la rétablir, de retrancher au peuple ces distributions de blé qui
lui épargnaient la nécessité de cultiver la terre. Mais Suétone prétend qu'il en fut détourné par la crainte qu'un jour
le rétablissement de cet usage ne fût un chemin trop ouvert
à l'ambition, et un moyen trop facile d'obtenir la popularité.

époque? Mais ne nous arrêtons point à ces vues générales, et suivons l'histoire de plus près.

Auguste, il est vrai, fut un prince pacifique; mais ses légions furent presque toujours en guerre; ses amis, ses enfans, presque toujours à la tête des armées; et lui-même, malgré sa vieillesse et son peu de goût pour les armes, ne fut-il pas souvent obligé d'entreprendre de longs voyages pour se mettre à portée de diriger les opérations militaires? Les révoltes des Germains, des Cantabres et des autres peuples que nous avons nommés plus haut, ne tinrent-elles pas les armées en activité, et les commencemens du règne de Tibère ne furent-ils pas troublés par le bruit des armes?.... Il est vrai que tout cela n'approchait pas de Rome; mais qu'est-ce que Rome dans l'univers? D'ailleurs, si Auguste lui-même dans le sein de la fortune eut à pleurer la mort d'un fils qui périt misérablement dans les guerres étrangères, croira-t-on que les habitans de Rome aient été plus heureux que lui, et se persuadera-t-on que la défaite de Varus et les victoires sanglantes d'Agrippa, de Drusus et de Germanicus n'aient pas souvent répandu le deuil dans les familles les plus illustres? Il ne faut pas juger du siècle d'Auguste par les ouvrages des poètes contemporains; mais quand les vers charmans d'Horace et de Virgile auraient été l'expression naïve du sentiment, il en résulterait seulement que tout était bien alors pour les artistes et les gens de lettres; ou plutôt que le bonheur qu'ils célébraient, semblable aux rayons du soleil après l'orage, devait la plus grande partie de son prix aux momens affreux qui l'avaient précédé. Et quel fonds pouvait-on faire sur cette félicité, qui n'avait pour toute base, pour tout appui que les jours d'un vieillard? Quel est l'homme sensé qui n'ait pas dû trembler en voyant Tibère et Agrippa Posthume les plus proches héritiers du trône? Après les sacrifices qu'on avait faits à Auguste, quelle ressource restait-il contre ses successeurs? Malheur au peuple que l'enthousiasme a subjugué! Fabricateur de ses propres chaînes, il a tellement su se les adapter, qu'il lui devient presque impossible de les rompre; comme s'il était nécessaire de donner le pouvoir en échange des bienfaits, et que pour récompenser un bon prince, il fallût préparer un tyran. La monarchie, comme la noblesse qui en est le soutien, a besoin d'être vieille pour être respectable. D'une heureuse expérience de l'autorité et de l'habitude d'obéir, se compose une sorte de constitution qui devient à la fin presque inaltérable, parce qu'il est un terme, passé lequel la matière d'une république n'existe plus dans une monarchie, au lieu que la matière d'une monarchie existe toujours dans une république.

Il n'y a pas lieu de douter que les Romains n'aient fait une partie de ces réflexions, et quoique la plupart d'entre eux se soient laissé séduire, tant par les dignités qu'Auguste leur prodigua, que par le simulacre de république qu'il sut conserver, ils ne pouvaient manquer de prévoir ce qui arriva dans la suite : mais tel fut l'artifice qui régna dans la conduite de cet heureux usurpateur, que le bien et le mal, l'espérance et la crainte, les noms et les réalités furent si bien entremêlés, si bien compensés, que les Romains restèrent dans cet état mitoyen qui laisse plus de place aux doutes et aux alarmes, qu'à l'audace et à la résolution. J'insiste sur cette époque du règne d'Auguste, parce qu'il suffit de nommer Tibère, Caligula, Claude et Néron, pour faire frémir toute âme sensible. Il n'est personne assez barbare pour ne pas déplorer la destinée des malheureux qui ont vécu sous ces règnes exécrables, et cependant ce sont ceux qui nous ont le moins offert l'image de la guerre [1]. Si quelquefois elle se ralluma dans la Grande-Bretagne ou vers l'Arménie, le centre de l'empire en eut à peine connaissance; mais la paix sanglante dont il jouissait, dut lui faire regretter souvent les horreurs des combats. La mort de Néron ramena le trouble et la confusion jusque dans le sein de l'Italie; et les batailles que se livrèrent les armées d'Othon et de Vitellius, de Vespasien et de Galba, ensanglantèrent encore ces campagnes qui depuis la bataille de Mantoue n'avaient pas retenti du bruit des armes. Vespasien rétablit la paix dans

[1] Tacite dit, au sujet des légions que Corbulon mena en Arménie : *Satis constitit fuisse in eo exercitu veteranos qui non stationem, non vigilias inüssent.*

l'empire; mais c'est précisément ce règne qui nous offre le tableau de tout ce que l'ambition d'un côté, et le fanatisme de l'autre, ont jamais produit de plus affreux. On comprend aisément que je veux parler de la guerre des Juifs, guerre qui dans l'espace de deux ans fit périr plus de treize cent mille hommes, et qui, rallumée sous Trajan et sous Adrien [1], causa la ruine totale de cinquante villes fortifiées et de neuf cent quatre-vingt-cinq bourgs ou villages. Cette horrible plaie de l'humanité ne compensa que trop les avantages qu'elle retira du règne de Vespasien. Titus ne fit que s'asseoir sur le trône. Il semble que la destinée qui l'avait fait le modèle des rois se soit contentée de le montrer comme un exemple éternel pour les siècles à venir. Je ne parlerai point de Domitien, trop connu par ses cruautés ; mais je remarquerai que Trajan, dont les vertus et la bonté devaient faire les délices du peuple romain, troubla lui-même, par son goût pour la guerre, la sérénité des beaux jours qu'il avait fait naître. Cette observation est d'autant plus importante qu'elle nous sert à apprécier la morale de cet âge. Je le répète, et j'aurai encore plus d'une occasion de le faire : l'amour de la patrie, la popularité, la générosité, ont été des

---

[1] Si l'on en croit Xyphilin, abréviateur de Dion, cette révolte des Juifs fit périr à Cyrène deux cent mille hommes et deux cent cinquante mille dans l'île de Chypre. Les cruautés que cet historien impute aux Juifs font dresser les cheveux à la tête, et sont à peine croyables.

vertus communes parmi les anciens ; mais la véritable philanthropie, l'amour du bien et de l'ordre
général était un sentiment tout-à-fait étranger aux
siècles passés. Eh ! comment ce sentiment aurait-il
existé parmi des hommes accoutumés dès leur enfance à voir des milliers de gladiateurs qui s'égor-
geaient aux applaudissemens des femmes même ; des
prisonniers de guerre, des chefs, des rois qu'on
traînait publiquement au supplice, en vertu d'un
décret, et pour compléter la joie d'un triomphe ?
Avouons-le, la vertu a été dans tous les temps ce
qu'est encore la beauté parmi les peuples différens,
non pas ce que la nature a produit de plus parfait,
mais la plus grande perfection des traits qu'elle a
imprimés à chaque nation et dans chaque climat :
et de même que les visages des Vénus ou des Hélène
antiques conservent une certaine austérité qui ne
répond pas, à nos yeux, aux grâces répandues dans
les autres formes ; de même, les vertus des anciens
participaient toujours des vices de leur âge. [1]

[1] J'ai négligé jusqu'à présent d'observer que les **Romains**
étaient d'une telle rigueur dans les affaires criminelles, que
le nombre des coupables ne fut jamais pour eux une raison
de pardonner. Sénèque raconte que Volusius Messala ayant
fait trancher la tête à trois cents hommes dans un seul jour,
s'en applaudissait, et trouvait cet acte de cruauté une action
vraiment royale. Lorsque Claude donna ce fameux spectacle d'un combat naval sur le lac Fucin, il y eut plus de
dix-neuf mille criminels, tous destinés à mourir, comme on
le voit par un trait que Suétone nous a transmis. Cet au-

Si Trajan et Marc Aurèle peuvent avoir encouru le reproche d'avoir trop fait la guerre, il faut avouer aussi qu'il y avait bien des raisons à alléguer en leur faveur; en effet, si nous examinons la constitution de l'empire des Césars et le peu de base qu'avait leur autorité, on se convaincra aisément qu'il était presque impossible de conserver la paix au dedans, sans faire la guerre au dehors. La guerre est malheureusement un grand moyen de gouvernement. Elle occupe tous les esprits; elle simplifie toutes les formules; elle éloigne toutes les discussions. Aussi suis-je très porté à croire que les rois qui ont toujours le plus fait la guerre, ne sont pas ceux qui ont eu le plus besoin de génie; et que les princes poli-

teur raconte que tous ces malheureux, en passant devant l'empereur, lui crièrent : *Ave imperator ; morituri te salutant;* et que Claude leur répondit par distraction : *Avete vos ;* ce qu'ils prirent pour un pardon : de sorte qu'ils ne voulurent plus combattre, et qu'il fallut les y forcer par menaces et par prières. M. Crevier (*Hist. des Emp.*) remarque à ce sujet, « qu'il est bien étonnant qu'il se trouvât alors « dans l'empire romain dix-neuf mille criminels qui méri- « tassent la mort, à moins, ajoute-t-il, qu'on ne les eût « ramassés depuis long-temps dans toutes les provinces de « l'empire. » Mais nous savons que les Romains n'avaient que trop de ressources pour fournir à leurs amusemens sanguinaires. Les prisonniers faits à la guerre, les étrangers condamnés pour différens crimes, et surtout les esclaves, servaient d'aliment à leur cruauté. On sait quel empire barbare ils exerçaient sur ces derniers, et l'on se rappelle le trait affreux de Vedius Pollio, qui, pour un

tiques sont d'autant plus supérieurs aux princes guerriers, que l'art de gouverner est plus difficile que celui de commander. Les empereurs placés entre le peuple et l'armée, mais plus embarrassés de celle-ci, devaient désirer la guerre pour occuper l'une et pour amuser l'autre. Un seul obstacle détruisait pourtant l'effet de cette politique. Les Romains étaient trop supérieurs aux autres peuples, les frontières de l'empire trop reculées, les nations voisines trop intimidées ; il fallait aller bien loin chercher la guerre, et alors l'absence du maître diminuait nécessairement son pouvoir. D'ailleurs, tel est le malheur attaché aux nations toutes militaires, que dans le cas où la guerre est assez éloignée pour que l'intérieur n'en ressente point les effets, il arrive qu'elle

verre cassé, voulut en présence d'Auguste faire jeter un esclave à des monstres marins qu'il élevait dans un vivier. Il peut se faire que ces exemples d'inhumanité n'aient pas été communs ; mais il paraît au moins qu'un usage généralement établi voulait que les esclaves fugitifs fussent exposés aux bêtes.

Parmi tant d'atrocités dont les Romains se sont rendus coupables, le plus grand reproche qu'ils aient encouru, selon moi, c'est de n'avoir jamais regardé l'homme, en général, comme leur semblable. L'extrême rigueur de leurs punitions serait peut-être excusable, si elle avait eu pour motif l'amour de l'ordre et une sévérité égale pour tout le monde ; mais qui ne sera surpris en apprenant que ces juges sanguinaires n'avaient d'autre peine que l'exil à infliger à un citoyen romain, se fût-il rendu coupable de mille assassinats ?

cesse d'être intéressante, de façon que les succès deviennent indifférens, et les pertes plus amères. Le soldat lui-même se lasse de travailler sans objet; il se mutine, il se révolte. S'il y a deux armées, il se forme deux partis. La valeur des officiers et la confiance des troupes deviennent elles-mêmes un nouveau danger : on ne peut plus être attaché à son chef sans le faire monter au premier rang, et l'amour des soldats ne tarde pas à faire des généraux infidèles. Ainsi, de trois choses l'une : ou la guerre est désavantageuse, et alors elle cause la ruine d'une nation; ou elle se maintient égale, et alors elle la fatigue et l'épuise; ou elle est avantageuse, et dans ce cas, elle amène la dissolution des armées et du gouvernement. Je n'ai point parlé jusqu'ici du danger des corps particuliers, tels que les gardes prétoriennes, les janissaires, les strélitz, etc., parce que tous mes lecteurs savent assez qu'il n'est point de despote sans satellites, ni de satellites qui ne deviennent à leur tour les tyrans du despote. Sur vingt-trois empereurs, seize égorgés; l'empire romain mis à l'encan et vendu à un homme méprisable; les révolutions de Russie, celles de l'empire Ottoman et du Mogol, prouvent assez que le despotisme militaire est le plus mauvais de tous les gouvernemens, pour les princes comme pour les peuples.

SECONDE SECTION,

OÙ L'ON TRAITE DU SORT DE L'HUMANITÉ PENDANT LES TEMPS APPELÉS LE MOYEN AGE DE L'HISTOIRE.

CHAPITRE PREMIER.

De l'inondation des Barbares.

Dans l'obligation que nous nous sommes imposée de retracer les malheurs de l'humanité, nous ne voyons qu'à regret la diversité qui règne dans les objets qui nous occupent. Le mal se fait et se reproduit sous mille formes différentes; et sans avoir l'esprit trop chagrin, on peut assurer que de tous les présens qui ont été faits aux hommes, la boîte de Pandore a été sans contredit le plus complet et le mieux assorti. Nous allons voir changer la scène du monde. A la place de ces vieillards sévères, qui dans leurs chaires curules décidaient en trois mots de la ruine des états, ou de ces jeunes enthousiastes, qui pour une couronne de gazon portaient le fer et la flamme aux extrémités de la terre, nous verrons des demi-sauvages, des hordes de barbares, qui, plus justes et plus sensés que les premiers, n'eurent que leurs besoins pour passions, et ne devinrent maîtres du monde que parce qu'ils mouraient de faim.

D'où sortaient ces peuples qui ne furent connus que par leurs invasions? Comment est-il arrivé que tout incultes et divisés qu'ils étaient, ils parvinrent à renverser ce colosse épouvantable de l'empire romain? Questions importantes, dont l'une appartient à l'érudition, et l'autre à la politique. Ce serait donc une grande témérité de notre part que de les agiter, si l'expérience ne nous apprenait qu'un peu de philosophie peut souvent éclaircir les recherches les plus épineuses, et nous épargner bien de la science et du travail. Que d'autres étalent l'appareil fastueux et superflu de leur savoir; pour nous, il nous suffira de dire ce que nous ignorons, c'est-à-dire l'histoire de cette vaste partie du monde qui contient la Suède, la Russie, la Pologne, la Tartarie, la Chine et l'Indoustan. Or, qui pourra nous apprendre si les émigrations dans l'Occident n'ont pas eu leur origine dans le Nord et dans l'Orient? Parmi les peuples qui ont habité l'Allemagne, la Bohême, la Hongrie, la Pologne, il y en a très peu qui soient regardés comme indigènes [1]. La plus grande partie venait de plus loin; mais on ne les connaissait que depuis leur dernier établissement. Ces peuples fu-

---

[1] Il y a de fortes preuves que tous ces peuples viennent de la Scythie. Le fameux Odin avait conquis toutes les contrées septentrionales. Voyez l'*Introduction à l'Histoire du Danemarck*.

rent-ils repoussés vers l'Occident par des nations tartares ou chinoises ? ou ne s'étendaient-ils dans le voisinage de l'empire romain qu'en raison d'une population trop nombreuse ? ou plutôt doit-on croire que le monde ne s'étant peuplé que successivement, les contrées voisines de la mer ont été habitées d'abord dans une plus grande proportion que celles qui s'en trouvaient plus éloignées ; d'où il suivrait que l'équilibre n'aurait jamais pu s'établir entre elles, les progrès des unes ayant répondu justement à la décadence des autres.

Multiplier les questions, c'est multiplier les doutes. 1°. Dans la supposition que les nations barbares auraient été repoussées vers l'Occident par des guerres malheureuses du côté de l'Orient, il serait bien étonnant qu'elles n'en eussent conservé aucune tradition. 2°. Quoiqu'on convienne assez généralement que les femmes sont plus fécondes en Allemagne qu'ailleurs, nous ne voyons pas que cela s'étende plus au nord, ni que la Suède et la Russie puissent se vanter de cette fécondité. 3°. Il ne répugne pas moins d'admettre que la population du monde ait été encore progressive dans des temps si récens, et que l'effet d'une longue suite de siècles se soit manifesté partout presque au même instant. Mais est-il nécessaire de supposer une si nombreuse population parmi les Barbares, et particulièrement parmi les habitans du Nord ? Commençons par mettre de côté tous les calculs des historiens. Toutes les

fois que je lis dans leurs ouvrages : Cet empereur
a attaqué les Barbares, et leur a tué cent mille hommes ; tel autre a défait deux cent mille Goths, tel
autre trois cent mille Sarmates ; je traduis toujours
ce langage dans celui-ci : *Tel empereur a attaqué
les Barbares, et leur a tué beaucoup de monde.*
Quoi ! tandis que de nos jours où l'état militaire de
chaque nation est publié et imprimé, nous ne pouvons jamais savoir au juste ni les forces de nos ennemis, ni même celles de nos alliés, nous préten-
drions compter celles des Barbares qui n'avaient ni
dénombrement, ni distributions de troupes, ni d'autre méthode que de marcher par multitude ? En
vérité, je ne puis m'empêcher d'admirer la confiance
de tous les historiens dans les détails qu'ils nous
transmettent. Quand même ils ne seraient pas obligés la plupart du temps de s'en rapporter à des
rhéteurs et des panégyristes, comment voudraient-
ils que les Romains eux-mêmes eussent été instruits
du nombre de leurs ennemis ? Ne sait-on pas que
la terreur ou la vanité grossissent tous les objets ;
qu'avant le combat on a coutume d'amplifier ses
forces pour semer l'épouvante, et qu'après la défaite
on exagère celles de l'ennemi pour diminuer la
honte d'avoir été vaincu ? D'ailleurs il n'est province
si pauvre, tant en Allemagne qu'en France ou en
Espagne, qui ne pût épouvanter ses voisins, si tous
ses habitans prenaient les armes à la fois ; et cette
terreur devait être encore plus forte dans un temps

où l'on n'avait point de ces places de guerre qui servent de barrières, et qui ne peuvent être emportées qu'à force de travail, de science et d'obstination.

Une chose plus étonnante au premier coup d'œil, c'est l'usage où étaient ces nations barbares de se porter en entier d'un climat dans un autre. Cependant, si nous y réfléchissons bien, nous ne serons plus surpris de lire dans l'histoire les mêmes événemens qui sont arrivés dans des temps bien plus voisins de nous. Il n'y a pas long-temps que nous connaissons l'intérieur de l'Amérique, et nous savons que les nations qui l'habitent ont éprouvé de pareilles révolutions. Il est très commun encore de voir des sauvages s'établir à cinq ou six cents lieues de leur ancienne demeure. Tel est de nos jours le sort des Tartares, et telle sera toujours la destinée des peuples qui n'auront point d'agriculture. C'est donc à cette grande spéculation que nous devons nous attacher; et si nous voulons savoir quel est en général le sort des habitans du monde, informons-nous seulement si le nombre des terres cultivées augmente ou diminue.

Quelque simple que soit cette manière d'envisager notre objet, nous osons dire qu'elle est presque neuve par le mépris qu'en ont fait tous ces enthousiastes politiques qui ne sont occupés que d'une vaine gloire ou d'une fausse vertu; fantômes gigantesques et frivoles, qui ne pouvaient exister que l'un par l'autre, et dont l'humanité fut toujours la victime.

Nous avons observé plus haut comment les arts, le commerce et l'agriculture étaient, pour ainsi dire, partis de l'Égypte, de la Phénicie, et ensuite de la Grèce, pour se répandre, toujours en suivant les côtes, dans l'Italie, dans la Sicile, sur les côtes de l'Afrique, dans l'Espagne et même dans les Gaules; cette considération peut servir maintenant à nous expliquer la raison de cet avantage marqué que les nations voisines de la mer ont toujours eu sur celles qui ont habité l'intérieur des terres. En effet, tandis que Lycurgue, Solon, Romulus, etc., se creusaient la tête pour trouver l'art de bien battre leurs voisins, la nature conduisait lentement ses rebelles enfans vers le but où elle ne cesse de tendre d'une manière aussi secrète qu'imperturbable. L'agriculture augmentait les productions de la terre, le commerce apprenait à les échanger, et comme un fleuve en sortant de son lit commence par inonder ses rives, et répand ensuite son onde en divers canaux, suivant la pente qu'elle éprouve; de même les connaissances utiles se propagèrent des bords de la mer dans les endroits les plus à portée du commerce, et de là dans l'intérieur des terres. Ainsi l'on peut dire que la richesse et l'industrie ont fait les premières avances, et qu'elles ont été chercher les barbares, avant que ceux-ci les aient désirées. Que serait-il donc arrivé, si la perversité des hommes, et surtout celle

des héros et des législateurs, n'était pas venue trou-
bler l'ordre de la nature? Peu à peu les nations in-
dustrieuses se seraient mêlées avec les autres, soit
par le commerce, soit par les alliances, soit même
par la guerre; car lorsque de deux peuples ennemis,
l'un est plus civilisé que l'autre, il n'y a qu'un sot
orgueil, ou une fausse politique qui puisse empêcher le vainqueur de prendre les mœurs du vaincu,
ou de lui donner les siennes. Par malheur, les philosophes anciens avaient tant d'esprit, les chefs tant
d'héroïsme, les peuples tant de vertu, que tout fut
mis en combustion sur la surface de la terre, et que
la perfection du genre humain fut renvoyée bien
loin. Un peuple d'ignorans, sans lois et sans culture, triompha bientôt des compatriotes d'Homère,
de Platon et de Lycurgue. Il entreprit d'étendre son
empire plus loin que les mœurs et la législation n'a-
vaient pu établir le leur; mais bientôt corrompu,
divisé, affaibli, il ne conserva de son ancienne splendeur que les principes atroces qui la lui avaient ac-
quise, et il continua de provoquer la révolte, lorsqu'il ne fut plus en état de la réprimer. Les nations
barbares se trouvèrent alors dans une situation singulière. Devenues voisines des richesses, et repoussées par une puissance qui ne leur en laissait aucun
partage, elles désiraient la mollesse, et craignaient
l'oppression. Nulle espérance de ces alliances fédéra-
tives, de ces mariages entre souverains, qui tendent
à assimiler et à réunir les nations voisines. A l'an-

cien apophthegme de Caton, *Delenda est Carthago*,
il fallut substituer *Delenda est Roma*; et dans le
fait, Rome était déjà détruite; des étrangers rem-
plissaient le sénat; des Barbares commandaient les
armées, presque toutes composées de Barbares. Les
prétoriens, tyrans indomptables dans la capitale,
citoyens timides dans les camps, après avoir créé et
assassiné des empereurs, avaient été obligés de céder
le pas aux Germains et aux autres étrangers dont
les Césars avaient formé leur garde : ces Barbares
admis aux premières places, établirent avec leurs
nations une correspondance qui devint pernicieuse
pour les Romains : ils portèrent leur attention sur
ce peuple dégradé, à mesure qu'il s'oubliait lui-
même; l'ambition des particuliers précéda celle des
peuples; les premiers emplois furent envahis, le trône
même usurpé; de sorte que les Barbares avaient déjà
conquis l'empire avant de l'avoir attaqué.

Il suit de là que c'est dans l'atrocité des anciens
principes de la république, dans les vices du gouvernement des empereurs, et surtout dans l'étendue
excessive de leur domination, qu'il faut chercher
les sources de ces invasions de Barbares qu'on a eu
tant de peine à expliquer jusqu'ici. Mais quel qu'en
fût le principe, il resterait toujours incontestable
qu'elles doivent être regardées comme un des plus
grands fléaux qui aient affligé l'humanité. Les nombreux et sanglans combats qu'elles ont occasionnés
peuvent être rapportés aux premiers principes de

guerre que nous avons indiqués au commencement
de cet ouvrage ; le désir de quitter un climat rigoureux pour un climat salutaire, une terre stérile pour
une terre féconde, etc. Or, les guerres de ce genre
sont les plus cruelles et les plus désastreuses, parce
qu'elles ne se font point de guerrier à guerrier, mais
de nation à nation ; et que d'un côté, l'impossibilité
de reculer ; de l'autre, la nécessité de conserver sa
subsistance, rendent la destruction de l'ennemi une
suite nécessaire de la victoire. Quoi de plus affligeant
et de plus lugubre que le tableau de l'humanité pendant les temps qui ont précédé la séparation de l'empire romain ? Des nations détruites par principes de
politique ; d'autres inondant et ravageant des contrées entières ; d'autres, plus dangereuses encore,
faisant le métier de voleurs et de pirates ; les empereurs transplantant des peuplades nombreuses de
Germanie en Angleterre, d'Asie en Afrique, d'Afrique en Europe. L'univers ressemblait à un vaste
champ de bataille où les corps qui ne sont pas employés à combattre sont occupés à des évolutions
continuelles, et changent sans cesse de terrain. [1]

[1] Ces fréquentes émigrations, ces changemens perpétuels
dans l'établissement des nations, étaient, après la guerre,
un des plus grands malheurs de l'humanité. Voici quelques
traits qui pourront en faire juger. Probus ne pouvant tenir
en paix les Barbares, s'avisa de transplanter plusieurs nations dans les terres de l'empire. Une seule de ces colonies
réussit. Elle était composée de cent mille Bastarnes, peuple

CHAPITRE II.

Commencement du christianisme. État politique et moral du paganisme lors de l'établissement de la religion chrétienne.

Mais ce n'était pas assez de ces affreuses convulsions qui ébranlaient le système politique du monde,

de Scythie qui fut établi dans la Thrace. Les Gédines, les
Vandales et les Francs ne purent être fixés, et continuèrent
à exercer leurs brigandages dans les endroits où on les avait
établis. Il fallut les détruire par les armes. Dioclétien trans-
porta en Pannonie les nations des Carpathiens qui habitaient près du Pont-Euxin, et Constance Chlore fit passer
les Bataves dans les provinces de la Gaule les plus dépeu-
plées. Quant à la manière dont on faisait la guerre à ces
Barbares, on peut en juger par un trait rapporté par Vopis-
cus, qui nous apprend que l'empereur Probus, non content d'avoir tué dans une bataille quatre cent mille Barbares,
tant Bourguignons que Francs et Germains, mit à prix la
tête de ceux qui restaient encore, promettant une pièce
d'or à chaque soldat qui lui en apporterait une. C'est avec
bien de la satisfaction que j'opposerai à ces ordres cruels
ce que j'ai vu pratiquer dans la dernière guerre. Quelques
commandans de troupes légères, voulant épargner le sang,
imaginèrent de mettre l'avarice aux prises avec la cruauté,
et instituèrent un prix pour tout soldat qui amenerait un
prisonnier sain et sauf. Tel est le progrès des mœurs et de
la philosophie, que de nos jours on voit moins de cruautés
en temps de guerre que les anciens n'en exerçaient en temps
de paix.

une révolution mille fois plus étonnante se préparait à renverser l'empire de l'opinion, comme si le temps était venu où tout changerait sur la surface de la terre, depuis le pouvoir qui commande, jusqu'à la persuasion qui gouverne. Une guerre tumultueuse s'éleva dans les esprits, et le contemplatif solitaire ne fut pas plus tranquille dans sa retraite que le soldat effréné ou le cultivateur timide. Quelle époque dans l'histoire que celle qui nous présente à la fois la décadence de l'empire romain, et la chute du paganisme; qui introduit sur la scène du monde de nouveaux peuples et un culte nouveau, je dirai même une nouvelle religion! car inutilement voudrait-on alléguer que le christianisme, enseignant pour premier dogme l'unité de Dieu, et dérivant immédiatement de la foi des Israélites, doit faire remonter son origine aussi haut que le déisme et le judaïsme: le mystère de la rédemption, ses dogmes sur la vie future, son culte, ses préceptes, tout annonce, tout déclare un ordre nouveau dans les choses spirituelles; tout caractérise une révolution dans le système religieux.

Mais de quelque façon qu'on doive considérer cet objet, il n'en est qu'une que nous puissions nous permettre; c'est celle qui entre nécessairement dans le plan de notre ouvrage. Ainsi, loin de suivre l'exemple de quelques philosophes de nos jours, dont nous respectons les lumières, mais que l'amour de la discussion a peut-être égarés, nous abandon-

nerons aux théologiens ce qui est incontestablement
de leur domaine, et nous ne nous occuperons que
de l'influence de la religion chrétienne sur le bonheur des hommes, dans cette vie seulement. C'est
en conséquence de ce principe, qu'obligés par la
suite de nos réflexions de développer l'origine et les
progrès du christianisme, nous ne parlerons que
des moyens humains dont la Providence s'est servie;
moyens souvent avoués par les pères de l'église, et
les seuls qui soient soumis à la discussion, puisqu'il est impossible aux hommes de suivre les voies
de Dieu dans les choses surnaturelles, et qu'il est
aussi difficile à notre faible raison de savoir pourquoi il change quelquefois l'ordre de la nature,
que d'expliquer pourquoi il ne le change ni plus
souvent, ni d'une manière plus propre à parvenir
aux fins que nous lui supposons. D'ailleurs, si dans
le cours de cet ouvrage nous n'avons jamais pris le
ton de la confiance qui enseigne, mais celui de la
critique qui doute et qui discute, à combien plus
forte raison devons-nous conserver cette précaution dans une matière où nous ne prétendons employer que les lumières de l'histoire aidée de la réflexion!

Lorsque les hommes ont médité sur cette grande
révolution du monde moral, deux choses ont paru
les frapper particulièrement; la destruction d'une
ancienne religion, et l'établissement d'une nouvelle:
ou plutôt ces deux objets se confondant ensemble,

l'esprit humain qui cherche toujours à se soulager des détails par l'abstraction, n'a voulu voir qu'une guerre établie entre deux puissances rivales, et n'a pas balancé à mettre le christianisme aux prises avec le paganisme ; mais le paganisme était-il une religion ? bien loin de là, le mot *païen* ne fut employé que plusieurs siècles après Jésus-Christ [1]. Les Phéniciens, les Égyptiens, les Grecs, les Italiens, les Celtes avaient chacun des idées différentes, tant sur la nature et l'origine des dieux que sur le culte qu'on devait leur rendre. Nulle relation d'idées, nul rapport même entre les noms des dieux, qui ne pouvaient seulement pas se traduire d'une langue dans une autre. Jetez un regard sur toutes les nations anciennes, et cherchez à former de leurs notions sur Thaut, Birmah ou Bramah, Typhon, Osiris, Zeus, Jupiter, Odin, etc. un système qui concilie

---

[1] *Païen*, de *pagus*, village : parce que les empereurs chrétiens ayant banni les idolâtres de toutes les villes, ils furent obligés de se retirer dans les villages ; ou parce que Constantin chassa de ses troupes tous ceux qui n'étaient pas chrétiens, et les renvoya dans leurs villages. Aucune de ces explications n'est satisfaisante. La première fois que l'histoire fait mention des gentils sous le nom de païens, c'est sous le règne de Valentinien, l'an de Jésus-Christ 365. Voyez *Gothofredus de Statu Paganorum sub Imperatoribus Christianis*. Échard croit que les paysans étant restés plus long-temps attachés aux idoles que les habitans des villes, on donna aux idolâtres les noms de paysans, *pagani*. Voyez liv. VII, chap. I.

toutes les opinions et qui fasse un point de réunion contre une religion nouvelle. Nous le trouverons, direz-vous, et c'est le polythéisme. Mais il s'en faut bien que nous nous contentions de cette réponse ; car nous vous demanderons ce que vous entendez par *religion* : si c'est l'opinion répandue dans le peuple, nous vous répondrons que parmi les hommes simples et ignorans, toute opinion dégénère en superstition, et tout culte en idolâtrie : et malheureusement sur cet article les chrétiens mêmes auraient bien peu d'avantage sur les païens ; car si vous consultiez toute l'Amérique méridionale et quelques nations situées au nord et au sud de l'Europe [1], vous trouveriez que leurs notions sur la Trinité, la Vierge et les saints, les anges et les démons, ne s'éloignent guère de l'idolâtrie. Si vous pensez, au contraire, que dans tous les temps et dans toutes les religions il faut rejeter les idées du vulgaire, vous verrez que parmi les anciens, les prêtres rapportaient toute leur doctrine au déisme, comme toute leur morale à la politique. On sait que le dogme d'un seul Dieu était la première vérité révélée dans les mystères d'Eleusis. Lactance assure qu'Alexandre l'avait apprise de la bouche de l'hiérophante ; et il ne faut avoir qu'une très légère connaissance de l'antiquité pour savoir que cette croyance était la base de toute

[1] Les Russes ont encore de petites idoles à qui ils rendent le même culte que les païens rendaient à leurs dieux Pénates.

initiation, le principe caché de toute doctrine. On
peut voir dans les écrits de Cicéron avec quelle
liberté les ministres mêmes de la religion parlaient
de leurs divinités, et l'on trouve dans Diodore de
Sicile l'origine des opinions populaires sur le Styx,
l'Achéron, Minos, Rhadamanthe, etc. Pour les philosophes, ce serait encore bien inutilement qu'on
voudrait chercher le polythéisme parmi eux. De quelques nuages qu'ils aient enveloppé leurs idées sur la
nature des choses et sur les causes premières, on peut
assurer qu'il n'a pas existé une secte dont les principes
eussent rien de commun avec la religion du peuple.

Nous ne nous arrêterons pas à montrer ici le peu
de solidité d'un édifice dont aucune partie n'était
symétrique, et ne correspondait à un plan général.
La religion païenne, méprisée par ses propres ministres, décriée par les philosophes, négligée le plus
souvent par le peuple, ne pouvait jeter de profondes
racines, ni former un corps de doctrine difficile à
renverser. Cependant il est impossible de révoquer
en doute le crédit qu'elle a conservé pendant long-
temps. Il faut donc, pour en rendre raison, remonter
à une cause plus éloignée ; car il ne suffit pas de
démontrer avec M. Hume que le polythéisme est la
première religion qui ait dû s'offrir à des hommes
grossiers : ce n'est pas assez non plus de faire voir
que cette religion était douce, et que le culte en
était agréable et ingénieux : on pourrait répondre
d'un côté, qu'elle a subsisté dans les siècles les plus

polis; et de l'autre, qu'il est prouvé que ses pratiques ont été quelquefois pénibles et cruelles. Il faut
donc porter nos regards plus loin, et nous trouverons dans la politique la véritable cause de la longue
durée du polythéisme.

En général, si l'on veut comprendre quelque
chose à l'antiquité, il ne faut pas perdre de vue deux
faits importans : c'est que l'Asie a été le berceau des
sciences, et la Grèce celui de la poésie. De cette
seule considération mille conséquences découlent
naturellement. Les poètes, c'est-à-dire les *faiseurs*[1],
les premiers d'entre les Grecs qui aient su quelque
chose, ont arrangé de leur mieux ce qu'ils avaient
pu retenir des idées phéniciennes et égyptiennes sur
l'origine du monde et la génération des dieux ; mais
ces *faiseurs*, fidèles à leur nom et à leur métier,
forgeaient beaucoup de fables nouvelles qu'ils mê-
laient aux anciennes, et s'efforçaient surtout de
donner le change sur l'origine des Grecs ; origine
qu'ils rougissaient de devoir à des marchands ou à
des peuples esclaves. Parmi ces *faiseurs*, Homère
obtint bientôt le premier rang. Il composa tant de
contes, parla de tant de choses, que ses livres, sem-

[1] Poète, de ποιεῖν, *faire*, *fabriquer*, *composer*, etc. On
ne prétend pas nier ici que la poésie ne vienne de plus loin,
et que les Grecs ne l'aient tenue des Phéniciens; mais on
veut parler d'une poésie régulière, devenue le langage des
prêtres et des législateurs, et le premier amusement du
peuple.

blables en cela à l'Alcoran, suffisaient seuls pour fonder une religion. Cependant l'oracle de Delphes, autre *faiseur* qui *faisait* en vers hexamètres, et Lycurgue qui *faisait* des lois métriques, soit-disant dictées par Apollon, mais qu'il avait volées aux Crétois [1], Hésiode et tant d'autres commencèrent à former d'un très petit nombre de connaissances acquises, et d'un grand nombre de conjectures ingénieuses, un échafaudage monstrueux et gigantesque. De tous ces poëmes et de tous ces oracles se composa un langage particulier appelé μύθος, par opposition à λογός, qui était le langage du raisonnement, et qui ne fut mis en usage que long-temps après. Mais pendant des siècles entiers le μύθος avait prévalu ; et comme les poètes n'avaient pas manqué de traiter les objets les plus intéressans, comme l'origine des républiques, les principes de la législation, les droits des magistrats, les limites des états, etc. la poésie ou la fable, ou si l'on veut, la religion devint pour ainsi dire le recueil général des archives et les titres de noblesse des républiques. De là l'obligation de lier la politique à la religion ; de là la nécessité de conserver les dogmes et les rites. Les oracles avaient souvent décidé sur les droits des états ; les poètes même avaient fait autorité [2] : le moyen après

---

[1] *Rethra* ou oracle. C'était ainsi qu'on appelait les lois de Lycurgue. Il prétendait les tenir de la bouche d'Apollon, qui lui parlait à son ordinaire en style mesuré.

[2] Deux vers d'Homère décidèrent une contestation entre

cela de révoquer en doute les oracles, et de manquer de respect à Homère !

Saint Augustin [1] rapporte une très belle définition de Varron, dans laquelle cet auteur divise la théologie en trois genres : le *fabuleux*, μύθικον, le *physique* ou le naturel, et le *civil* ou le légal. Le premier contient les fables, la métamorphose, etc. Le second, qui traite de la nature des dieux et des choses, ne s'enseigne que dans les écoles. Le troisième, qui n'est que le rituel des fêtes ou des sacrifices, est confié au sacerdoce. Varron dit que de ces trois genres de théologie, le premier et le dernier sont les seuls qui puissent être abandonnés au peuple : *Prima*, inquit, *theologia maxime accommodata est ad theatrum, secunda ad mundum* (a), *tertia ad urbem.* Mais cette théologie fabuleuse que Varron annexe particulièrement au théâtre, avait une liaison intime avec la théologie civile, et elles ne manquaient pas de se réunir contre la théologie naturelle, qui était leur plus grande ennemie. Malheureusement celle-ci négligea pendant long-temps les seules armes qu'elle pouvait employer avec succès, l'observation et l'expérience. Elle eut même la faiblesse d'emprunter souvent à la première son langage, et à l'autre son im-

deux républiques qui se disputaient le droit de métropole sur une colonie.

[1] *De Civitate Dei*, lib. vi, cap. 6.

(a) *Varron ne se servait point de ce mot* mundum *pour exprimer ce qu'entend Auguste.*

posture et ses mystères. Ces trois systèmes réagirent les uns sur les autres, de manière que la religion devint allégorique, et la philosophie superstitieuse. Mais tandis que le commerce des nations, les voyages, les conquêtes multipliaient les objets du culte par l'adoption des rites étrangers, la curiosité, l'émulation, la subtilité multipliaient les sectes et les écoles. Que pouvait-il arriver de là, sinon le discrédit dans lequel tombèrent à la fois la philosophie et la religion ? L'extravagance d'adorer toutes sortes de divinités, depuis le grand Jupiter jusqu'au dieu *Crepitus* (*b*), et de soutenir toutes sortes d'opinions depuis le dogmatisme le plus tranchant jusqu'au pyrrhonisme le plus décidé, plaça bientôt au même rang les prêtres et les sophistes, et parvint enfin à inspirer le sentiment qu'ils redoutent le plus dans les grands, celui de l'indifférence.

Au milieu de ces désastres, il restait encore deux grands appuis à la religion ; la vanité dans le peuple, et la politique parmi les magistrats. La Grèce était le berceau des dieux : tout y paraissait rempli de leur présence : les jeux olympiques et isthmiques, les panathénées, toutes ces fêtes magnifiques, particulières à chaque cité ; tant d'oracles accrédités qui avaient promis à la Grèce une splendeur éternelle ; quels objets pour un peuple confiant et frivole ! Par malheur, tandis que les Grecs s'occupaient de leur gloire actuelle et de leur grandeur future, un homme

(*b*) *Ah ! l'on n'adorait pas de même Jupiter et un pet.*

de Macédoine, pour me servir de l'expression de Démosthène, vint déranger toutes leurs idées (c), en insultant à leur législation dont ils ne se souciaient guère, et en troublant leurs fêtes dont ils étaient idolâtres. A cet homme de Macédoine, il en succéda un autre du même pays, qui détruisit et fonda la tyrannie, qui renversa une ancienne monarchie, et donna origine à de nouvelles dynasties, toutes guerrières, toutes féroces, sous lesquelles les dieux, les prêtres, les philosophes et les peuples gémirent dans l'oppression.

Ce n'était rien encore, et il restait toujours quelque chose de ces deux théologies civiles et dramatiques, *accommodatæ ad urbem, ad theatrum*. Mais voilà qu'un peuple très mauvais théologien, mais très bon guerrier, vient renverser les successeurs de l'homme de Macédoine, traite comme de vils esclaves les descendans des dieux, des héros et des poètes. Alors toute attente fut trompée, toute prophétie démentie.... La religion perdit donc tout son crédit (d), et s'il en resta quelque vestige, ce fut cette partie qui était destinée au théâtre, et qui ne dût sa conservation qu'à l'heureuse alliance qu'elle avait contractée depuis long-temps avec les muses et les beaux-arts.

Il semble, au premier coup d'œil, que les Romains étaient assez puissans pour donner la loi à tout l'uni-

(c) *Non, la religion subsista.*
(d) *Non, les Romains étaient très religieux.*

vers, même en matière d'opinion; mais, qu'on me
pardonne ce paradoxe, ils n'étaient ni assez savans
ni assez ignorans pour fonder une religion. Leurs
propres dogmes ne leur appartenaient pas, et ne
pouvaient former un corps de doctrine. Leurs premières notions de ce genre venaient des Étrusques,
peuple très adonné à la divination : aussi la première
trace de religion qu'on voie parmi eux, c'est l'usage
des auspices établi par Romulus [1]. Numa, qui était
Sabin d'origine, et qui était plus instruit que les
Romains, jugea que s'ils avaient pu assassiner un
prince guerrier, fondateur de l'empire, ces hommes
féroces avaient besoin d'être trompés pour être réduits. Il appela donc la superstition au secours de
l'autorité; mais il établit plus de cérémonies qu'il n'en-
seigna de dogmes (e). En général, ce fut le plus doux
des charlatans, et sa mémoire mérita les hommages
de la postérité. Peu à peu les relations s'étendirent :
d'un côté, le commerce avec les colonies grecques;
et, de l'autre, l'établissement des Tarquins, ne pouvait manquer d'accréditer quelques opinions nouvelles. On chercha à concilier ces notions grossières
avec les idées plus raffinées des peuples de la Grèce;

---

[1] On lit dans Valère-Maxime (Liv. 1, chap. 1) que long-
temps après la mort de Romulus, la république étant déjà
florissante, elle envoya en Étrurie dix jeunes gens des premières familles de Rome pour s'instruire des rites de leur
religion. Voyez le même fait dans Cicéron, *de Divinatione.*

(e) *Et fit bien.*

mais les noms, mais les rites qui restèrent les mêmes, déposèrent toujours de la différence essentielle qui existait entre ces opinions et les dogmes primitifs [1]. Cicéron veut que le mot *Jupiter* vienne de *Juvare* aider [2], secourir; et effectivement lorsque nous voyons des autels avec ces inscriptions : *Jovi statori*, *Jovi feretrio*, il paraît que cela veut dire seulement, *au pouvoir secourable qui arrêta les ennemis, au pouvoir secourable qui les a frappés.* Il est bien sûr aussi que toute l'histoire du *Mars Romain* n'a nul rapport avec celle de l'*Arès Grec*. Flore même est une divinité toute romaine. Lactance prétend [3] qu'elle doit son origine à une courtisane qui, ayant gagné beaucoup d'argent, laissa par son testament une somme considérable destinée à des jeux publics qu'on devait célébrer annuellement en sa mémoire. Cet auteur ajoute qu'au bout de quelque temps, le sénat humilié de rendre hommage à une femme prostituée, imagina d'en faire la déesse des fleurs. Il est inutile de raconter ici comment les Romains, peu contens

[1] Quel rapport y a-t-il entre Chronos, Zeus, Arès, Hermès, Poseidon; et Saturne, Jupiter, Mars, Mercure, Neptune?

[2] Quelques-uns veulent que le mot de *Jupiter* vienne de *Yao Pater*, *Jehova Pater*; mais cette alliance du mot grec *Pater* avec le mot hébreu *Jehova (f)* ne me paraît pas trop naturelle.

[3] *Instit.* lib. IV, cap. 20.

(*f*) *Jehova n'est point hébreu.*

de leurs dieux, eurent souvent recours à ceux des Grecs ; comment ils ont consulté leurs oracles, lorsqu'ils ont cru pouvoir en fabriquer les réponses, et comment ils allèrent chercher le dieu d'Épidaure, qu'ils eurent l'adresse de laisser échapper, de crainte qu'on ne reconnût la triste couleuvre qui représentait Esculape. Mais ce qu'il est très important d'observer, c'est qu'à Rome la religion, quelle qu'elle fût, resta toujours entre les mains des grands, et leur servit d'égide contre les entreprises tumultuaires du peuple qu'ils opprimaient.

Nous avons déjà vu plus haut que, dans les premiers siècles de la république, le droit de prendre les auspices marquait la différence essentielle qui existait entre la noblesse et le peuple ; toute l'histoire romaine dépose de la nécessité dont il était pour tous ceux qui devaient remplir les premières magistratures ; et je pourrais citer plusieurs exemples de consuls qui ont abandonné les armées, parce qu'il avait manqué quelque formalité à leur inauguration. Tout le monde connaît aussi ces belles harangues rapportées par Tite-Live et Denys d'Halicarnasse, où ces auteurs ont si bien développé les principes sur lesquels les patriciens se fondaient pour exclure les plébéiens du consulat. Quoi ! disaient les Appius et leurs sectateurs, nous verrions à la tête des armées des consuls qui n'auraient pas pris les auspices, *inauspicati consules !* Enfin, rien n'est mieux prouvé que l'union intime qui régnait

chez les Romains entre le gouvernement et la religion, et surtout entre la religion et l'aristocratie.
Aussi ne craignons-nous pas d'avancer que les efforts
du peuple frappèrent également sur l'une et sur
l'autre, et que de même que Jacques Ier avait coutume de dire : *Point d'évêques, point de roi*, on
pouvait dire à Rome : *Plus de nobles, plus de religion.* [1] (*g*)

La démocratie, ébranlée un moment par Sylla,
acquit toujours de nouvelles forces, jusqu'à ce
qu'étant dégénérée en anarchie, la licence de tous

[1] Lorsque le peuple eut commencé à secouer les chaînes
que les patriciens lui avaient imposées, ceux-ci se servirent
avantageusement de la religion pour conserver leur crédit.
Le moyen qu'ils employaient le plus fréquemment était de
rompre les assemblées, lorsqu'ils prévoyaient qu'elles leur
seraient contraires; et pour y parvenir, il leur suffisait de
publier que ce jour-là était un jour consacré (*Nefastus*, de
nefas, suivant Varron) : ce qu'ils pouvaient faire d'autant
plus aisément, que le peuple étant dans la plus profonde
ignorance, eux seuls avaient quelque connaissance du ca-
lendrier. Aussi furent-ils très affligés lorsque Cnéius Flavius,
fils d'un affranchi, publia celui qu'il avait trouvé dans les
papiers d'Appius Cæcus, dont il était secrétaire; ce qui lui
valut l'édilité. Voyez Pline, L. xxxiii; Macrobe, *Sat.* L. x,
C. xv; et Valère-Maxime, L. ii, qui se sert de ces expressions remarquables : *Jus civile per multa sæcula, inter sacra
ceremoniasque Deorum immortalium abditum, solisque pon-
tificibus notum, etc.*

(*g*) *Subtil et faux. C'était le peuple qui était religieux; et
on le menait par le licou qu'il s'était formé.*

fit le despotisme d'un seul. Mais il ne faut pas perdre de vue une vérité très importante ; c'est que le peuple ne fait jamais de despote qu'en haine des grands qui le tyrannisent. Nous en avons même un exemple très récent en Danemarck [1], où le peuple s'est donné un despote avec le même enthousiasme qui animait les Romains lors de l'expulsion des rois : aussi, pour peu qu'on étudie l'histoire romaine, il est aisé de s'apercevoir que les empereurs les plus décriés, tels que les Caligula, les Néron, les Commode, avaient conservé quelque faveur parmi le peuple, par cela seul qu'ils méprisaient le sénat et maltraitaient la noblesse. Mais il ne fallait être ni Caligula, ni Néron, mais seulement un prince politique, pour sentir que le peuple, devenu plus vil de jour en jour, pouvait être aisément gagné par des distributions et des spectacles ; au lieu que les dernières traces du gouvernement subsistaient encore dans le sénat et dans le petit nombre de nobles qui restait de ces familles illustres, antiques objets de la vénération publique. Or, nous avons fait voir l'union intime qui régnait depuis long-temps entre l'aristocratie et la religion. D'ailleurs, tout ce qui est ancien, tout ce qui obtient une considération particulière et indépendante, porte aux yeux des despotes un caractère de pédanterie qui les importune (*h*). Ce fut donc

[1] En 1660.

(*h*) *Quelle idée ! Les empereurs méprisaient la religion*

par goût, autant que par politique, que les empereurs laissèrent tomber en discrédit toutes les opinions religieuses [1] ; et, malheureusement pour elles,
parmi le petit nombre de bons princes qui régnè-
rent depuis Auguste, il ne se trouva que des philosophes trop vertueux pour être exposés à la crainte
et au repentir, alimens ordinaires de la superstition, et trop éclairés pour prêter à des sottises l'éclat
qui rejaillit du trône. Ce fut bien pis, lorsqu'à des
princes, à peine citoyens romains, et par conséquent
très indifférens sur la noblesse, on vit succéder des
étrangers, lorsque les principaux emplois, civils et
militaires, furent livrés à des Barbares qui n'avaient
pas lu Homère, et qui n'avaient jamais entendu
parler ni de Mercure ni d'Apollon. Ces hommes féroces qui étaient accoutumés à adorer leur dieu sous
la forme d'un loup, et qui ne révéraient que l'Esprit
de la montagne ou le Génie des tempêtes, se trouvaient précisément dans le cas des sauvages de l'Amérique, que le plus ignorant de nos missionnaires
convertit par milliers. Pleins de mépris pour les
Romains, ils rejetaient leurs dieux dont ils ne com-

*comme Varron, Cicéron, Hortensius, Lucrèce, Memmius,
César, Antoine, Crassus, Pompée, etc. la méprisaient.*

[1] Tibère, qui, par sa politique, porta les plus terribles
coups à l'autorité du sénat, paraît avoir été surtout fort
dégagé des superstitions de son pays qu'il trouvait opposées
à son despotisme.

prenaient pas l'histoire, et dont ils bravaient la puissance.

C'était le temps où la religion chrétienne commençait à s'étendre. Ses membres plus dispersés et plus zélés, toujours animés par l'esprit de prosélytisme, et souvent irrités par la persécution, enseignant d'ailleurs une doctrine très opposée au mépris que les Romains et les Grecs montraient pour les Barbares; les chrétiens, dis-je, dûrent se présenter à ceux-ci sous un aspect plus favorable; et la simplicité de leurs dogmes (car nous verrons plus bas que rien n'était plus simple que ceux qui furent enseignés par les apôtres et leurs successeurs) se trouva bien plus à la portée de ces âmes simples et droites, qui n'avaient encore été ni infectées de superstitions, ni subtilisées par une vaine dialectique.

Résumons donc, et concluons que la Grèce fut la patrie du paganisme; que toutes les idées religieuses établies dans ce pays, et liées à la politique, furent renversées par les conquêtes des Romains; que le gouvernement de ceux-ci étant devenu d'aristocratique démocratique, et de démocratique monarchique, la religion, qui était le soutien de l'aristocratie, dut tomber avec elle; enfin que les invasions des Barbares achevèrent de détruire ce qui restait des opinions anciennes.

CHAPITRE III.

De l'établissement du christianisme.

Nous ne saurions trop répéter ce que nous avons dit plus haut, c'est que nous nous sommes fait une loi de n'examiner dans les progrès du christianisme que les moyens humains ou naturels; moyens dont les théologiens même ne peuvent nier l'importance; en effet, si la Providence avait voulu établir son culte sur les miracles [1], il lui aurait suffi d'opérer à Rome une petite partie de ceux dont les Juifs furent seuls témoins (a); ou même de donner à ceux-là une telle authenticité, qu'il eût été impossible de

[1] **Origène, dans sa défense contre Celse, accorde à la philosophie païenne que plusieurs miracles ont pu être opérés par magie; et la seule règle qu'il donne pour distinguer ceux qui viennent du ciel, c'est la morale, la doctrine et les mœurs de ceux qui les opèrent. Personne n'ignore les prodiges enfantés par les magiciens de Pharaon; et l'on sait aussi que lorsque les païens voulurent opposer les miracles d'Apollonius de Tyane à ceux de Jésus-Christ, les chrétiens, pour répondre à cette objection, se contentèrent de faire la critique de la vie et du caractère de ce philosophe, parce qu'il importait peu, selon eux, quels miracles il pouvait opérer, s'il était certain que sa doctrine et sa conduite ne méritaient ni respect ni confiance.**

(a) *Cela est adroit.*

les révoquer en doute, ou de les passer sous silence,
comme l'ont fait les deux plus savans hommes de la
Judée [1]. Mais nous voyons, au contraire, que les premiers progrès du christianisme furent lents et labo-
rieux, surtout lorsque nous l'envisageons sous les
rapports politiques et par son influence sur l'état
social, comme c'est particulièrement notre objet.

Ici nous avons encore à nous défendre de la paresse de l'esprit humain, de cet esprit curieux et
inappliqué, qui craint plutôt le doute qu'il n'aime
l'instruction, et qui se contente le plus souvent de
quelques points principaux sur lesquels il puisse appuyer son opinion vacillante. Nous ressemblons à des
voyageurs, qui, du haut d'une montagne, jetant les
yeux sur une vaste plaine, remarquent quelques
tours, quelques clochers, et s'en retournent croyant
avoir connu le pays. Nous savons que Jésus-Christ a
donné son nom à la religion que professent aujour-
d'hui tous ceux qu'on nomme chrétiens, et nous
croyons qu'aussitôt après Jésus-Christ, il y eut une
religion chrétienne. En même temps l'extrême aversion qui règne entre les chrétiens de nos jours et
les Juifs, nous fait supposer que dès le commencement il y eut une scission très marquée, une guerre
très déclarée entre les deux religions (b). Toutes ces
opinions ne s'accordent pas avec les faits. Plusieurs
monumens historiques font foi que les Romains con-

[1] Josèphe et Philon.   (b) *Bien.*

fondirent long-temps les Juifs avec les chrétiens *(c)*. Je n'en citerai pour exemple que le passage de Suétone, où cet auteur, racontant les choses louables que Claudius avait faites au commencement de son règne, dit qu'il chassa de Rome les Juifs qui se révoltaient continuellement, *animés par Christ* [1]. Or, Suétone écrivait sous Trajan, c'est-à-dire plus de cent ans après Jésus-Christ. Il est vrai que Tacite, qui vivait dans le même temps, se sert du mot de *chrétiens*, lorsqu'il nous apprend que Néron *(d)* voulut faire tomber sur eux le soupçon généralement répandu qu'il avait lui-même mis le feu à la ville de Rome ; mais il n'en parle que comme d'une société de sectaires sortie de la Judée : *repressaque in præsens exitiabilis superstitio rursus erumpebat, non modo per Judæam, originem ejus mali,* etc. Les chrétiens eux-mêmes ne se donnèrent pas d'abord ce nom respectable [2] ; ils s'intitulaient les uns *Jes-*

(c) *Oui, mais les Juifs distinguaient très bien les partisans de Jésu, et les détestaient.*

[1] *Judæos assiduè rebellantes incitante Chresto ab urbe expulit.* Dion parle d'un Acilius Glabrio, qui, sous le règne de Domitien, fut accusé d'athéisme pour s'être fait juif. Bingham prétend que c'est chrétien qu'il faut entendre. Voyez *Antiquities of the church*, liv. I, chap. II.

(d) *Ce fut le peuple, et non pas Néron, qui accusa les chrétiens de l'incendie de Rome, comme les protestans accusèrent les papistes de celui de Londres.*

[2] Suivant les *Actes des apôtres*, les *fidèles*, c'est-à-dire les

séens, de *Jessé*, père de *David*, ou plutôt de *Jésus* leur maître ; les autres *Thérapeutes* ; les autres, *Fidèles*, *Croyans*, *Élus* [1], *Contemplatifs*, etc. ; quelques-uns, *Pisciculi*, *petits poissons*, soit parce qu'ils étaient engendrés ou régénérés par les eaux du baptême, soit à cause des lettres initiales de ces mots, Ιησῦς Χρισ7ὸς Θεῦ Υἱός Σω7ὴρ. *Jesus-Christus*, *Dei filius*, *Servator*, qui forment en grec le mot ΙΚΘΥΣ, qui veut dire *poisson*. Quelques-uns même consentaient à passer pour une secte de philosophes, comme on peut le voir par ces paroles de Meliton, dans son traité *de Pascha : Hæc enim philosophiæ secta quam profitemur apud Barbaros viguit* [2]. D'ailleurs comme ils n'avaient point de temple, ni de culte public, il était naturel qu'on les regardât plutôt comme de simples sectaires que comme les apôtres d'une nouvelle religion. M. Crevier remarque avec raison [3] qu'avant la persécution de Maximien, c'est-à-dire environ deux cent quarante ans après Jésus-Christ, l'histoire ne fait aucune mention

nouveaux convertis, prirent le nom de chrétiens à Antioche dès le temps des apôtres. Mais il paraît que cette appellation n'a passé en usage que long-temps après.

[1] πισ7οὶ, εκλεχ7οὶ, γνοσ7ικοὶ. Voyez *Bingham*, *Antiquities of the church.*

[2] Cette secte de philosophie que nous suivons a commencé à s'accréditer chez les Barbares. Voyez Eusèbe, *Hist. eccl.* Liv. IV.

[3] *Hist. des Emp.* tome V, page III.

que les chrétiens eussent des églises. Arnobe, auteur
du troisième siècle, dit positivement : « Nous n'éle-
« vons point d'autels, nous n'offrons point d'en-
« cens [1]; » et un peu plus bas , « Ceux-là ne croient
« point aux dieux qui croient qu'ils habitent dans
« les temples, qu'on doit leur offrir de l'encens, et
« honorer leurs images. » J'ajouterai que si un empereur aussi instruit, aussi occupé de ses devoirs
que l'était Trajan, n'avait aucune connaissance dé-
taillée des opinions chrétiennes, et si les historiens
n'en font presque aucune mention jusqu'au règne
de Constantin, il en faut conclure, ou qu'elles ont
été très peu répandues dans leur principe , ou qu'on
ne leur donna point alors l'importance qu'elles méritaient. (e)

D'un autre côté, si nous examinons avec attention
les ouvrages des pères de l'Église , ou des auteurs
consacrés par elle , tels qu'Origène, Eusèbe, Arnobe,
Tertullien , Minucius Felix, etc. nous verrons que
la séparation des chrétiens et des Juifs ne s'est pas
faite aussi promptement que quelques personnes se
le sont figuré. Il paraît , à la vérité , par les *Actes
des Apôtres*, que la prédication de saint Paul et la
conversion des Gentils donna naissance à un christianisme plus pur et plus dégagé des observations

[1] « Non altaria fabricamus , non cæsorum sanguinem ani-
« mantium damus, non thura , etc. » Lib. vi, *adversus Gentes.*

(e) *Il eût été difficile de connaître la religion chrétienne ;
elle n'était pas faite.*

judaïques ; mais saint Pierre y resta long-temps attaché, et l'Église de Jérusalem les conserva avec tant
d'obstination, qu'Eusèbe dit positivement qu'il y eut
dans cette ville une succession de quinze évêques
circoncis [1] (*f*). L'Église ou la congrégation [2] de Jérusalem n'avait donc pas renoncé à la loi de Moïse,
quoiqu'elle eût admis la prédication de Jésus-Christ:
il y a même toute apparence que les Juifs étant établis depuis long-temps à Rome conservèrent beaucoup d'influence sur le christianisme naissant. C'est
ce qu'on peut voir par la lettre attribuée à saint Clément, pape, que quelques auteurs supposent écrite
avant la prise de Jérusalem. Cette lettre ne traite en
aucune manière des dogmes enseignés par Jésus-
Christ, excepté celui de la résurrection qui était
connu antérieurement chez les Juifs (*g*) : encore l'ap-
puie-t-elle de l'exemple du phénix, qui semble
appartenir de plus près à la fable, qu'à l'Évangile (*h*).
L'objet principal de saint Clément est la discipline

[1] Voyez *Hist. eccl.* Liv. iv, chap. v.

(*f*) *Ces évêques étaient comme l'évêque d'Utrecht, comme
les évêques latins en Turquie, obscurs, cachés, pauvres
sectaires.*

[2] *Église* vient du mot grec Ἐκκλησία, qui veut dire *assemblée, congrégation.*

(*g*) *Très vrai. Les Pharisiens en disputaient contre les
Sadducéens.*

(*h*) *Clément dit qu'il doutait beaucoup de l'immortalité de
l'âme.*

ecclésiastique, laquelle avait été troublée à Corinthe par une sédition parmi les fidèles : il y enseigne avec beaucoup de force et beaucoup d'étendue la subordination hiérarchique; mais il se fonde toujours sur celle qui est établie à Jérusalem : *Le grand-prêtre, dit-il, les sacrificateurs, les lévites ont leurs fonctions; le laïque est obligé de suivre les préceptes qui lui conviennent, etc. On n'offre pas partout le sacrifice perpétuel, ni celui pour les vœux et les péchés, mais à Jérusalem seulement.* [1] (*i*)

Ces passages prouvent manifestement l'union des premiers chrétiens d'Italie avec la métropole du judaïsme et le temple de Jérusalem ( ). Plus d'un siècle

---

[1] On trouve aussi dans cette lettre les Danaïdes et Dircé citées comme des victimes des soupçons et de la jalousie. Il est vrai qu'il est difficile d'entendre ce passage, et que ce n'est pas sans raison que Junius l'a soupçonné d'interpolation. Selon lui, ce passage a été transporté des *Stromates* de saint Clément d'Alexandrie. Quoi qu'il en soit, il faut toujours qu'un des deux saint Clément ait donné aux fables les plus absurdes la même foi qu'aux dogmes de la religion chrétienne, erreur qui doit paraître assez surprenante, de quelque part qu'elle vienne. Voyez *Patres apost.* édit. de Leclerc, Tom. i. pag. 151.

L'exemple du phénix allégué en faveur de la résurrection, se trouve aussi dans les Constitutions apostoliques. Liv. v, chap. vii.

(*i*) *Cela est fort ; mais cela prouve seulement que le judaisme subsistait.*

(*k*) *Simon avait autant de disciples que les apôtres.*

après, saint Justin déclare qu'on peut être sauvé en observant le sabbath ; mais il ajoute que la destruction du temple de Jérusalem a rendu les sacrifices impossibles [1]. Origène, dans sa défense contre Celse [2], repousse avec force le reproche de désertion qu'on faisait à ceux qui avaient abandonné la loi de Moïse ; il répond que ceux qui ont embrassé la foi de Jésus-Christ n'ont jamais quitté l'ancienne loi ; qu'ils s'appelaient seulement *Ébionites*, c'est-à-dire *gueux, mendians* [3] ; que saint Pierre fut toujours attaché à

[1] *Voyez* son dialogue avec Tryphon.

[2] Voyez *Lib. II, adversus Celsum.*

[3] L'esprit de charité et d'aumône qui s'est manifesté dès le commencement du christianisme, n'a pas peu contribué à ses progrès. Sous un gouvernement despotique de fait, comme celui des empereurs, il devait y avoir beaucoup de pauvres et de mendians ; sous un gouvernement qui conservait encore des traces d'aristocratie, les étrangers et les hommes nouveaux ne pouvaient manquer d'éprouver beaucoup d'humiliations. Les premiers trouvaient des secours dans le partage des offrandes ; les autres de la consolation dans les idées d'égalité et de fraternité qui régnaient parmi les chrétiens. (*l*)

Il paraît que les païens étaient peu touchés de cette charité chrétienne qui admettait tous les états, tous les âges, et surtout les deux sexes indifféremment ; on voit, au contraire, qu'ils s'en prévalaient pour reprocher aux chrétiens de ne répandre leurs dogmes que parmi des enfans et des femmelettes, *mulierculas*, ou parmi les artisans les plus vils,

(*l*) *Il en était de même chez les caraites, esséniens, thérapeutes. Tous les Genevois s'assistent ; le tiers de la ville vit de charités.*

l'ancienne loi ; qu'il refusa même de communiquer avec les Gentils, de crainte d'alarmer les Juifs ; que saint Paul dit lui-même qu'il s'est fait Juif pour le bien des Juifs : enfin il paraît que ce savant homme pensait que la loi devait subsister jusqu'à ce que les yeux des hommes fussent assez dessillés pour entendre le sens mystique de l'Écriture, et reconnaître les figures cachées sous les expressions vulgaires. C'est dans cet esprit qu'il cite un passage de l'Évangile où Jésus-

tels que des savetiers, des teinturiers, etc. *Voyez* dans Origène, Liv. III, avec quelle confiance il réfute cette objection, en faisant voir que si ces assemblées paraissaient méprisables par la manière dont elles étaient composées, leur objet était saint et sublime ; et qu'après tout ce n'était pas un grand mal, si les enfans qu'on y voyait accourir s'échappaient des mains de leurs frivoles précepteurs qui ne leur enseignaient que des fables, etc. Ceux qui voudront plus de détails sur les premiers chrétiens doivent consulter la savante dissertation de M. Lami, *De eruditione Apostolorum*, où il fait voir que les apôtres et les disciples étaient, non-seulement des gens simples et grossiers (*m*), mais qu'il se trouvait parmi eux des criminels. Il prouve encore d'une manière invincible que les Évangiles sont remplis de fautes de langage, etc. D'autres savans ont observé que si la *Vulgate* était écrite en si mauvais latin, cela venait surtout de ce que cette traduction était faite pour des gens qui n'auraient pas entendu un latin plus élégant.

(*m*) *Mais Luc était médecin ; Paul, savant et enthousiaste. L'auteur de l'Évangile attribué à Jean était platonicien ; un Marc fonda une école célèbre toute platonicienne dans Alexandrie ; Platon fonda le christianisme.*

Christ dit à ses disciples : *Adhuc multa habeo vobis dicere, sed non potestis portare modò. Cùm autem venerit spiritus veritatis, docet vos omnem veritatem.* « J'aurais encore bien des choses à vous dire, « mais elles passent votre intelligence : lorsque l'es-« prit de vérité viendra, il vous instruira dans toute « vérité. » Origène ne fait pas difficulté d'avancer que toute la doctrine chrétienne n'est pas comprise dans l'Évangile, Jésus-Christ ayant trouvé ses disciples trop grossiers pour leur expliquer les figures et le sens mystique de l'Écriture. [1]

[1] Il serait à désirer que le goût pour l'interprétation des figures et des prophéties n'eût pas mené trop loin les auteurs les plus estimés. Je pourrais citer nombre d'exemples des abus qui en ont résulté, mais je me contenterai d'en rapporter quelques-uns, et dans cette seule intention de prouver combien il est nécessaire de faire toujours usage de sa raison, lors même qu'on a le plus de droit de se croire inspiré. Saint Justin rapporte dans sa première apologie ce passage de la *Genèse : Non deficiet princeps ex Judâ, nec dux à femore ejus, donec veniat qui repositus est,* ou plutôt *qui statutus est,* ou même tout ce qu'on voudra (car Leclerc a fait voir, dans sa *Bibliothéque choisie,* que ce passage était soupçonné d'interpolation), *et ipse erit expectatio gentium, ligans ad vitem pullum suum, et lavans in sanguine uvæ stolam suam.* « Il ne manquera pas de « princes de la race de Juda, ni de chefs sortis de sa cuisse « (ou de ses cuisses) jusqu'à ce que celui-là vienne qui « est désigné, et il sera l'attente des nations, liant son pou-« lain à la vigne, et lavant sa robe dans le sang du raisin. » Or, selon saint Justin, ces mots *liant son poulain à la*

(*n*) Cependant le temps était déjà arrivé où les chrétiens devaient se séparer tout-à-fait des Juifs. Depuis la destruction du temple de Jérusalem, il n'y avait plus de point de réunion pour ceux qui restèrent

vigne annonce Jésus-Christ qui, avant d'entrer dans Jérusalem, *délia* un âne attaché à un cep de vigne; *lavans in sanguine uvæ*, le sang du raisin signifie le sang de Jésus-Christ, qui n'étant pas du sang humain, est mieux caractérisé par le sang du raisin; *et stolam ejus*, sa tunique, sa robe, désigne les fidèles qui sont le vêtement de Jésus-Christ. Saint Justin ne s'en tient pas encore à ce commentaire singulier. Il ajoute que les démons pour tromper les hommes ont imité toutes ces figures dans la fable qui est leur ouvrage. C'est ainsi qu'ils ont imaginé Bacchus pour répondre à ce passage, *ligans ad vitem pullum suum, et lavans in sanguine uvæ*, liant à la vigne, etc. En effet, dit-il, comme ils ne savaient pas si *pullum* signifiait un poulain ou un *ânon*, ils ont fait entrer un âne dans les mystères de Bacchus (apparemment celui de Silène) : puis pour n'être pas pris en défaut, en cas que *pullum* voulût dire un poulain, ils ont imaginé le cheval Pégase. C'est dans cette même vue qu'ils ont composé l'histoire d'Hercule, pour répondre à ce passage de David, *fortis ut gigas*. Il est vrai, ajoute-t-il, qu'ils n'ont pas parlé de la croix; mais au défaut des prophéties et de la fable, Dieu a voulu que ce signe de rédemption se trouvât représenté partout; comme dans les vaisseaux, dont les mâts font une croix avec les vergues; dans les instrumens d'agriculture, tels qu'un rateau; et même dans la structure de l'homme, qui est destiné à être droit comme une potence, et dont le nez fait une espèce de croix avec le reste du corps. Le même auteur, toujours occupé

(*n*) *Tout ce chapitre est savant, profond et très fin.*

attachés à l'ancienne loi : le centre de la catholicité judaïque (si l'on peut se servir de ce terme) ne pouvait plus se reconnaître : il était devenu impossible

de trouver le symbole de la croix, dit ailleurs que l'agneau paschal doit être mangé rôti, parce qu'un agneau grillé, ou à la broche, représente la figure d'un homme crucifié.

Lactance, cet écrivain poli et savant (o), tombe dans le même inconvénient lorsqu'il dit que la *circoncision* charnelle n'est qu'une figure de la *circoncision* spirituelle, qui met le cœur à découvert. Car, selon lui, il existe une certaine ressemblance extérieure entre la partie que la *circoncision* met à découvert et la figure d'un cœur : *Quoniam pars illa quæ circumciditur habet quamdam similitudinem cordis.* (Inst. L. iv.)

Origène est un des auteurs ecclésiastiques qui se soient le plus attaché au sens figuré. Il paraît même qu'il a poussé ce système jusqu'aux idées cabalistiques, puisqu'en réfutant Celse, qui soutient qu'on peut, sans aucun inconvénient, invoquer la divinité sous toutes sortes de noms, comme *Adonaï, Jupiter, Jehova, etc.*, il avance que tous les noms des patriarches sont *mystiques* ou *cabalistiques*, et qu'une invocation de démons ne pourrait jamais réussir, si, au lieu de se servir des noms d'*Abraham*, d'*Isaac* et de *Jacob*, on la faisait au nom du *père des hommes*, du *lutteur*, du *préféré*, *etc.*

Saint Cyprien n'est pas même à l'abri de ce reproche, lorsqu'insistant sur la nécessité de consacrer le vin, il dit que Melchisédech en avait consacré, et que Jésus-Christ, qui est un sacrificateur d'un ordre supérieur à Melchisédech, ne peut pas raisonnablement consacrer avec de l'eau : que de même que le vin chasse le chagrin, le sang du Seigneur

______

(o) *Bavard et esprit faux.*

de sacrifier à Jérusalem ; il n'y avait donc plus moyen d'observer l'ancienne loi. C'est l'argument que saint Justin emploie contre Tryphon, et c'est celui dont

chasse le vieil homme : que l'eau représente le peuple ; et le mélange des deux liqueurs, l'union de Jésus-Christ avec l'Église. (Voyez *Hist. eccl.* de Fleury, tom. ii, pag. 190.) Mais saint Barnabé, ou celui qui a composé la lettre qui passe sous son nom, a enchéri, s'il est possible, sur toutes ces visions. Il voit dans le nombre de trois cent dix-huit personnes qu'Abraham fit circoncire, le nom de *Jésus* exprimé en chiffre, et sa croix représentée par la lettre *Tau* qui entre dans ce chiffre. Dans les trois constitutions de Moïse, ou, autrement dit, dans ses défenses de manger des animaux immondes, il découvre une morale cachée qu'il explique ainsi : *Vous ne mangerez point de lièvre*, signifie, *vous n'abuserez point des garçons ; car le lièvre acquiert tous les ans un nouvel* anus. *Vous ne mangerez pas de bête féroce*, signifie, *vous ne serez pas adultère, impudique, parce que les bêtes féroces* (il voulait sans doute dire l'hyène) *ont les deux sexes dont elles se servent alternativement. Vous ne mangerez pas de* belettes, doit s'entendre, *vous ne prostituerez pas votre bouche à la plus infâme des pollutions* (le texte est beaucoup plus clair), *car la* mustelle *ou la* belette *enfante par la bouche.* Ici la physique et l'histoire naturelle sont aussi en défaut que la logique. Saint Barnabé, ou l'auteur de cette lettre, est si content de lui dans cet endroit, qu'il s'écrie : *Je n'ai jamais parlé à personne si clairement, mais je sais que vous en êtes dignes :* Οὐδεὶς γνησιώτερον ἔμαθεν ἀπ᾽ ἐμοῦ λόγον· ἀλλὰ οἶδα, ὅτι ἄξιοί ἐστὲ ὑμεῖς.

Il est inutile d'étendre plus loin cette note, qui suffit pour faire voir dans quel esprit les auteurs des premiers siècles de l'Église ont écrit.

Tertullien s'est encore servi après lui. Le christianisme dut alors tirer un double avantage de cet événement; car tandis qu'il portait un coup mortel aux Juifs en détruisant leur empire politique et religieux, il préparait en même temps de nouvelles armes contre le polythéisme, en répandant dans toutes les provinces de l'empire une multitude d'hommes dont la religion avait pour base le déisme, et dont les opinions se rapprochaient bien plus de la doctrine des chrétiens que des fables du paganisme.

Plusieurs auteurs, étonnés du silence de tous les historiens sur la nation juive, se sont crus fondés à ne la regarder que comme une horde pauvre et méprisée ; mais ils doivent convenir que si elle fut obscure dans son origine, elle s'en dédommagea amplement par la suite. Si nous en croyons Josèphe (p), la population de la Judée était immense, eu égard au peu d'étendue de cette province; mais plusieurs écrivains moins suspects de partialité, attestent que, sous les premiers empereurs (q), les Juifs s'étaient répandus dans la Palestine, la Syrie, la Cilicie, une grande partie de l'Archipel et presque toute l'Asie Mineure. Ils avaient formé des établissemens dans la plupart des grandes villes, particulièrement à Césarée, à Alexandrie et à Rome même. Mais après les guerres sanglantes de Titus et de Vespasien, il en reflua en-

(p) *Josèphe est un romancier exagérateur, copiste infidèle de l'ancien Testament.*

(q) *Et bien auparavant.*

core une plus grande quantité dans toutes les provinces de l'empire. Le plus grand nombre de ces
Juifs, ou dispersés et fugitifs, ou établis depuis long-
temps dans les villes de commerce, n'avaient eu aucune part à la mort de Jésus-Christ, dont ils ignoraient même le nom; et comme jusque-là ils n'a-
vaient tenu à leur religion que par les relations qu'ils
avaient conservées avec Jérusalem, et par l'habitude
d'aller ou d'envoyer quelquefois sacrifier au temple,
il leur fut facile de s'accommoder à la loi nouvelle,
qui montrait l'inutilité de ces sacrifices, et qui paraissait si bien justifiée par l'événement. Mais soit
qu'ils consentissent à embrasser la loi chrétienne,
soit qu'ils persistassent dans leurs rites et dans leurs
dogmes, le mépris pour les dieux du paganisme,
et l'aversion pour le culte qu'on leur rendait servaient de point de ralliement pour les deux religions.
De là vient que les auteurs profanes ont souvent
confondu les Juifs et les chrétiens dans les reproches
d'athéisme qu'ils leur ont faits en plusieurs occasions;
mais ces imputations odieuses, destinées de tout temps
à irriter le peuple et à animer les magistrats, valu-
rent aux chrétiens de nouveaux prosélytes. [1]

[1] Il y aurait bien des choses à dire sur la manière dont
la destruction du temple de Jérusalem influa sur la religion
chrétienne. Un auteur moderne a remarqué très finement
que le clergé en profita pour ajouter à sa considération:
car les évêques ou surveillans, *episcopoi*, les anciens ou
vénérables, *presbyteroi*, et les officians ou servans, *dia-*

Plusieurs philosophes, indignés des fables dont on amusait le vulgaire, et fatigués des vaines disputes de l'école, se sentirent plus d'attrait pour une religion dont le fondement était le dogme d'un Dieu unique et tout-puissant. Ils cherchèrent bientôt à se lier avec les chrétiens, et ils ne furent pas moins frappés de la simplicité de leur doctrine que de la douceur de leur morale. Nulle superstition, nul sacrifice, nul culte extérieur (r) ; car alors les fidèles se contentaient de s'assembler de temps en temps dans quelque grande salle, le plus souvent chez des particuliers : là l'ancien (*presbus*) faisait une instruction familière, laquelle était précédée ou suivie de quelque lecture tirée de l'Évangile ou de la Bible; et le tout était terminé par un repas commun, qui était composé des offrandes que les fidèles appor-

conoi, qui n'étaient que les ministres d'une société dont l'égalité était le fondement, ne tardèrent pas à s'assimiler à la hiérarchie juive, les premiers se comparant aux grands-pontifes (*s*), les seconds aux prêtres, *sacerdotes*, et les derniers aux lévites. *Cùm post urbem Hierosolymam denuo eversam spes omnis Judæis adempta esset rempublicam suam instaurandi ; Episcopi similes tum videri volebant Pontificis maximi Judæorum, Presbytes eodem quo Sacerdotes loco versari dicebantur, Diaconi cum Levitis comparabantur.* (*Moshemii Inst. Hist. eccl.*, sect. II, pag. 2.)

(*r*) *Les premiers chrétiens étaient de fait, et à la lettre, ce que sont les quakers, à la Trinité près.*

(*s*) *Il n'y avait qu'un grand-pontife juif; mais il y eut partout des évêques chrétiens.*

taient, chacun selon ses moyens, et où le pauvre et
le riche mangeaient ensemble. Le pain et le vin étaient
toujours bénits par l'ancien, et le plus souvent le
repas était suivi ou accompagné de quelques canti-
ques à la louange de Dieu [1]. L'égalité entre les hommes, la charité, la bienfaisance, l'aumône, étaient
à la fois recommandées et pratiquées dans ces pieuses
assemblées : quoi de plus respectable aux yeux de
l'humanité même et de la vraie philosophie !

Cependant le christianisme commençait à n'être
plus renfermé dans une société d'hommes simples

---

[1] La forme des assemblées chrétiennes changea par la
suite. Les persécutions que les fidèles éprouvèrent les obli-
gèrent souvent de se rassembler avant le jour, de crainte
d'être découverts. Alors ils se contentèrent de faire leurs
oblations et de bénir le pain et le vin. Pour le repas, il fut
négligé, ou indiqué pour le soir, dans quelque endroit où
l'on convenait de se retrouver. Il y avait deux raisons qui
rendaient cet arrangement nécessaire : la première, c'est
qu'il était extraordinaire de manger dès le grand matin,
surtout quand c'était en commémoration de la cène ou du
souper de Jésus-Christ; la seconde, parce que les chrétiens craignaient qu'on ne s'aperçût qu'ils avaient bu du vin
avant l'heure du repas, ce qui, n'étant point d'usage, ne
pouvait manquer de les déceler. Depuis, lorsqu'ils commencèrent à jouir de quelque tranquillité, ils continuèrent
de s'assembler le matin, et de partager le pain et le vin
après l'oblation et les prières. Alors le service divin était
partagé en deux parties : les catéchumènes, les étrangers,
audientes, les pénitens, *lugentes* ou *gementes*, étaient admis
aux lectures et à quelques prières qui avaient pour la plu-

et obscurs. L'esprit de discussion, si opposé à l'esprit de charité, avait trouvé moyen de s'y introduire ; et, soit que les persécutions eussent obligé les fidèles à examiner davantage leurs dogmes, soit que leurs premiers succès les eussent encouragés et invités à la controverse, il est toujours certain qu'on les vit bientôt se produire en public et se familiariser avec les écoles. Le platonisme était alors la doctrine la plus répandue parmi les philosophes dogmatistes : il est vrai qu'il commençait à se corrompre, et qu'il était mêlé avec des idées théurgiques ou magiques, qui en avaient fait une espèce de superstition ; mais

part la forme de nos litanies, puis on les congédiait, ce qui s'appelait *Missa catechumenorum*, renvoi des catéchumènes. Alors commençaient les prières, qui étaient suivies d'une longue action de grâces ou *eucharistie, εὐχαριστία ἐπι το πολλὺ*, et de la communion, après laquelle on renvoyait les fidèles, ce qui s'appelait *Missa fidelium.*

Nous ne pouvons dissimuler, au reste, qu'il ne se soit glissé quelques abus dans ces premières assemblées chrétiennes, toutes saintes et respectables qu'elles nous paraissent. Les évêques reprochaient souvent aux riches de porter au repas, comme à la communion, des mets délicats qu'ils gardaient pour eux seuls ; tandis que les pauvres avaient à peine de quoi satisfaire leur appétit. Le contraire se voyait aussi quelquefois, et les pauvres profitaient si bien des offrandes, qu'il leur arrivait souvent de s'enivrer au point qu'on était obligé de les emporter.

Voyez sur toute la note ci-dessus, l'*Apologie de saint Justin* ; la *Lettre de Pline* ; *Bingham, Antiquities of the church.* Liv. xv, etc.

le fondement de cette philosophie était toujours le
dogme d'un seul Dieu éternel, qui avait agi sur la
matière et donné une forme au chaos. Platon suppo-
sait que Dieu, qui renfermait en lui l'idée universelle
de toutes les choses possibles, n'avait pu se manifester
qu'au moment d'une pensée, d'une raison active,
qu'il appelait le fils de Dieu, son premier-né, son
verbe [Λόγος]. C'était par le verbe que Dieu avait
placé dans le monde un esprit vivifiant, une âme
active ; c'était par lui que l'homme avait été créé, et
qu'il avait eu une âme en partage : c'était encore
par lui que le monde avait été peuplé de génies et
de démons [Δαίμονοι] qui remplissent l'espace entre
Dieu qui habite la haute région, et l'homme attaché
à la surface de la terre. Ces idées, prises en grande
partie des gymnosophistes[1], s'accordaient bien plus
aisément avec le christianisme qu'avec le matéria-
lisme d'Aristote et les atomes d'Épicure. De là l'empressement avec lequel on se hâta d'en faire usage ;
de là le respect, l'enthousiasme même, que la plus
grande partie des pères de l'Église ont montrés pour
le divin Platon[2] ; les uns assurant que Dieu lui avait
révélé ses mystères, les autres qu'il avait été en
Judée et qu'il y avait puisé sa doctrine ; mais cette
dernière opinion n'a pu être admise par saint Augustin, malgré sa grande vénération pour ce philosophe ; il a même pris la peine de rassembler des

---

[1] *Voyez* Hyde, Holwell, etc.

[2] Voyez *de Civitate Dei*, Lib. VIII, cap. II.

autorités par lesquelles il est prouvé que Platon mourut long-temps avant que la traduction des *Septante*
eût mis les Grecs en état d'entendre les livres de
Moïse. [1]

[1] Tous les ouvrages des premiers pères de l'Église respi-
rent le platonisme (t). Saint Justin dit expressément que s'il
a quitté les écoles où l'on enseigne la doctrine de Platon,
ce n'est pas qu'elle fût contraire à celle des chrétiens, mais
c'est qu'elle ne lui est pas tout-à-fait semblable. *Non equidem
quod alienæ sunt à Christo Platonis doctrinæ, sed quod non
sunt ex omni parte similes. (Apolog. i.)* Il faut voir surtout
la profession de foi d'Athénagore sur le Verbe. (*Leg. pro
chr.* cap. x.) Si l'on demande, dit-il, ce que nous enten-
dons par le fils de Dieu, je l'expliquerai en peu de mots ;
c'est le premier-né du Père, non qu'il ait été fait, engendré
(ἐκ ὡς γενόμενον); car Dieu a été de tout temps raisonnable
(λογικὸς); mais comme la matière était encore sans ordre
et sans organisation, le verbe, ou la raison (λόγος), est
venu pour lui donner la forme, l'arrangement. Cette philosophie platonicienne, si identifiée avec le christianisme,
influa jusque dans les opinions sur le culte, ou, pour mieux
dire, dans les rapports entre la créature et le Créateur. Il
paraît que c'est à elle que le quiétisme doit son origine,
puisque saint Augustin nous dit formellement que, suivant le système de Platon, le philosophe doit aimer Dieu,
d'*amour*, et que celui-là seul qui l'aura aimé ainsi, aura le
droit d'en jouir : *Ipsum autem verum ac summum bonum
Plato dicit Deum ; unde vult esse philosophum amatorem
Dei, ut quoniam philosophia ad beatam viam tendit, fruens
Deo sit beatus qui Deum amaverit. (De Civ. Dei,* Lib. viii,
cap. viii.)

Pour Origène, dont le caractère était d'outrer tous les

(t) *Très vrai ; sans le platonisme, point de christianisme.*

Comme l'enthousiasme et la subtilité n'ont jamais de bornes, il ne laissa pas de résulter quelque inconvénient de cette union de la philosophie et de la reli-

principes, il est un des auteurs ecclésiastiques qui ont le plus abusé de la philosophie platonicienne. Je n'en citerai qu'un exemple entre mille : il est tiré de son *Apologie* (Liv. vii.), où rappelant ces paroles très obscures de Platon : *In rebus omnibus quas ad scientiam adhiberi necesse est, tria sunt, quartum autem ipsamet scientia : horum primum est nomen, alterum sermo, tertium idolum, quartum scientia :* « Trois choses sont nécessaires pour parvenir à la science « qui n'est que la quatrième : d'abord le *nom*, ensuite le « *discours* ou la *parole*, puis l'*image* ou la *figure*, enfin la « *science*. » Il dit que les chrétiens ont précisément le même principe, puisque saint Jean-Baptiste est le *nom*, la *voix*, *vox clamantis in deserto*, Jésus-Christ le *discours* ou la *parole*; que sa *forme* sensible (*forma quæ in anima impressa manet, postquam in illa Christus suum verbum, sua vulnera impressit*) répond à l'*image* ou à la *figure*; enfin que le même est encore la *science* (*u*). C'est toujours ce délire platonique qui fait croire à Origène que les anges ont eu en partage une partie de la Divinité. « Car, dit-il, la « raison qui fait que je ne les adore pas, c'est que j'ai pensé « que, de même que les hommes sont souvent trompés tant « par leurs propres idées que par les erreurs d'autrui, de « même parmi les âmes sorties des corps qu'elles habitaient, « parmi les anges même et les démons, il peut s'en trouver « qui, séduits par quelques probabilités, ou égarés par quel- « que sophisme, soient capables de se donner pour des « dieux. Or, comme il est difficile aux hommes de démêler « tout cela, il est plus simple de ne rendre aucun culte à « tous les êtres de cette espèce. »

(*u*) *Ah ! fou d'Origène !*

gion. En effet, si le dépôt de la foi fut gardé par un petit nombre d'âmes simples et droites, le monde fut rempli de chrétiens platonisans et de platoniciens christianisans. La passion de la métaphysique se joignit bientôt (*x*) à celle de la magie, et ce ne fut plus partout que controverses et prodiges. De là les schismes et les hérésies qui dans les temps les plus prospères ont divisé l'Église et armé ses enfans les uns contre les autres. Bientôt l'acharnement dans les disputes théologiques fit disparaître toute bonne foi. L'embarras où l'on se trouvait pour étayer des opinions frivoles et obscures obligea de recourir à l'artifice; et comme la simplicité de la véritable doctrine chrétienne se refusait à toutes ces *arguties*, on supposa des livres, on forgea des oracles de sibylle. Malheureusement ces mensonges ne furent pas seulement accrédités par le faux zèle; il arriva trop fréquemment que des auteurs, estimables d'ailleurs, donnèrent dans le piége et compromirent ainsi les vérités qu'ils voulaient enseigner. On est fâché de voir un homme comme Lactance (*y*) [1] citer avec confiance les ouvrages de Mercure Trismégiste et les livres de la sibylle Érythrée, ouvrages reconnus pour être supposés, et dont l'imposture se décèle particulièrement par la maladresse qu'ont eue leurs auteurs de s'exprimer plus clairement que tous les anciens prophètes.

(*x*) *La magie bien antérieure.* (*y*) *Qui ? cet avocat bavard ?*
[1] Voyez *Instit.* Lib. IV.

Le malheur qu'éprouvèrent la plupart des auteurs
des trois premiers siècles de l'Église de tomber dans
quelque hérésie, peut être regardé comme une punition d'avoir abandonné la simplicité de l'évangile
pour les subtilités de l'école. En effet, sans parler
de l'opinion des millénaires, qui fut presque généralement répandue parmi eux, on les voit tantôt
soutenir la métempsycose, ou la transmigration des
âmes dans les corps des animaux, comme saint
Justin [1], tantôt enseigner que l'âme et Dieu même
sont matériels, comme Tertullien [2], tantôt nier la
création des hommes et infirmer le témoignage de
la Génèse sur celle du monde, comme Arnobe [3], etc.
Sur quoi j'observerai que tel a toujours été le sort
des écrivans livrés à leurs propres lumières, et que
si le même malheur n'est pas arrivé aux Pères de

[1] « Qui autem videndi (Deum) facultate indigni judicati
« sunt, quidnam (inquit Tryphon), patiuntur? in aliquo
« ferarum corpore velut in carcere vinciuntur, atque id
« supplicium eorum est. » Il dit plus bas, que les âmes étant
créées comme le monde, sont périssables comme lui : *Qua
de causa et moriuntur et puniuntur.* (*Dialog.*)

[2] « Nos autem animam corporalem et hic profitemur et
« in suo volumine probamus habentem proprium genus sub-
« stantiæ et soliditatis per quam quid et sentire et pati possit.
« Et ailleurs : Quis negabit Deum esse corpus? » etc. (*z*)

[3] Voyez, Liv. ii, *adversus gentes,* où il dit qu'il y a peut-
être une infinité de siècles que le monde est créé, qu'il est
impossible de connaître les desseins de Dieu, mais que

(*z*) *Tous les Pères ont cru l'âme corporelle.*

l'Église, dans les siècles postérieurs, ils l'ont dû en grande partie à l'avantage qu'ils avaient de connaître les décisions de l'Église œcuménique, et à l'heureuse nécessité où ils se trouvaient de soumettre leur raison aux décrets canoniques. [1]

Mais si ces contradictions perpétuelles compromettaient un peu le crédit des écoles chrétiennes, il faut convenir qu'elles leur rendaient d'un autre côté des services très essentiels; car les avantages

c'est un sacrilége de croire qu'il ait créé les hommes, puisque l'expérience prouve qu'ils sont très méchans et très portés au mal. Il est singulier qu'Arnobe, auteur très instruit, et qui écrivait à la fin du troisiéme siècle, n'eût aucune connaissance du péché originel.

[1] Avant que la protection des empereurs eût permis aux évêques de s'assembler et de former des conciles œcuméniques, il n'y avait rien qui pût servir de règle en matière de doctrine. L'Église n'avait point encore de chef visible, dont l'autorité fût reconnue ou constatée : car mettant à part les droits que les évêques de Rome pouvaient réclamer comme successeurs de saint Pierre, il est certain que dans le fait ils ne tiraient leur crédit que de leur position, c'est-à-dire de l'avantage qu'ils avaient de siéger dans la capitale. Mais avant que les empereurs eussent embrassé la foi, et surtout lorsqu'ils la persécutaient, cette prééminence ne pouvait pas être très marquée. En effet, nous voyons qu'au commencement du quatrième siècle, lors de la fameuse querelle de Donat, évêque des Cazes-noires, contre Cécilien, évêque de Carthage, Miltiade, évêque ou pape de Rome (car ces deux mots étaient synonymes), ayant assemblé un concile à Rome, les décrets de ce concile

que la nouvelle doctrine perdait ainsi comme positive, elle les regagnait amplement comme négative.
Saint Justin, Tatien, Minucius Félix, Origène, Lactance, avaient scruté avec le plus grand soin tous
les dogmes du paganisme; ils avaient osé lever le
voile qui couvrait cette fausse religion; et comme
il arrive souvent que des idées répandues sourdement parmi les gens sensés, n'attendent qu'un moment de liberté, ou seulement l'audace de quelque

ne furent pas observés : de sorte que Constantin fut obligé
d'en indiquer un autre à Arles, où le pape Sylvestre n'as-
sista, ni en personne ni par députés, et dont il n'apprit
les décrets que par une simple lettre d'avis, sans qu'on lui
demandât ni son accession ni son approbation.... Eusèbe,
qui rapporte fort au long l'histoire du concile de Nicée, ne
paraît faire aucune attention à l'évêque de Rome, et se
contente de dire : τῆς δέ γε βασιλευούσης πόλεως ὁ μὲν προεστὼς
ὑστέρει διὰ γῆρας : l'évêque de la ville royale ne s'y trouva
pas, à cause de son grand âge. Sozomène s'explique à peu
près de même : l'évêque de Rome ('Ρωμαίων ἐπίσκοπος),
retenu par son grand âge, ne put s'y rendre. Si quelquefois
il arrivait qu'on s'en rapportât aux églises métropolitaines
sur quelques points de doctrine, c'était un avantage que
Rome partageait avec les autres. Parmi nombre d'autorités
qui le démontrent clairement, je ne citerai qu'un passage
de Tertullien (*de Præscriptione*), où cet auteur enseignant
à distinguer les hérésies, de la doctrine orthodoxe, dit
qu'il faut s'en rapporter aux traditions des églises; si l'on
est en Achaïe, consulter Corinthe; en Macédoine, Phi-
lippes et Thessalonique; en Asie, Éphèse, et en Italie,
Rome.

écrivain pour éclater de tous côtés, et venger les droits de la raison opprimée ; de même tout ce qu'il y avait de gens instruits alors, lut avec avidité ces controverses intéressantes. Il est même probable que l'obligation qu'on leur avait de détruire des préjugés si absurdes et si enracinés, donna quelque faveur aux opinions qui cherchaient à s'établir à leur place : on aima dans les chrétiens les ennemis des prêtres, et on leur sut gré de détruire une ancienne charlatanerie. Quel dommage si une police sévère nous eût alors privés de ces savans ouvrages auxquels parmi tant d'autres obligations nous avons surtout celle de nous avoir transmis les lumières les plus précieuses sur l'antiquité et sur le long empire de la superstition ! Heureusement que la proscription contre les livres ne fut exercée qu'à la fin du troisième siècle ; car si les empereurs philosophes, tels que Trajan et les Antonin, ont pu rechercher avec trop de rigueur une secte qu'ils devaient tolérer, du moins n'ont-ils jamais étendu la persécution jusques aux ouvrages qui en étaient émanés (aa). Ils crurent devoir respecter ces muets et tranquilles dépositaires des pensées des hommes, et ils les regardèrent comme des asiles sacrés ouverts à tous les systèmes, à l'erreur comme à la vérité. Aussi les chrétiens se sont-ils récriés particulièrement contre cette nouvelle tyrannie exercée contre les livres : aussi ont-ils opposé la constance la plus inébranlable aux re-

(aa) *Ils étaient alors inconnus.*

cherches des inquisiteurs, comprenant dans leurs anathèmes tous les traditeurs, c'est-à-dire ceux qui avaient eu la faiblesse de sacrifier leurs livres aux magistrats.

Au reste, ces persécutions ne servirent qu'à donner plus de crédit aux chrétiens. Sous un gouvernement despotique, tout acte de rigueur est aisément taxé d'injustice : et comment n'être pas attendri sur le sort de ces malheureux qu'on traînait journellement au tribunal de quelque affranchi ou de quelque autre parvenu, qui, sous le titre de préteur ou de proconsul, se croyait en droit de commander à l'opinion et de juger les consciences ? Les chrétiens furent donc plaints et encouragés partout où les prêtres n'avaient pas trouvé le moyen de rendre le peuple fanatique. Intéressés par leur situation à prêcher la tolérance qui leur avait été enseignée par Jésus-Christ, ils la recommandaient dans tous leurs écrits. Ils fuyaient surtout la présence des magistrats tyranniques, et ils allaient dans les provinces de l'empire les plus reculées révéler leurs dogmes à des âmes simples et grossières. Ils enseignaient un Dieu de paix, un Dieu qui regardait tous les hommes comme ses enfans, et qui ne mettait point de différence entre eux, soit qu'ils fussent nobles ou plébéiens, Romains ou Barbares, libres ou esclaves *(bb)*. Ainsi le christianisme se répandit dans les provinces, et surtout dans les Espagnes et dans les Gaules,

(bb) Ils ont bien changé depuis.

où il s'était tellement propagé, que Constance Chlore et Constantin son successeur, sans l'avoir totalement embrassé, crurent devoir le favoriser et s'en servir contre le crédit prépondérant de Dioclétien et de Galérius.

Mais comme nos réflexions nous ont conduit jusqu'à cette grande époque où Constantin, ayant réuni sous ses lois le plus vaste empire qui ait jamais existé, employa tout son pouvoir à faire du christianisme la religion dominante, nous nous arrêterons un moment au règne de ce prince, et nous terminerons ici nos réflexions sur le christianisme, dont les progrès n'ont plus rien d'extraordinaire, du moment qu'ils sont l'ouvrage du plus puissant et du plus absolu des empereurs.

CHAPITRE IV.

De Constantin.

Le quatrième siècle de l'Église avait commencé
sous les plus mauvais auspices. L'empire divisé entre
des chefs barbares, désolé par des guerres continuelles, et ravagé par une soldatesque étrangère ;
la religion tantôt persécutée par le prince, tantôt
déchirant ses propres entrailles ; timide ou ardente,
faible ou fanatique, condamnée au silence ou aban-
donnée à l'hérésie, suivant les caprices des souverains et les révolutions de l'empire ; les mœurs publiques détruites ; la licence ou le despotisme mis
à la place du gouvernement ; l'avarice et la dépré-
dation assises sur tous les tribunaux : tel est le
tableau qu'offre maintenant l'empire romain , ou
plutôt le monde entier. Dans ce chaos épouvantable,
dans ce renversement total du pouvoir et de l'opinion, les hommes attendaient un maître : ils deman-
daient qu'un de ces guerriers féroces, toujours trop
puissans contre le peuple, le fût assez contre ses rivaux : ils ne désiraient plus la liberté, mais ils voulaient
la paix ; les esprits étaient pliés, les courages épuisés,
et quelle qu'eût été la volonté d'un despote, la flatterie était toute prête à l'adopter. Dioclétien, fatigué
de combats et de gloire, dégoûté du métier de gé-

néral et de celui de souverain, mécontent surtout
des Romains dont il avait éprouvé et la lâcheté et
l'ingratitude (*a*); Dioclétien, le plus digne de s'asseoir
sur le trône du monde, en méprisa l'éclat, et en
craignit les dangers. Malheureusement il n'avait pas
prévu d'assez loin le parti qu'il serait obligé de
prendre ; et, semblable à un commandant qui n'abandonne sa place qu'après l'avoir démantelée, il rendit
le poste qu'il quittait impossible à conserver. L'empire était divisé en quatre diocèses ou gouvernemens. Un équilibre illusoire avait été établi entre
les chefs qui, sous le nom de Césars ou d'Augustes,
gouvernaient les départemens. Les collégues, qui
n'étaient liés ensemble que par des mariages contraires aux lois, ou par des adoptions forcées, ne
pouvaient manquer de devenir rivaux ; et le premier
qui savait triompher de son concurrent était sûr de
parvenir bientôt à la monarchie universelle. C'est
dans ces circonstances que Constantin, à la fleur de
son âge, et comblé des dons de la nature, hérita
d'un pouvoir que Constance son père avait fait
aimer. Régner, c'était combattre. Ses premiers exploits furent contre les Francs (*b*). Vainqueur au-delà
du Rhin, souverain paisible dans les Gaules, il porta
bientôt ses regards sur l'Italie. Maxence y faisait
détester son empire. A la fois cruel et superstitieux,
il versait le sang en consultant les oracles. C'était

(*a*) *Et devenu apoplectique.*
(*b*) *Il livra aux bêtes les aieux de Clovis.*

alors le règne de la magie. On n'entendait parler partout que d'évocations, de sacrifices et de prédictions. Soit, comme le dit Eusèbe, que Constantin, effrayé des maléfices de Maxence, ait cherché à lui opposer d'autres armes, soit que la connaissance qu'il avait de la disposition des peuples irrités des persécutions et enclins au christianisme, lui ait inspiré l'idée de s'appuyer d'une nouvelle religion, il est certain qu'il se hâta de témoigner de l'aversion pour les faux dieux, et du penchant pour le culte des chrétiens.

Rien de plus obscur que l'histoire du *Labarum*, ou de la croix qui apparut à Constantin, lorsqu'il marchait à la tête de son armée. On peut voir dans M. Le Beau (c) [1] ce qui a été dit pour et contre. Ce qui me paraît très clair, c'est qu'on ne connaît ni la date de cet événement, ni le lieu où il s'est passé ; c'est que Lactance ni aucun historien profane n'en ont parlé ; c'est qu'Eusèbe lui-même ne le rapporte pas comme un fait généralement connu, mais comme une histoire qu'il tient de la bouche de Constantin [2] ; c'est qu'enfin on ne voit nulle trace

(c) *Ah! Le Beau!*

[1] *Histoire du Bas-Empire.* Tome I.

[2] « Quod si quidem ab alio quopiam diceretur, haud « facile auditores fidem essent habituri. » (*De Vita Constantini*, Lib. I, cap. XXXVIII.) Il est certain que si Eusèbe avait cru parler d'un fait aussi connu et aussi généralement avoué que celui-là devait l'être, il n'aurait pas pris tant de pré-

de l'effet prodigieux qu'un pareil miracle aurait dû produire, puisque l'armée de ce prince resta païenne, et que lui-même ne se déclara chrétien que quelque temps après. Ce n'est donc pas sans fondement que cette histoire a été souvent révoquée en doute, et traitée de *fraude pieuse* [1], c'est-à-dire du plus criminel de tous les mensonges, puisqu'en empoisonnant la source même de la vérité, il expose au doute profane les autorités les plus sacrées. Quoi qu'il en soit (*d*), il reste toujours certain que Constantin accorda aux chrétiens une protection si marquée, que le premier usage qu'il fit de sa victoire sur Maxence, fut d'engager Licinius à proclamer un édit de tolérance en leur faveur.

C'est alors que commence cette époque que nous appellerions le bel âge de l'Église, si les disputes, les cabales, les schismes, les erreurs cruelles et extravagantes dont elle fut agitée, n'avaient pas souillé l'éclat de ces jours de prospérité. Ici, des évêques accusaient des évêques d'avoir volé des vases sacrés, tandis qu'une femme disposait du premier siége de l'Afrique. Là, des chrétiens à peine échappés de la

caution, ni commencé par convenir que si tout autre que lui le racontait, il ne trouverait nulle créance dans ses auditeurs. Ainsi tout le fondement de cette histoire est borné au témoignage de deux personnes, dont l'une pouvait être conduite par l'enthousiasme ou la politique, et l'autre se trouver par état et par intérêt engagée à l'accréditer.

[1] *Voyez* Échard, *Hist. Rom.*   (*d*) *Qu'il n'en soit pas.*

persécution, en commençaient une plus cruelle les
uns contre les autres, et se reprochaient mutuellement la désertion ou la trahison [1]. Ailleurs des zéla-
teurs moins ambitieux, mais plus fanatiques, avaient
substitué la cruauté à l'outrage : on ne peut se rappeler sans horreur ces hérétiques appelés *Circon-
cellions*, espèce de maniaques qui, prenant *louange
à Dieu* pour cri de ralliement, et n'osant trans-
gresser le précepte de l'Évangile, qui défend de tirer
l'épée, assommaient à coups de bâton tous ceux qui
n'adoptaient pas leurs dogmes, et portaient quelquefois la fureur jusqu'à se précipiter eux-mêmes dans
la mer; comme s'il était des contagions pour les
esprits comme pour les corps, et si la cruauté envers les autres et soi-même était une maladie de
l'homme ignorant et superstitieux, de même que
la lèpre est celle de l'homme pauvre et malpropre.
Nulle église n'était tranquille, nul asile ne restait
à la paix et à la charité; car si les disputes qui agi-
taient l'Asie n'avaient pas des effets si cruels que
celles de l'Orient, de l'Europe et de l'Afrique, elles
étaient aussi plus vaines et plus frivoles. J'aime la
naïveté avec laquelle en parle Eusèbe, lorsqu'il raconte les querelles qui s'étaient élevées sur le temps
où l'on devait célébrer la Pâque. « Tous les peuples,
« dit-il, étaient divisés d'opinions, et ne s'accor-
« daient sur aucun des rites de la religion; de façon
« que personne ne pouvait y apporter remède : car

[1] Voyez *Hist. eccl.* de Fleury. Tom. ii.

« parmi tant d'avis différens, il ne se trouvait pas
« la moindre raison pour faire pencher la balance
« plutôt d'un côté que de l'autre. [1] »

Cependant ces maladies internes n'empêchaient
pas le christianisme d'acquérir de nouvelles forces.
Malgré les haines réciproques et la diversité d'opi-

---

[1] « Itaque cùm omnes ubique populi jam dudum inter se
« dissiderent, et sacri religionis nostræ ritus conturbaren-
« tur, mortalium quidem nemo erat qui huic malo reme-
« dium posset adhibere, cùm utrinque inter se dissentientes
« velut æquata lance controversia penderet. »

Je ne puis m'empêcher de rapporter à cette occasion un
passage d'Arnobe, qui me paraît du meilleur sens. « Quelle
« est (dit-il, Liv. II,) l'opinion si raisonnable et si plau-
« sible, que l'esprit de controverse ne puisse ébranler ?
« Et au contraire, qu'y a-t-il de si absurde qu'on ne puisse
« soutenir par des argumens spécieux ? Lorsqu'un homme
« s'est une fois persuadé qu'une chose est vraie ou fausse,
« il s'attache à sa propre idée par l'attrait de la dispute,
« et bientôt il ne cherche plus qu'à surpasser son adver-
« saire par l'esprit et par la subtilité ; surtout s'il s'agit de
« quelque question obscure, qui par sa nature soit enve-
« loppée de ténèbres. » C'est ainsi que parle en plusieurs
endroits cet auteur estimable. Il serait à souhaiter que ceux
qui ont écrit comme lui en faveur de la religion eussent été
conduits par le même esprit de sagesse et de tolérance.
Hardi et pressant lorsqu'il réfute le paganisme et la philosophie ancienne ; modeste et précautionné lorsqu'il s'agit
d'établir de nouveaux dogmes ; ramenant tout à la croyance
d'un seul Dieu et à la pratique de la loi naturelle, il s'est
montré toujours aussi ami du doute qu'ennemi de la superstition.

nions, la faveur des souverains et l'extinction du
paganisme fut un point de ralliement auquel toutes
les sectes tendirent également. Jamais on n'a refusé
l'autorité ecclésiastique aux princes qui ont voulu
favoriser les ecclésiastiques. Constantin à peine ca-
téchumène, et encore demi-barbare, souillé de plusieurs parricides, et entouré de concubines et de
bâtards, fut bientôt regardé comme un oracle en
matière de doctrine. Sa médiation fut invoquée dans
les controverses, et sa présence désirée dans les conciles. On alla même jusqu'à lui demander des ser-
mons, des instructions pastorales. Le prix de tant
d'adulations fut la proscription prononcée bientôt
contre les dieux, leurs temples et leurs ministres.
Le christianisme opprimé avait enseigné la tolérance;
le christianisme devenu religion dominante fut intolérant à son tour; et les évêques, oubliant à la fois
et les préceptes de l'Évangile et leurs vrais intérêts,
armèrent contre leurs ennemis ce pouvoir civil
contre lequel ils avaient si long-temps réclamé. On
alla plus loin, et ceux-ci même qui croyaient aussi
en Jésus-Christ, qui suivaient la même discipline,
et pratiquaient les mêmes rites, mais qui différaient
sur quelque opinion abstraite et spéculative, ne purent pas profiter de cette tolérance qu'on avait
accordée aux païens quelques années auparavant.
Le même empereur qui, dans son premier édit en
faveur des chrétiens, avait dit en propres termes:
« Nous voulons que ceux qui suivent les erreurs des

« Gentils, jouissent de la même tranquillité, du
« même repos que les fidèles, et nous regardons cette
« tolérance réciproque comme le meilleur moyen de
« propager la vérité. Que personne ne s'avise donc
« de molester son semblable, que chacun vive comme
« il lui plaît, et que ceux qui veulent suivre une
« fausse religion, aient aussi et leurs temples et leur
« culte ; » le même Constantin, au bout de quelque
temps, donne un édit contre les hérétiques, où il
leur défend d'avoir des oratoires, et d'oser même
s'assembler, sous quelque prétexte que ce soit [1]. Il
envoie des soldats dans toutes les provinces de l'empire renverser les temples, briser les idoles, empri-
sonner leurs prêtres, et disperser leurs adorateurs;
et tandis qu'il établit ainsi ses opinions par le fer et
le feu, il en change sans cesse lui-même, passe
perpétuellement d'un parti à l'autre, prêche, enseigne des choses contradictoires, et dans l'excès de
son zèle, il oublie de se faire baptiser, et meurt hé-
rétique.

Il est toujours affligeant de lever le masque sous
lequel la faible humanité parvient quelquefois à se
cacher; mais cet emploi, odieux dans la société, est
noble et utile dans les recherches historiques. En
effet, si le cours ordinaire de la justice a besoin
qu'un examen lent et impartial vienne, après de
longues années, redresser ses propres erreurs, com-

---

[1] *Voyez* Eusèbe, *de Vita Const.* Lib. II, cap. XLVI, et
Lib. III, cap. LXVI.

bien l'histoire, placée d'abord entre le flatteur et
le zoïle, et livrée ensuite à l'aveugle compilateur,
n'est-elle pas en droit de réclamer contre la sentence
des siècles passés! Constantin, en renversant les
idoles, s'était souvent applaudi d'avoir convaincu
les peuples que ces brillans simulacres, loin de servir d'asile à la divinité, ne contenaient qu'une cendre
abjecte ou des ossemens infects; il ne s'apercevait
pas qu'il insultait ainsi à sa propre destinée. On a
osé, dans ce siècle éclairé, pénétrer dans son âme.
L'idole renversée et la riche enveloppe détruite, que
reste-t-il? L'intérêt, les passions, l'hypocrisie et
tout le squelette de l'humanité. Constantin est de
tous les princes celui qui a le plus influé sur les
siècles suivans. Renverser le culte des faux dieux
pour y substituer celui de Jésus-Christ, et transporter la capitale du monde de l'ancien théâtre de
sa gloire sur une rive inculte et barbare; tels furent
les objets auxquels il consacra son règne. Le dernier
n'a point trouvé d'apologistes; mais le premier, en
rendant sa mémoire chère au monde chrétien, a
peut-être trop fait rejaillir sur l'auteur le mérite de
l'ouvrage. Pour nous, également éloignés, et du fiel
de Zosime, et de l'enthousiasme d'Eusèbe, nous
n'emprunterons de ces auteurs que des faits et non
des opinions. Nous nous contenterons même de
mettre notre lecteur en état de juger; et pour suivre
une marche plus sûre dans nos observations, nous
examinerons Constantin sous trois points de vue

différens : comme homme, comme prince, et comme chrétien.

Si la religion du Christ avait besoin d'emprunter quelque éclat de ses sectateurs, nous n'avouerions qu'à regret la différence extrême que nous sommes obligés de reconnaître entre les âmes grandes et sublimes des Trajan et des Antonin, et le caractère encore barbare de Constantin : mais la foi enseignée par les ministres de l'Évangile n'a rien de commun avec les vices personnels à ce prince ; vices si frappans et si odieux, que nous ne pouvons ni les justifier, ni les dissimuler. Peut-être, il est vrai, devons-nous le plaindre d'avoir été entraîné par les mœurs de son temps, lorsqu'il traita avec tant de cruauté les peuples d'Allemagne qu'il avait vaincus : mais comment pardonner à des écrivains recommandables d'ailleurs, lorsqu'au lieu de gémir de ces horreurs, ils s'efforcent de les pallier, et pour ainsi dire d'en escamoter l'atrocité (c)? Je ne puis me dispenser de rapporter ici tout un passage de M. Crevier ; il servira à faire voir comment l'histoire est écrite de nos jours. « Constantin, dit-il, passa le Rhin et entra « dans le pays des Bructères, qu'il mit à feu et à « sang. Rien ne fut épargné. Les villages furent brû- « lés, les bestiaux pris ou égorgés; *les hommes et* « *les femmes massacrés;* et ceux qui échappèrent « à l'épée, et qu'il fit prisonniers, eurent encore un « sort plus cruel. Comme il les jugeait incapables de

(c) *Bravo!*

« rendre jamais aucun service utile, à cause de
« leur fierté intraitable et de leur perfidie, ils furent
« condamnés aux bêtes dont ils imitaient la féro-
« cité. [1] »

Quel artifice, quels efforts pour pallier des crimes
abominables! et tout cela, parce que Constantin a
été le premier empereur chrétien. Cette partialité
des historiens, lorsqu'elle ne se manifeste pas sur
des objets aussi révoltans, devient quelquefois amu-
sante. Parmi tant de crimes, un simple homicide,
à la vérité très gratuit, très inutile, peut être regardé comme une bagatelle; mais je n'ai pu m'empêcher de prendre sous ma protection un malheureux eunuque pour lequel M. Le Beau et M. Crevier
n'ont eu aucune commisération. Constantin avait de
fortes raisons pour soupçonner son beau-père Maximien; mais il ne voulut s'en venger qu'après l'avoir
pris sur le fait. Étant donc averti un jour par sa
femme Fausta que Maximien devait exécuter son
projet la nuit suivante, et le poignarder dans son
lit, il y fit placer un eunuque, être sans doute très
méprisable, mais qui était en même temps très innocent, et qui n'avait que faire là. Maximien se
trompe et tue l'eunuque, croyant tuer son gendre.
Alors Constantin se fait voir tout joyeux de sa découverte, et fait mourir son beau-père, au grand
contentement de sa femme et de tous les assistans.

[1] Eusèbe rapporte ce fait avec la même indulgence. Voyez
de Vita Const. lib. i, cap. xxv.

Est-il possible qu'aucun historien ne se soit avisé de
remarquer qu'il aurait été mieux de ne pas faire périr
un innocent, et d'épargner à son beau-père un crime
de plus, et à soi-même un parricide? Mais j'ai tort
de demander quelque pitié pour un pauvre eunuque,
tandis que ces mêmes historiens n'en ont accordé aucune aux Césars Valence et Martinianus, qui n'é-
taient coupables d'autre crime que d'avoir été élevés
au premier rang par Licinius, ni à Licinius lui-même,
qui, long-temps l'égal de Constantin, et enfin soumis à son pouvoir sous la sanction des traités, fut
bientôt condamné à mort sur de vains prétextes. Le
supplice d'un Auguste, celui de deux Césars, la foi
publique violée, les traités oubliés ou rompus; tout
cela n'est rien pour un empereur qui a protégé les
évêques, et qui a fait des homélies.

Quels crimes pouvait-on ajouter à ceux-là, si ce
n'est la mort d'une épouse et d'un fils? Et dans quelle
circonstance encore? Constantin revenait triom-
phant du concile de Nicée; il s'applaudissait d'avoir
donné à dîner à plus de trois cents évêques, et d'a-
voir baisé les cicatrices des martyrs, lorsque sur de
simples soupçons, sur la seule imputation du crime
le plus difficile à croire, il fait mourir Crispus, son
fils, jeune homme de la plus grande espérance. Et
bientôt, tournant sa fureur de l'accusé à l'accusa-
teur, il fait étouffer l'impératrice Fausta. Les liens
de l'amitié ne furent pas près de lui une sauve-garde
plus sûre que ceux du sang. Ce prince féroce et

inconséquent, tout occupé qu'il était des progrès du christianisme, avait fait venir à sa cour Sopatre, philosophe platonicien, de l'école de Jamblique. Il lui montra bientôt tant de confiance et d'intimité, que le malheureux savant dépaysé, ne put échapper à la jalousie des chrétiens. Quelques accusations sourdes de prestige et de magie avaient déjà mis le peuple en mouvement, lorsque des vents contraires retardèrent la flotte qui apportait les blés d'Égypte. Le peuple, toujours furieux, toujours insensé, lorsque des hommes factieux et intéressés lui font craindre la famine [1], ne manqua pas de s'en prendre à Sopatre; et Constantin, prince faible et ami perfide, livra à la mort le philosophe innocent. Ajoutez à ce caractère cruel et inconstant un amour effréné pour le faste, et un désir immodéré de toute espèce de gloire, et vous ne reconnaîtrez que trop aisément dans Constantin l'homme odieux et méprisable, que l'éclat de la pourpre, les lauriers de la victoire et l'adulation des siècles se sont long-temps efforcés de cacher. Voyons à présent si le prince a plus de droit à notre estime.

Ici les faits semblent parler d'eux-mêmes. Constantin, né dans les dangers, livré dès son enfance, sous le titre d'otage, à toute la haine de ses ennemis, échappé de leurs mains au péril de sa vie, se trouve à peine à la tête d'une armée, que, maître absolu

---

[1] Tacite dit quelque part : *Vulgus cui una ex republica annonæ cura.* (*Hist.* L. iv, c. 38.)

d'une vaste partie de l'empire , il entreprend de con-
quérir l'autre , et de s'asseoir sur le trône du monde.
Quels succès plus brillans ! quel sujet pour un panégyrique ! Mais le philosophe que l'éclat n'éblouit
jamais , retire bientôt son admiration , lorsque , re-
montant à l'origine des succès , il ne voit que des
batailles gagnées. Il sait que dès que les hommes ont
confié leurs intérêts à des armées , il faut nécessairement que le sort des combats décide pour l'un ou
pour l'autre ; que les avantages à la guerre peuvent
avoir une grande valeur relative , et une très petite
valeur positive , et que les grands succès ne font pas
toujours les grands généraux. Un joueur d'échecs en
peut gagner un autre moins fort que lui , quoiqu'il
soit très faible lui-même. C'est ainsi qu'on voit dans
les Indes des empires entiers renversés par des armées qui auraient été mises en fuite par six bataill-
lons de troupes européennes. Ce n'est pas pour avoir
battu le duc de Bournonville , c'est pour avoir em-
barrassé Condé et Montécuculli , que Turenne est
regardé comme un grand général. De même dans la
politique, le citoyen qui, à force de fermeté et de
courage, parvient à ajouter quelque chose à la liberté
publique, est plus estimable que le prince qui, à la
tête de cinquante satellites, fait changer de maître
à un peuple d'esclaves.

Ainsi, que Constantin ait battu Licinius et triomphé de quelques peuples barbares, c'est quelque
chose, sans doute ; mais c'est peu pour sa gloire,

aussi long-temps qu'on ignorera le choix de ses moyens et la sagacité de ses vues. Mais cet empereur a malheureusement donné sa mesure, en se laissant apprécier sur des objets plus intéressans. Il a été législateur, et le lecteur jugera sans peine si notre sévérité est déplacée, lorsqu'il se rappellera que c'est à ce prince que nous devons ce mélange vicieux des deux puissances civile et ecclésiastique, qui, depuis quinze siècles, a répandu le trouble dans le monde chrétien.

La première trace de l'intervention du pouvoir ecclésiastique dans les affaires civiles se trouve dans une loi de Constantin sur l'affranchissement des esclaves. A la place des formalités dont ces affranchissemens étaient accompagnés, il veut qu'on puisse se contenter désormais de l'attestation d'un évêque ; comme si les procès étaient des cas de conscience, et les jugemens des pénitences [1]. Il n'est personne qui ne sache de quels rapides progrès ce premier pas fut suivi. Dès lors toutes les voies furent préparées : des priviléges sans nombre furent accordés au clergé ; comme per-

[1] On pourrait soupçonner Constantin d'avoir eu des vues cachées lorsqu'il fit ce règlement. Un grand nombre d'esclaves, attirés par l'esprit d'égalité qui régnait parmi les chrétiens, venaient journellement embrasser leur religion, et se dérobaient ainsi au pouvoir de leurs maîtres. Il fallait pourtant rendre ces transfuges lorsqu'ils étaient réclamés ; mais pour peu qu'il y eût quelque prétexte d'affranchissement, la faveur qu'on accordait aux nouveaux convertis faisait décider contre les maîtres. Or, c'est peut-être pour

mission de recevoir des legs, exemption de toutes charges onéreuses, telles que *collection de deniers, offices municipaux, magistratures, tutelles,* etc.; faveurs si excessives, que l'intérêt corrigeant bientôt l'enthousiasme, on fut obligé de les révoquer. En effet, presque tous les citoyens, pour mettre leurs biens à couvert, s'étaient faits ecclésiastiques, et Dieu était si bien servi, que l'état n'avait plus ni sujets [1] ni magistrats. Les intérêts du fisc ont été chez tous les princes les limites de leur foi : mais si Constantin ne voulut pas céder au clergé sur un point si important, il ne craignit pas de lui sacrifier les principes les plus anciens du gouvernement romain, en révoquant la loi *Papia Poppea.* Par cette loi, ceux

donner plus d'étendue à cette faveur, qu'on chercha à dérober les procès de ce genre à l'ordre civil, et qu'on voulut que le témoignage d'un évêque, chose sur laquelle on pouvait toujours compter, fût regardé comme suffisant.

[1] Sous Constantin, le nombre des citoyens était fort diminué, tandis que celui des esclaves et des étrangers était considérablement augmenté. Il n'est donc pas étonnant que le poids des impositions et de toutes les charges publiques fût devenu très lourd pour chaque particulier. Les emplois municipaux étaient surtout une charge si onéreuse, que, dans le fait, il ne restait plus ni propriété territoriale ni propriété personnelle. On nommait *curiales* tous ceux qui par état étaient obligés de remplir quelque office public. Or, c'est cet état de *curialis* qui, suivant les principes de l'Église, ne pouvait s'accorder avec l'état ecclésiastique. Voyez Bingham, *Antiq. of the church.* Liv. v, ch. iii.

d'entre les citoyens qui ne s'étaient pas mariés,
étaient privés de toute succession collatérale, et
ceux qui étant mariés n'avaient pas eu d'enfans, ne
pouvaient prétendre qu'à la moitié des successions
de cette espèce qui viendraient à leur échoir, non
plus qu'à la dixième partie du bien de leurs femmes,
en cas de décès. Constantin ne se contenta pas d'effacer ces restes respectables de la sagesse romaine ;
il encouragea le célibat par toutes sortes de voies,
et particulièrement en accordant à ceux qui embrassaient cet état, le privilége de pouvoir disposer de
leur bien avant l'âge requis par les lois.

Mais tandis que les exemptions se multipliaient en
faveur du clergé, des impôts exorbitans, et d'un
genre tout nouveau, semaient la désolation parmi le
peuple. Tous les quatre ans, des officiers de l'empereur venaient, armés de fouets et de bâtons, exiger
une capitation nommée *Chrysargyre*, parce qu'elle
se payait indifféremment en or et en argent. Cette
taxe était imposée avec une rigueur inouïe. On faisait contribuer jusqu'aux mendians et aux femmes
prostituées : mais tandis qu'elle excitait les gémisse-
mens des pauvres qu'on poursuivait de tous côtés à
coups de fouet, comme de vils bestiaux, elle ne
répandait pas moins de consternation parmi les
riches ; car les dénonciations de toute espèce, les
trahisons domestiques, et les calomnies publiques
étaient le tarif sur lequel on avait coutume de la
percevoir.

Zosyme accuse aussi Constantin de n'avoir fait la guerre aux dieux du paganisme que pour trouver un prétexte de piller leurs temples; mais il ne serait pas juste de s'en rapporter à un auteur dont la prévention s'est manifestée en plusieurs endroits, et particulièrement lorsqu'il attribue la conversion de Constantin aux remords que lui inspira le meurtre de sa femme et de son fils. Selon lui, ce prince ayant cherché inutilement des expiations parmi les prêtres du paganisme, se tourna du côté des chrétiens qui avaient, dit-on, une manière de laver tous les péchés dans une eau mystérieuse. Mais si c'est un anachronisme que de rapporter la conversion de Constantin à un événement qui est arrivé long-temps après, il n'en est pas moins vrai que les crimes dont il venait de se souiller, joints à son acharnement contre des idées généralement reçues, et contre un culte établi depuis si long-temps, l'avaient rendu tellement odieux à ses peuples, qu'il fut obligé de quitter Rome, et de chercher un autre asile, où la voix de l'adulation pût seule se faire entendre : sur quoi je remarquerai que les idées relatives au culte extérieur doivent avoir une terrible influence sur la morale, puisque d'un côté les chrétiens ont porté aux nues un empereur coupable des crimes les plus atroces, et que de l'autre, les Romains qui avaient applaudi Néron, lorsqu'il rentra dans Rome après avoir fait mourir sa mère, ne purent supporter la vue de Constantin, qui avait fait mourir sa femme et son fils. C'est ainsi que l'attachement à des rites, à de vaines cérémonies, prévaut perpétuellement sur cette loi que la nature a gravée dans tous les cœurs, mais malheureusement en caractères trop superficiels et trop aisés à effacer.

Nous ne nous étendrons pas sur la faute grossière que fit Constantin en changeant le siége de l'empire. C'est une chose trop connue et trop avouée par tous les auteurs, même par ceux qui ont le plus loué cet empereur. Nous avons dit les raisons qui le portèrent à cette fausse démarche ; mais nous devons ajouter qu'il était impossible de mettre plus d'orgueil dans le projet, et plus d'injustice dans l'exécution. Tandis que ce prince fastueux est si pressé de jouir de ses édifices, qu'il ne laisse pas aux architectes le temps de leur donner la solidité, et qu'il voit des murs déjà caducs tomber sur ceux qu'on élève encore ; il force par des édits rigoureux tous les habitans de l'Asie Mineure à se construire des demeures dispendieuses dans la nouvelle capitale. Une loi tyrannique déclare que tous ceux qui n'auront pas un domicile à Constantinople, ne pourront transmettre à leurs héritiers aucune possession en fonds de terres ; et c'est par de pareils moyens qu'il se hâte d'élever cette ville célèbre, dont il veut avoir l'horoscope, et à qui l'on promet une durée de six cent quatre-vingt-seize années.

Peut-être le lecteur sera-t-il un peu surpris de voir qu'un aussi bon théologien que Constantin s'avise

de consulter des astrologues : mais le caractère de
ce prince ne paraît nulle part plus inconséquent que
dans tout ce qui a rapport à la religion. Également
faible et vain, aussi prompt à se décider qu'à changer d'avis, les défauts de son esprit ont justifié ceux
de son cœur. Car c'est une question qui s'est élevée
souvent, si ce prince était enthousiaste ou hypocrite.
Les uns, frappés de l'attention souvent minutieuse
qu'il porta dans les affaires ecclésiastiques, de la
haine qu'il eut pour le paganisme, et surtout de la
dévotion qu'il montra dans les derniers momens de
sa vie, ont pensé qu'il était plus persuadé qu'éclairé,
et que si la grâce de Dieu n'avait pas jugé à propos
de le soutenir contre l'hérésie et le parricide, elle
lui avait du moins révélé les principaux dogmes de
la foi. Les autres, plus attentifs à sa conduite politique, aux prétendus miracles dont il appuya ses
expéditions, et surtout au profit qu'il en tira, sont
tentés de croire que sa foi ne fut jamais bien vive,
et que sa religion fut toujours subordonnée à son
ambition. Pour moi, je ne sais si c'est que l'hypocrisie est celui de tous les vices pour lequel j'ai le
plus d'antipathie; mais j'ai toujours de la répugnance
à supposer qu'elle puisse être portée à un certain
degré : le rôle d'un hypocrite me paraît à la fois si
pénible et si difficile, que je ne puis comprendre
comment on a assez de patience et d'artifice pour le
jouer long-temps avec succès. Craignons de trop
donner à l'esprit des hommes en ôtant trop à leur

cœur. Si nous avons quelques talens pour tromper
les autres, combien n'en avons-nous pas davantage
pour nous tromper nous-mêmes? C'est peut-être
faute d'avoir assez réfléchi sur le cœur humain qu'on
croit si volontiers à l'hypocrisie. Tous ceux qui ont
observé l'empire que notre intérêt exerce sur nos
opinions, ont dû se persuader que ses propres succès parviennent bientôt à le rendre inutile. On dé-
bute par affecter de mauvaise foi certaines pratiques
et certaines opinions, et quand cette fausseté nous
a mis à portée de jouer un grand rôle, de commander aux hommes, et d'obtenir d'eux des richesses
et de la considération, nous commençons à y ajouter
plus de croyance; et il arrive que peu à peu notre
intérêt parvient à consolider dans notre esprit le fondement de notre autorité. Il y a long-temps qu'on
a dit que les joueurs commençaient par être dupes,
et qu'ils finissaient par être fripons : le contraire
arrive en matière d'opinion : on commence par être
fripon, et l'on finit par être dupe. On voit souvent
un magistrat, en passant d'une cour dans une autre,
changer de principes comme de tribunal. D'abord
sa probité, ou plutôt l'opinion qu'il s'est faite de
lui-même, est inquiète et mal à son aise; alors elle
appelle à son secours le sophisme et la subtilité;
mais bientôt dupe de son propre artifice, elle n'a
plus à combattre, et l'homme redevient vertueux
par sa sottise. C'est ainsi que dans le clergé il est
arrivé quelquefois que des ecclésiastiques purement

mondains et parvenus aux dignités par intrigue ou par faveur, devenus ensuite chefs de parti, et contraints à faire de fréquens sacrifices de leurs plaisirs à leur ambition, ont fini par croire eux-mêmes une partie de ce qu'ils voulaient persuader aux autres. Constantin peut avoir été dans le même cas. Nous le disons à l'honneur du christianisme; jamais sa morale n'a pu s'allier avec les crimes atroces que cet empereur a commis; et si Dieu l'eût éclairé lui-même, s'il eût voulu s'en servir autrement que comme des Tibère et des Néron, qui tous ont sans doute concouru à ses vues, il ne l'aurait pas exposé à déshonorer sans cesse sa foi par ses œuvres, comme il la trahissait par ses erreurs.

Constantin, selon toute apparence, fut induit à favoriser le christianisme par les raisons que nous avons exposées plus haut. Mais bientôt encouragé par le succès, et enorgueilli par les adulations des évêques, jaloux surtout de changer le siége de l'empire, il prit un véritable zèle pour les dogmes qu'il avait d'abord épousés par intérêt. Cette marche est même aisée à suivre dans la manière dont il procéda à la réforme générale. D'abord il crut assez faire que de tolérer le christianisme, et bientôt il en fit une religion dominante et exclusive. Humble et soumis aux évêques dans le principe, il ne tarda pas à leur faire la leçon. On voit chaque jour son zèle augmenter avec son influence dans les matières ecclésiastiques; nulle méthode, nulle règle dans ses jugemens (*f*) ; tantôt modérateur, tantôt persécuteur, il veut d'abord imposer silence à Alexandre et à Arius ; puis il condamne Arius, puis il l'absout, puis il le condamne encore, et finit par adopter ses principes. Je rapporterai ici le commencement de la lettre qu'il écrivit à la fois à Alexandre, évêque d'Alexandrie, et à Arius qui était en dispute avec lui [1]. « Depuis que vous, Alexandre, vous avez de-« mandé à votre clergé ce que chacun pensait sur « quelques passages de l'Écriture, ou plutôt sur quel-« ques opinions *vaines* et *frivoles*, et que vous, « Arius, vous avez élevé des questions auxquelles il « ne fallait jamais penser, ou qu'il ne fallait point « agiter, après y avoir pensé, la discorde s'est mise « parmi vous, etc.... Abandonnez donc des subtilités « sur lesquelles il ne fallait ni interroger ni répon-« dre. » Or, ces subtilités, ces questions vaines et frivoles, n'étaient rien moins que la consubstantialité du Verbe, pour laquelle on assembla bientôt après le concile de Nicée.

Constantin ne fut pas plus heureux lorsqu'il traita

(*f*) *Très vrai.*

[1] « Cùm enim tu, Alexander, a presbyteris tuis requi-« reres quid unusquisque eorum de quodam legis loco sen-« tiret, seu potius de quadam inani quæstione eos interro-« gares ; cùmque tu, Ari, id quod nunquam cogitatum, vel « sane cogitatum silentio premere deberes, imprudenter « excitata inter vos discordia, etc..... quidnam vero illud « est ? nec interrogare de hujusmodi rebus, nec interroga-« tum respondere, etc. »

de la religion chrétienne en elle-même. Ceux qui sont curieux de voir le comble de l'extravagance et de l'absurdité, n'ont qu'à lire les chapitres XVIII, XIX et XX de son discours à l'assemblée des saints (*Oratio ad sanctorum cœtum*) (g). Après avoir cité comme authentique un acrostiche de la prétendue sibylle Érythrée, dont les initiales forment ces mots : *Jesus Christus, Dei filius, servator,* comme si Dieu révélait l'avenir par des jeux d'esprit, dignes tout au plus du *Mercure ;* il s'empare de Virgile comme d'un trésor immense de prophéties très claires en faveur de la religion chrétienne. Il cite entre autres l'églogue : *Sicelides Musæ, paulò majora canamus.... Paulò majora,* s'écrie-t-il, dit déjà beaucoup de choses ; mais Virgile ajoute ensuite :

Ultima Cumœi venit jam carminis œtas.

Qui ne sait que la sibylle de Cumes a cessé de prophétiser quand la vérité même est venue dans ce monde ? mais que répondre à ces vers-ci :

Magnus ab integro sœclorum nascitur ordo,
Jam redit et Virgo, redeunt Saturnia regna ?

Quelle est cette Vierge qui revient, si ce n'est la mère de Dieu ? Le poëte n'ajoute-t-il pas lui-même :

Tu modo nascenti puero, quo ferrea primum
Desinet, ac toto surget gens aurea mundo,
Casta fave Lucina, etc. ?

N'est-ce pas mot pour mot le Messie ? *Docte igi-*

(g) *Réflexion très juste et très utile.*

tur hæc dicta sunt, o Maro, poetarum sapientis-
sime !.... etc. etc. (h)

Constantin ne faisait aucun doute que Virgile eût été chrétien (i); mais il croyait que ce poète célèbre avait été obligé de déguiser sa foi, et d'envelopper ses productions des voiles de l'allégorie. Il paraît qu'Eusèbe, qui rapporte ce discours en entier et sans observations, était du même avis. Quelle était donc la logique des premiers savans de l'Église, puisqu'elle leur faisait envisager, sous le même point de vue, Moïse et les sibylles, Isaïe et Virgile? Mais ces réflexions n'étant pas de mon sujet, je me hâterai de conclure que Constantin ayant vécu dans le crime, et étant mort dans l'hérésie, n'a mérité nos éloges ni comme homme, ni comme prince, ni comme chrétien.

(h) *J'ai bien peur que ce fripon d'Eusèbe n'ait prêté ce discours à Constantin.*

(i) *Ah! il n'était pas si sot ; mais Eusèbe l'était.*

CHAPITRE V.

De l'influence de la religion chrétienne sur le bonheur des peuples,
et du sort de l'humanité depuis le règne de Constantin jusqu'à
la destruction de l'empire d'Occident.

APRÈS avoir parlé de l'établissement de la religion
chrétienne, et après avoir tracé, autant qu'il nous
a été possible, le portrait du souverain qui la rendit
dominante dans ses vastes états, il paraît naturel
d'examiner quelle influence eurent de si grands changemens sur le bonheur des peuples. Ici l'austère vérité n'oserait élever sa voix, si les apôtres du christianisme avaient jamais prétendu que cette religion
eût pour objet le bonheur passager de la vie humaine.
Inutilement voudrait-on lui objecter la décadence
des nations qui l'ont embrassée, et la chute de l'empire romain, si prochaine de sa conversion ; jamais
l'Église dans sa naissance n'a eu pour objet la gloire
et la prospérité des nations. L'humilité, la pauvreté,
la pénitence et la prière, voilà ce que les ministres
de l'Évangile se croyaient chargés d'enseigner; et
bien loin qu'à l'exemple des païens, ils s'appliquas-
sent à identifier le culte avec la politique, et à faire
concourir l'un et l'autre à la prospérité des états, ils
faisaient gloire de mépriser toutes ces vaines gran-
deurs, persuadés qu'ils étaient que le théâtre du
monde allait s'écrouler avant que les scènes qui l'occupaient eussent le temps d'être achevées.

Nous avons déjà parlé de l'erreur des millénaires, si commune dans les premiers siècles de l'Église. Lorsque les hérésies, germant avec les premiers dogmes de la foi, déchiraient le sein du christianisme; lorsque les empereurs les plus orthodoxes, gouvernés par des eunuques, abandonnaient lâchement la défense des frontières, et que des Barbares accourant des bouts de l'univers arrosaient de sang les provinces de l'empire, dont les principales villes étaient fréquemment embrasées par des volcans, ou renversées par des tremblemens de terre, cette opinion généralement répandue que le monde allait périr, acquit encore de nouvelles forces : et si les païens s'obstinèrent à la rejeter, c'est qu'ils attribuèrent tant de désastres à l'abandon d'un culte ancien et révéré. Dans cette crise funeste, dans ce deuil général, les défenseurs du christianisme se partagèrent. Les uns', ne cherchant point à se dissimuler les maux dont on était accablé, et s'efforçant même d'en exagérer les conséquences, en faisaient de nouveaux motifs de conversion. Les autres, qui ne voulaient rien accorder au paganisme, prétendaient que les malheurs présens n'étaient pas plus fâcheux que ceux qui avaient affligé les peuples dans les siècles d'idolâtrie. Aux invasions des Barbares ils opposaient les guerres civiles et les proscriptions; aux ruines fréquentes d'Antioche, d'Édesse, de Constantinople, etc. ils comparaient la fameuse éruption du Vésuve sous le règne de Titus. Saint Augustin, puisant tous ses argumens dans la foi même, écrivit son élégant traité *De civi-tate Dei*, où il fit voir que le royaume de Dieu ne doit point se manifester dans ce monde-ci : et Paul Orose composa sa froide et ennuyeuse gazette, où, rapportant avec peu d'exactitude les faits principaux de l'histoire, il ne réussit pourtant que trop bien à prouver que les hommes avaient toujours été les plus malheureuses de toutes les créatures.

Quoi qu'il en soit, tous ceux qui ont quelque connaissance de l'histoire, savent assez que nuls siècles n'ont été plus féconds en désastres que ceux qui sont placés entre la première invasion des Barbares et leur entier établissement dans les pays qu'ils ont conquis. Mais il est aisé de s'apercevoir que, pour suivre exactement le plan que nous nous sommes tracé, il faut éloigner de nos observations tous les événemens physiques, comme les tremblemens de terre, les famines, les contagions, etc. ; et la plupart des événemens politiques, tels que les mauvais succès à la guerre, les fautes des généraux, l'indiscipline des troupes, etc. En effet, il y a tout lieu de croire que quelque religion qui eût prévalu dans l'empire romain, la mollesse des peuples, la licence des soldats et le despotisme des empereurs l'auraient tôt ou tard entraîné vers sa ruine. Mais le pouvoir de la religion embrassant la plupart des actions civiles et morales, on pourrait demander si, depuis l'établissement du christianisme, les hommes ont été meilleurs et plus heureux ; si les souverains ont été moins

avares et moins sanguinaires, les peuples plus soumis et plus tranquilles; si les crimes ont été plus
rares et les supplices moins cruels; si la guerre s'est
faite avec plus d'humanité, et si les traités ont été
mieux observés.

Nous voudrions (non pour l'honneur du christianisme, qui n'a pas besoin des considérations humaines, mais pour notre propre consolation) pouvoir nous déclarer pour l'affirmative; mais la vérité
trop manifeste, mais l'histoire trop authentique,
trop connue, se refusent absolument à nos désirs.

Dans le sein de l'Église, l'erreur des donatistes
et celle d'Arius empoisonnent les premières semences de la foi; les évêques s'arment contre les évêques; les peuples épousent ces querelles avec fureur;
les temples, les basiliques, sont disputés, l'épée à la
main, et arrosés du sang des citoyens; des accusations odieuses, des calomnies atroces sont prodiguées réciproquement par les chefs de parti; et ces
fanatiques se déchirent entre eux avec une cruauté
qui, suivant l'expression d'un auteur contempo-
rain, surpasse même celle des bêtes féroces [1]. Le
premier empereur élevé dans le christianisme [2] commence son règne par le meurtre de son oncle et de
son cousin-germain. Il se jette avec fureur dans le
parti des ariens, et tantôt persécuteur sanguinaire,

[1] « Nullas infestas hominibus bestias ut sunt sibi ferales
« plerique christianorum. » AMMIEN-MARCELLIN. L. XXII.
[2] Constance.

tantôt conciliateur ignorant, il ordonne des supplices, ou assemble des conciles. Les évêques, perpétuellement entraînés d'un lieu dans un autre,
abandonnent pour une vaine controverse le soin de
leurs troupeaux; et les provinces, épuisées par leurs
voyages, peuvent à peine suffire à cette dépense.

Dans l'administration civile, mêmes iniquités,
mêmes injustices. Une défiance, aussi extravagante
que cruelle devient le principe du gouvernement.
Les délateurs infestent les provinces, et l'on ne
rougit point de leur donner un rang et un état [1].
L'administration dégénère dans une inquisition barbare : les supplices deviennent plus cruels ; les
moindres crimes sont punis par le feu; la foi des
traités n'est plus observée; des rois sont assassinés
au milieu de la paix et dans la joie des festins [2]. Les
mœurs se corrompent de plus en plus; les eunu-

[1] Celui de curieux, *curiosi*. Ces officiers étaient des in-
specteurs ou espions, qu'on envoyait dans les provinces.
On dit que leur nombre montait jusqu'à quinze mille.

[2] Valens fit assassiner par la plus lâche trahison un roi
d'Arménie, qui avait toujours été attaché aux Romains.
Valentinien I fit assassiner dans un repas Gabanius, roi
des Quades. Valentinien II ayant conçu quelque ombrage
de l'accroissement des Goths, que l'empereur Valens avait
répandus dans les provinces de l'empire, leur fit dire qu'ils
eussent à se trouver à un jour marqué dans les capitales de
leurs provinces pour y recevoir une nouvelle distribution
de terres. Ces malheureux étant accourus sur cette espérance, furent tous passés au fil de l'épée.

ques, vils instrumens des plaisirs les plus honteux,
deviennent des généraux et des premiers ministres ;
les dépenses de la table et le luxe de la cour sont
poussés jusqu'à la démence [1]. Les lois, en se multi-
pliant à l'infini, décèlent à la fois la dépravation du
gouvernement et celle des peuples ; enfin, tout s'al-
tère, tout se corrompt, jusqu'à la discipline dans les
armées et le courage dans les soldats ; en sorte que
la destruction des générations entières est devenue
le seul remède aux malheurs de la terre, comme
l'incendie des ronces et des épines qui couvrent les
champs abandonnés, est le seul moyen d'en obtenir
de nouvelles moissons.

En traçant ici ce déplorable tableau, qui n'est
point exagéré, gardons-nous de laisser penser que
nous voulions attribuer au christianisme les désordres que nous venons de décrire. Loin d'avoir une
pareille idée, notre intention est de faire voir seulement que les malheurs des temps n'ont point permis à la religion de procurer aux hommes un sort
plus heureux dans cette vie. Peut-être même est-
elle devenue une nouvelle source de désastres ; car
de même que les meilleurs alimens sont sujets à se
vicier dans un corps dont la maladie s'est déjà em-

---

[1] On sait que Julien à son avènement au trône ayant
demandé un barbier, crut voir entrer un grand seigneur
de sa cour, et que s'étant informé des gages que ce domestique recevait, il se trouva qu'ils suffisaient pour entretenir
plus de cent personnes.

parée ; de même les dogmes les plus sacrés de la foi deviennent-ils souvent l'occasion des troubles les plus affreux. De tous les ennemis du genre humain, le plus cruel et le plus moderne, l'intolérance, suivant pas à pas la religion dans ses progrès, s'étendit avec elle, et fit briller le glaive partout où le zèle fit entendre la parole.

Si nous fixons cette époque à la naissance de l'empire qu'elle a toujours exercé depuis, ce n'est pas que, dans le cours de nos réflexions, nous n'ayons déjà observé quelques germes de ses affreux principes. Une seule nation dans la foule de celles qui ont paru sur ce globe, aurait suffi pour nous en montrer les effets les plus sanglans; si le peuple juif, qui ne considérait son gouvernement que comme une inspiration perpétuelle, pouvait servir d'exemple dans le cas présent, où l'intolérance ne porte plus que sur des dogmes abstraits et fugitifs. On comprend encore plus aisément qu'une nation se croie obligée d'exterminer celles qui servent des dieux ennemis du sien, qu'on ne peut expliquer comment on emploie le fer et le feu pour forcer des gens à exprimer l'idée de *consubstantialité* par une lettre de plus ou de moins [1]. Ce n'est donc pas sans raison qu'on fixe l'origine de l'intolérance, en matière de dogme, à la même époque que la propagation du christianisme dans l'empire.

Peut-être nous objectera-t-on que les empereurs

[1] ὁμοȣσιος, ou ὁμοιȣσιος.

païens ont donné les premiers l'exemple de la persécution; mais lorsqu'un insensé, un furieux comme
Néron étendit sa tyrannie sur les chrétiens, il avait
du moins le prétexte de les envisager comme des
novateurs, comme des rebelles qui ne voulaient pas
se soumettre aux lois anciennement établies; car
jusque-là le culte avait fait partie de la législation;
et les Juifs ou les chrétiens, ce qui n'était alors
qu'une même chose pour les païens, furent les premiers qui ne voulurent point se conformer aux rites
publics. Un homme qui refusait de jurer par le génie
de l'empereur était regardé comme criminel de lèse-
majesté; et c'est là un article qu'il faut bien examiner, si l'on veut entendre tout ce qui a rapport
aux premières persécutions. Mais employer les supplices les plus atroces pour déterminer des questions plus grammaticales que théologiques; mais
immoler par le fer et par le feu ceux qui implorent
le même dieu, qui observent les mêmes cérémonies, qui respectent les mêmes autorités, c'est une
démence qui n'avait pas encore eu d'exemple, et
qui naquit dans l'empire romain, de la tyrannie des
empereurs et de l'ambition des évêques.

Soyons justes, et écartons encore des ministres
de l'Évangile une partie des reproches qu'ils se sont
attirés : je le dis avec satisfaction, et je ne sais
pourquoi les apologistes du christianisme ne l'ont
pas dit avant moi : cette intolérance barbare, ces
disputes scandaleuses et atroces, devaient en grande

partie leur origine au caractère des Grecs, à la malheureuse passion que cette nation avait inspirée
pour une vaine dialectique et des sophismes frivoles.
Quoi qu'il en soit, c'est sous le règne des empereurs
chrétiens, c'est même sous celui des princes les plus
respectés, tels que Constantin et Théodose, qu'on
voit pour la première fois les lois s'exprimer dans
ces termes : « Si quelqu'un ose sacrifier dans les
« temples, qu'il soit exterminé par le fer vengeur.....
« Nous ordonnons, sous peine de supplice, de croire
« une même divinité en trois personnes, etc. [1] »

Ainsi, depuis la naissance des hérésies, c'est-à-
dire depuis que la théologie s'est mise à la place
de la morale, les hommes déjà condamnés à servir
sous des maîtres injustes, accablés d'impôts, troublés dans leurs propriétés, poursuivis par la guerre
et tous les fléaux qu'elle entraîne avec elle, se sont
vus exposés encore à une nouvelle tyrannie, qui,

---

[1] « Placuit omnibus locis atque urbibus universi claudi
« templa.... quod si quis aliquid forte hujusmodi perpetra-
« verit, gladio ultore sternatur. » Cod. Theod, cap. x.

Si le ridicule pouvait amuser au milieu de toutes ces atrocités, ce serait lorsqu'on lit ces paroles dans une loi de
Constance : *Cesset superstitio....*, etc. *Nam qui contra legem
divi parentis nostri et hanc nostræ mansuetudinis jussionem
ausus fuerit sacrificium celebrare, competens in eum vindicta
et præsens sententia exerceatur....*, etc. « C'est comme s'il y
avait : « Si quelqu'un transgresse les ordres de notre très
« douce et très bénigne personne, nous ordonnons qu'il
« soit étranglé sur-le-champ. »

pénétrant jusque dans les replis les plus secrets du cœur humain, porte dans les facultés de notre âme le même trouble que le despotisme civil excite dans nos rapports extérieurs. Ainsi, depuis le concile de Nicée jusqu'à la révocation de l'édit de Nantes, les cachots se sont remplis, les échafauds ont été dressés, le sang a coulé pour consolider, par les faibles efforts de l'humanité, l'ouvrage entrepris par le Fils de Dieu lui-même!

Un autre inconvénient de cet esprit fanatique et exclusif, c'est la destruction de toute critique; c'est l'extinction absolue du flambeau de l'histoire. Plus de vérité, plus de guide assuré dans ces conduits obscurs qui nous font remonter vers les siècles passés. A la place des Xénophon, des Tite-Live, des Polybe et des Tacite, citoyens respectables qui portaient dans leur sein les vertus de tous les temps et de tous les pays, on ne voit plus que des hommes de parti, qui ne racontent des faits que pour étayer des opinions. Les annales, les fastes même sont soumis à des disputes polémiques, et les mémoires de ces temps malheureux ne sont plus que d'insipides *factum*.

Au milieu d'une foule d'historiens panégyristes outrés, ou satiriques sanglans de leurs princes, selon que ceux-ci ont bien ou mal mérité de leurs sectes, deux auteurs païens ont seuls prévalu sur les efforts qu'on a faits pour anéantir leurs ouvrages. Zosyme, historien peu élégant, peu judicieux, n'est pas exempt de l'esprit de parti, qui pour lors animait également les idolâtres contre leurs antagonistes; mais son histoire a servi de guide sur un grand nombre de faits, et la manière abrégée et précise dont il a écrit ne permet pas de penser qu'il ait eu pour objet principal de décrier les chrétiens. Je voudrais donc que nos compilateurs modernes, qui le suivent dans le reste de son livre, ne fussent pas si prompts à l'abandonner dès qu'il dit du mal des personnages qu'ils ont pris sous leur protection. Il est vrai que Théodose, le héros des auteurs catholiques, n'a pas trouvé grâce devant lui. Il nous le représente comme un prince livré au luxe et à la mollesse, tandis que les écrivains ecclésiastiques en font à la fois un grand homme et un grand saint. Mais quoique ceux-ci aient pris soin de nous raconter comment il s'est humilié plusieurs fois devant le clergé, et comment il a dit publiquement qu'Ambroise lui avait bien fait voir *la supériorité d'un évêque sur un empereur*, ils n'ont point opposé de preuves négatives aux imputations de Zosime. Théodose fit la guerre avec courage et succès, j'en conviens; mais la flatterie des historiens a-t-elle pu dissimuler qu'il fut toujours très lent à se mettre en action; et cette observation ne s'accorde-t-elle pas avec le goût que lui donne Zosime pour le plaisir et la volupté? D'ailleurs sa conduite envers le tyran Maxime est-elle à l'abri du reproche de fausseté ou de timidité? S'il ne devait envisager cet imposteur que comme un rebelle et un régicide, devait-il le reconnaître pour empereur, et laisser placer les statues d'un pareil scélérat à côté des siennes ? Si, au contraire, la politique obligeait Théodose à regarder comme empereur celui que les armées et les succès avaient couronné, fallait-il se préparer sourdement à l'attaquer ? Était-il juste encore, après s'être rendu maître de son sort, de le faire mourir comme un rebelle ? Et lorsque Eugène, nouvel usurpateur, nouveau complice d'un autre régicide, lui envoya des ambassadeurs, dut-il les recevoir avec bonté, et les congédier en les comblant de présens, pour marcher bientôt contre leur maître, sur le conseil de Jean-le-Solitaire, et sur l'ordre de saint Philippe et de saint Jean-l'Évangéliste, lesquels n'ayant jamais porté d'armes pendant leur vie, se firent pourtant reconnaître, en lui apparaissant comme les Dioscures, sous la forme de deux beaux cavaliers armés de toutes pièces ? Je ne parlerai pas du massacre de Thessalonique, massacre conçu avec tant de cruauté, et exécuté par une trahison si odieuse : il ne faut point insister sur cette atrocité ; tous les historiens s'accordent à la regarder comme un heureux événement, puisqu'elle a préparé au monde chrétien le spectacle consolant de voir un empereur humilié devant un évêque : mais j'observerai seulement que depuis l'incendie de Rome, ordonné par Néron, si Néron en est effectivement l'auteur, et le carnage d'Alexandrie sous Caracalla, l'histoire ne pré-

sente pas de cruauté aussi odieuse et aussi crimi-
nelle.

Nous avons déjà parlé du jugement que Zosime a
porté sur Constantin. Ces deux exemples suffisent
pour nous apprendre pourquoi les auteurs ecclésiastiques se sont attachés à le décrier [1]. La critique,
plus circonspecte, oppose suffrage à suffrage ; elle
prend en considération les intérêts, les passions des
écrivains ; et partout où elle ne voit pas l'impartia-
lité, elle suspend son jugement.

Ammien-Marcellin a été traité avec plus de ména-
gement. Le moyen, en effet, de rejeter un auteur
dont le caractère est connu et par le rang qu'il a
tenu dans les armées, et par ses liaisons avec les
premiers hommes de l'état ; un citoyen qui raconte
avec cette clarté et cet intérêt naïf qui naît toujours

[1] Pour que nos lecteurs soient mieux en état de juger si
la critique de Zosime est en effet méprisable, nous allons
transcrire ici ce qu'il a dit des moines. Il parle des troubles
excités à Constantinople, à l'occasion de saint Jean Chry-
sostome. « La ville, dit-il, était livrée au tumulte, et
« l'église des chrétiens était déjà au pouvoir de ceux qu'on
« nomme *moines*. Ce sont des hommes qui ont renoncé au
« mariage, lesquels remplissant les campagnes et les cités,
« ont donné origine à une classe d'hommes inutiles pour la
« guerre comme pour tout emploi civil, qui n'ont d'autre
« occupation que d'envahir des biens immenses sous le pré-
« texte de secourir les pauvres, tandis que dans le fait ce
« sont eux qui propagent la misère et la mendicité. » Qui
ne voit par ce passage combien Zosime était aveuglé par la
passion, et combien il faut se défier de ses jugemens ?

de la part qu'on a prise soi-même aux affaires; un militaire enfin que nous comparerions volontiers à M. de
Feuquières, si l'érudition, la littérature, qui brillent
dans son ouvrage, ne lui donnaient un grand avantage sur l'écrivain français. Cependant cet auteur,
dont tous les historiens ont emprunté jusqu'aux plus
petits détails, est soudain négligé du moment qu'il
hasarde quelques paroles en faveur des païens ou de
l'empereur Julien.

Je viens de rappeler un nom qui suffit seul pour
réveiller des disputes interminables. Cet empereur
élevé jusqu'aux nues par les ennemis du nom chrétien, a mérité que de nos jours un auteur célèbre
prît la peine d'écrire son histoire, et s'efforçât de
rectifier le jugement qu'on devait en porter. Ceux
qui auront été offensés de la liberté avec laquelle
nous avons parlé de Constantin, s'attendront, sans
doute, à nous voir faire le panégyrique d'un prince
qui contraste avec lui d'une façon si marquée; car
l'esprit calomniateur est toujours prompt à soupçonner des motifs, et sa propre malignité lui suggère
aisément l'artifice qu'il suppose dans les objets de sa
haine. Pour cette fois-ci, il s'est trompé dans son
attente. Loin de prendre parti dans cette querelle,
nous ne pouvons nous empêcher de convenir qu'on
y a mis des deux côtés une obstination puérile, mais
pourtant moins humiliante encore pour le faux zèle
que pour la philosophie, puisque celle-ci ne doit
jamais servir la raison avec les armes du fanatisme.

Tant d'empressement à préconiser un empereur qui se disait philosophe, se sent, s'il nous est permis de nous exprimer ainsi, de la jeunesse de la philosophie. En effet, cette aversion pour les préjugés, cet essor vers la liberté de penser, qui vient après tant de siècles interjeter appel contre un si grand nombre d'opinions reçues, avouons-le, n'a pas parmi nous une origine bien reculée, et dans ces premiers efforts de la raison, la passion s'est souvent mise de la partie. Sans doute c'était un crime de persécuter les païens, et de vouloir plier leurs opinions par la rigueur des supplices; mais n'en était-ce pas un aussi d'opprimer le christianisme? La tolérance, la liberté de conscience était-elle le principe de Julien (a), lorsqu'il inondait l'empire du sang des victimes, et que, fanatique défenseur des fausses divinités, au lieu de montrer sur le trône un philosophe impartial, il ne fit voir en lui qu'un païen dévot? Je n'aime pas les vertus qui sentent trop l'imitation, ni les héros faits d'après le modèle. Je ne sais quel caractère de comédien domine dans l'esprit de Julien. Tantôt c'est Marc-Aurèle, tantôt Trajan, tantôt Alexandre, qu'il s'empresse de copier. L'effort se fait sentir dans ses vertus comme dans ses talens. Ses actions sont toutes concertées, préméditées sur d'anciens exemples; ses compositions sont calquées sur celles de son siècle. Le *Misopogon* n'est point

(a) *N'y a-t-il point ici l'affectation d'étaler une opinion nouvelle ?*

l'ouvrage d'un empereur, mais celui d'un sophiste :
ses panégyriques ne sont pas tels qu'un César aurait
dû les prononcer, mais tels qu'un rhéteur aurait pu
les écrire. Dans la guerre des Gaules je crois le voir
chercher les traces de Jules-César : dans celle de
Perse, il me paraît imiter l'audace de Trajan; et
puis ce mélange de philosophie et de dévotion, comment l'accorder? dans ses mœurs, c'est un stoïcien;
au temple, c'est un idolâtre, et dans son cabinet,
un mauvais platonicien, qui cherche à corrompre
la doctrine de cette secte par l'indigne alliage de la
magie.

Mais si nous ne craignons pas de traiter avec tant
de rigueur l'un des grands princes qui aient illustré
le Bas-Empire, combien ne devons - nous pas aussi
nous récrier contre l'acharnement avec lequel il a
été calomnié par les historiens ecclésiastiques? Quelle
confiance peut-on prendre en leurs jugemens, lorsqu'après avoir canonisé Constantin, meurtrier de sa
femme et de son fils, ils se déchaînent contre Julien
avec la fureur la plus indécente, s'efforçant de lui
supposer des crimes trop atroces pour trouver la
moindre créance, quand même on les attribuerait
aux Caligula et aux Néron? Ici l'on voit que le zèle
a perdu toute mesure, et que la haine est poussée
jusqu'à l'aveuglement. Ce sont cependant ces mêmes
auteurs qui nous servent de guides dans les matières
ecclésiastiques, et que nous ne laissons pas de suivre
souvent dans l'histoire profane. On craint, après

s'être expliqué ainsi, de nommer Socrate, Sozomène
et Théodoret ; car on leur doit beaucoup de faits
très édifians, dont l'autorité pourrait souffrir de tout
ce que l'on serait obligé de retrancher à la confiance
qu'on avait en eux. Sur quoi je remarquerai que,
par un sort assez singulier, ces faits se sont d'autant
plus accrédités, qu'on a plus négligé les auteurs qui
les ont transmis ; et la raison en est bien simple. On
ne peut lire dans les originaux aucun fait, aucun
événement vraisemblable qui ne soit précédé ou suivi
de contes si absurdes, qu'ils détruisent bientôt toute
confiance dans l'auteur ; au lieu que dans les compi-
lations ou les abrégés modernes on a eu grand soin
de rejeter tout ce qui était fabuleux, pour ne conserver que les traits qui paraissent le moins hasar-
dés. Par exemple, les écrivains postérieurs ayant vu
qu'Ammien-Marcellin parlait d'un tremblement de
terre qui arrêta les travaux commencés pour la réé-
dification du temple de Jérusalem, ils ont choisi dans
les trois auteurs que nous avons nommés plus haut,
ce qu'il y avait de plus vraisemblable dans le récit
merveilleux qu'ils nous en avaient laissé, et après
en avoir fait usage, ils ont ajouté que ces faits étaient
confirmés par Ammien-Marcellin, auteur païen.

J'avoue qu'autrefois, sur la foi des auteurs modernes, je croyais qu'Ammien-Marcellin avait écrit
que l'empereur Julien ayant ordonné la réédifica-
tion du temple, l'ouvrage avait été interrompu par
un miracle, et cela me paraissait d'autant moins

extraordinaire, que je sais que les auteurs anciens ne sont pas avares de prodiges. La lecture de l'original, lecture toujours si nécessaire pour juger des siècles passés, m'a absolument détrompé. Voici ce fameux passage si souvent cité, et si rarement rapporté : « Quoique l'empereur fût très occupé à « presser les préparatifs de son expédition (contre « les Perses), il savait pourtant partager ses soins, « et, ne négligeant rien de ce qui pouvait immor- « taliser son règne, il songeait à rétablir un temple « très célèbre autrefois, qui avait été détruit depuis « le siége de Jérusalem commencé par Vespasien, « et terminé par Titus. La direction de cette entre- « prise, qui devait coûter des sommes immenses, « avait été confiée à Alypius, ci-devant comman- « dant en Angleterre. Comme cet officier, aidé du « préfet de la province, pressait vivement les ou- « vrages, des flammes effrayantes, s'élançant fré- « quemment des fondations, consumèrent les ou- « vriers, et rendirent enfin ces lieux inaccessibles. « Ces irruptions ayant continué, on abandonna l'en- « treprise. » [1]

[1] « Et licet accidentium varietatem sollicita mente præci- « piens, multiplicatos expeditionis apparatus flagranti stu- « dio perurgeret, diligentiam tamen ubique dividens, impe- « riique sui memoriam magnitudine operum gestiens propa- « gare, ambitiosum quondam apud Hierosolymam templum, « quod post multa et interneciva certamina obsidente Vespa- « siano posteaque Tito ægre est expugnatum, instaurare « sumptibus cogitabat immodicis; negotiumque maturandum

Ici plusieurs réflexions se présentent d'elles-mêmes. 1°. Rien n'était moins extraordinaire alors que les tremblemens de terre accompagnés de volcans. Dans le même temps, et dans l'espace d'un siècle, Constantinople, Édesse, Antioche, Nicomédie, et la plupart des villes de l'Asie-Mineure, furent renversées par des tremblemens de terre. L'histoire en rapporte plusieurs arrivés à Jérusalem même. On sait de plus que ce pays est rempli de bitume, et l'incendie d'une si grande ville et d'un temple si riche pouvait avoir produit des matières sulfureuses et inflammables, que la moindre communication de l'air devait embraser. 2°. Si cet événement avait été accompagné de circonstances miraculeuses, pourquoi Ammien-Marcellin, amateur du merveilleux comme tous les anciens, aurait-il pris soin de les dissimuler? Rien n'est plus simple, direz-vous; Ammien était païen, et un pareil événement devait faire triompher à jamais la religion chrétienne. Je répondrai à cela qu'il est très clair qu'il ne produisit point cet effet, et qu'en supposant

« Alypio dederat Antiochensi, qui olim Britannias curaverat
« pro præfectis. Cùm itaque rei idem instaurare fortiter in-
« staret Alypius, juvaretque Provinciæ rector, metuendi
« globi flammarum (b) prope fundamenta crebris assultibus
« erumpentes fecere locum exustis aliquoties operantibus
« inaccessum ; hocque modo elemento destinatius repel-
« lente cessavit incœptum. »

(b) Globi flammarum. *La flamme ne forme jamais des globes, mais des spirales, excepté dans les forges de fer et de cuivre.*

que notre auteur n'eût pas été exempt de toute partialité, il serait arrivé de deux choses l'une : ou il
aurait omis le fait en entier, ou il se serait efforcé
de lui donner une autre interprétation, ce qui était
très aisé ; car il en pouvait trouver cent pour une.
« Les dieux avaient été irrités de voir rétablir un
« temple au dieu des Juifs dont ils avaient triomphé
« avec tant d'éclat sous Titus. Le ciel ne permit pas
« que dans un temps de calamité l'argent et les
« sueurs du peuple fussent employés à des ouvrages
« fastueux et inutiles. » Que sais-je ? Manque-t-on
jamais de raisons pour expliquer les événemens ?
Ammien ne considérait donc pas celui-ci comme
un prodige, et l'opinion opposée n'était donc pas
encore répandue de son temps, puisqu'il n'a pris
nulle peine pour la combattre, et qu'il n'a pas dai-
gné faire la moindre réflexion à ce sujet. Or, je pense
qu'en général la preuve la plus forte contre les
choses alléguées par un parti, c'est l'indifférence de
l'autre ; car enfin, quelque peu de crédit qu'aient
à présent les convulsionnaires, nul auteur n'écrira
jamais l'histoire de nos jours sans faire quelques
réflexions sur ce qui s'est passé à Saint-Médard ; et
le livre fanatique de M**** a été honoré de quelques
réfutations. Mais Sozomène, mais Théodoret, sont
des auteurs estimés ; ils rapportent ce fait avec le
plus grand détail. A la bonne heure ; mais si le témoignage de Sozomène est d'un si grand poids, il
faut donc croire aux sorciers ; il faut donc croire

que les magiciens avaient le pouvoir de faire paraître les démons, et de commander aux oracles [1].
Il faut encore supposer que Julien, le moins sanguinaire de tous les princes, a fait éventrer des femmes
pour consulter leurs entrailles ; il faut être convaincu qu'il y a eu des Sibylles qui ont parlé clairement du mystère de la rédemption, et qui l'ont
désignée par ce vers :

O felix lignum in quo Deus ipse pependit !

[2] Il ne faut pas douter non plus qu'il n'ait paru
en Judée une croix lumineuse qui occupait la moitié
du ciel; qu'il en parut une autre lorsqu'on travailla
à réédifier le temple de Jérusalem, et que les habits
des ouvriers furent parsemés de petites étoiles qui
y restèrent constamment attachées, et qui paraissaient avoir été travaillées dans l'étoffe [3]. Si vous

---

[1] C'est de lui ce conte puéril, que Julien étant introduit
dans un caveau pour y consulter les démons, fut effrayé,
et fit un signe de croix qui fit tout disparaître. Cet auteur
rapporte nombre d'oracles en faveur des chrétiens, et l'on
sait cependant, depuis qu'on connaît la fameuse dissertation
qu'a composée M. Van Dale, et l'excellent abrégé qu'en a fait
M. de Fontenelle ; on sait, dis-je, que les oracles n'ont jamais été inspirés par les démons, et qu'ils n'étaient que l'ouvrage de la fourberie des prêtres.

[2] Voyez l'*Histoire ecclésiast.* de Sozomène, L. II, ch. 5.

[3] La fureur des chrétiens était alors de voir des croix partout. Lorsque Théodose fit abattre le temple de Sérapis, il
se répandit qu'en démolissant les murailles, on avait trouvé

préférez Théodoret, vous y verrez que Julien, en partant de la Gaule pour aller combattre Constance, passa par une vigne qui avait déjà été vendangée, et qu'il la trouva cependant chargée de raisins verts, sur lesquels les gouttes de rosée avaient dessiné un nombre infini de petites croix. Ce n'est pas la peine d'ouvrir Socrate qui écrit la même chose, et que ces auteurs ont peut-être copié. Il ne diffère de Sozomène qu'en ce que l'un dit que le miracle de Jérusalem convertit tous les Juifs, et que l'autre assure qu'aucun d'eux n'en fut touché, et n'embrassa la religion des chrétiens.

Nous terminerons cet article par une réflexion qui paraît avoir échappé aux critiques qui nous ont précédé; c'est que, soit supercherie de la part des peuples ennemis des corvées et du travail, soit superstition parmi les hommes grossiers chez lesquels l'idée du grand et celle du merveilleux se confondent si aisément, il est souvent arrivé que les grandes entreprises ont été interrompues par des prodiges. Je ne citerai qu'un exemple que je tire de Dion. Cet auteur raconte que lorsque Néron entreprit de couper l'isthme de Corinthe, il parut des fantômes qui effrayèrent les ouvriers. Dans le fond, ces fan-

des croix gravées sur la plupart des pierres: mais sur un plus mûr examen, il se trouva que c'étaient des phallus. On sait que le phallus était une représentation des parties de la génération dans l'homme. (*Histoire du Bas-Empire.* L. xxiv.)

tômes n'étaient que la fatigue et l'impatience; mais les écrivains de ce temps-là n'avaient garde de le dire, car alors un prodige valait bien mieux qu'une moralité [1]. Au reste, il importe si peu au triomphe de la religion chrétienne que ce miracle soit arrivé ou non, qu'on ne peut nous imputer aucune mauvaise intention dans l'examen que nous en avons fait. Nous ne sommes pas plus criminels en cette occasion que plusieurs écrivains respectables qui ont révoqué en doute les miracles de la *Légion Thébaine* et du *Labarum*, quelque honorables qu'ils fussent pour le christianisme. La critique saine et réfléchie sera toujours à l'avantage de la vérité : elle ajoute à son éclat, soit en la plaçant dans son véritable jour, soit en la séparant de tout alliage impur.

Nous n'entrerons dans aucun détail sur les temps qui se sont écoulés depuis Constantin jusqu'à la destruction de l'empire d'Occident. Le despotisme, la superstition et la guerre continuèrent d'exercer leurs ravages sur les vainqueurs et les vaincus. Les

---

[1] Combien de contes de revenans n'ont eu d'autre origine que la paresse ou l'intérêt des domestiques? Parmi les troupes mêmes, on a vu de pareilles histoires s'accréditer, et tromper jusqu'à la vigilance des chefs. Il est arrivé souvent que des soldats, ennuyés de monter la garde dans quelque endroit incommode, sont parvenus à persuader qu'il y paraissait des fantômes, et qu'ils ont fini par faire abandonner ces postes.

anciens états furent conduits au dernier période de l'infortune. Les nouvelles nations, ou, pour mieux dire, les Barbares encore féroces, encore enveloppés des ténèbres de l'ignorance, sans patrie et sans propriétés, guerriers ou voyageurs, conquérans ou esclaves, toujours agités, toujours accablés de misère, ou enivrés de carnage, étaient alors plus étonnés que charmés de leurs succès. Ils acquéraient sans jouir, et n'avaient de moment heureux que celui de la victoire. Si l'on en excepte Genseric, presque tous les princes barbares se détruisirent les uns par les autres, et périrent misérablement.

La guerre eut alors le motif le plus raisonnable qui puisse la justifier : d'un côté, la défense de ses foyers ; de l'autre, le besoin de subsistance et le désir d'une vie plus heureuse sous un climat plus doux. Elle fut plus cruelle que jamais ; car la religion, loin d'en diminuer les horreurs, avait rendu les haines plus vives, à cause de l'esprit de parti qui se joignit à l'ambition et à tous les autres fléaux de l'humanité.

Une chose singulière, c'est que ces temps de crimes et de démence ont donné naissance aux meilleures lois civiles [1]. Nous en trouvons de très sages faites par des princes qui ont régné parmi les trou-

---

[1] Valentinien Ier établit la tolérance dans ses états. On lit dans l'*Histoire du Bas-Empire*, que ce prince, après avoir beaucoup réfléchi, prit le mauvais parti. Ce livre a été écrit dans le dix-huitième siècle.

bles, et qui n'ont régné que des instans. C'est que
les abus devenus excessifs, les avaient rendues nécessaires. C'est ainsi que la médecine se perfectionne
au milieu des épidémies, et la chirurgie dans les armées. Le pouvoir du clergé fut limité à plusieurs
reprises; l'audace et l'insolence des moines réprimées
par le concile de Chalcédoine [1]; les vœux défendus
pour les filles avant l'âge de quarante ans [2]. On permit aux villes d'avoir des espèces de tribuns ou protecteurs qui, sous le titre de *défenseurs*, devaient
prendre en main la cause des citoyens pauvres et
opprimés [3]. Les empereurs se défiant de leur facilité
à accorder des grâces et des priviléges, les soumi-
rent à la vérification des magistrats; ordonnant à
ceux-ci de n'avoir aucun egard à leurs ordres toutes
les fois qu'ils ne les trouveraient pas conformes aux
lois établies. Ces précautions qui subsistent encore
parmi nous, et qui sont utiles dans un gouvernement absolu [4], décèlent pourtant un vice dans le

[1] Ils furent soumis à l'Ordinaire, et il leur fut défendu de
s'ingérer dans les affaires civiles, particulièrement dans celles
des finances. *Histoire du Bas-Empire.* L. xxxiii.

[2] Cette loi est de Majorien. Il en fit une assez ridicule,
qui forçait les veuves qui n'avaient point d'enfans à se re-
marier, ou à donner la moitié de leurs biens à leurs héritiers.
Ibid. L. xxxiv.

[3] Sous Valentinien et Valens.

[4] Il y a une ordonnance de Louis xii, qui défend aux

principe moteur, un défaut dans la constitution. Les
républiques ne connaissent rien de pareil : il semble
que l'autorité ferait mieux de se prescrire des bornes
dans l'administration, que de permettre aux magistrats la désobéissance. Les empereurs prirent aussi
des mesures pour rendre les voyages plus faciles :
on accommoda les chemins ; on y plaça de distance
en distance des auberges et des relais entretenus aux
dépens des provinces.

Une science bien intéressante, sur laquelle on
n'avait encore aucunes lumières dans ce temps-là,
c'est celle des finances et du commerce. On croyait
alors, comme on le croyait encore il y a cinquante
ans, qu'il fallait élever un mur impénétrable sur la
frontière pour empêcher l'argent de passer chez l'é-
tranger. Constance promulgua une loi pour que le
commerce ne se fît que par échange. Elle portait que
les négocians étrangers qui viendraient dans l'empire
seraient tenus de déclarer la somme d'argent qu'ils
apporteraient, afin qu'ils ne pussent y rien ajouter
en s'en retournant. La même loi défendait le change
de la monnaie de l'empire contre celle de l'étranger.
On ne savait pas encore que ce sont les denrées qui
commandent à l'argent, et que sans liberté, il n'y a
ni commerce ni richesse.

magistrats d'avoir aucun égard aux lettres de jussion, etc.
lorsqu'ils les trouveront contraires aux lois de la monarchie
et au bien public.

De leur côté les Barbares, à mesure qu'ils prenaient plus de consistance, ne laissaient pas de s'occuper de la législation. Il paraît même qu'ils y réussirent mieux que les empereurs, dont les lois trop compliquées se sentaient un peu trop de la subtilité grecque. Le code de Théodoric fut long-temps en vigueur en Espagne, et on le retrouve en partie dans les capitulaires de Charlemagne : mais c'est un objet dont nous devons nous occuper plus en détail dans les chapitres suivans, où nous verrons la société sous une autre face, et où nous trouverons un nouvel ordre de choses, un nouveau système politique et moral. En effet, le seul mot de *droit féodal* annonce la plus grande révolution qui se soit faite sur la surface de la terre, et nous indique lui seul les sources de tous les gouvernemens modernes.

Il est donc temps de quitter cette nation célèbre qui a soumis l'univers, et que nous avons osé soumettre à nos observations. Après l'avoir vue s'étendre laborieusement dans le petit territoire de la Romagne, secouer le joug des rois, imposer le sien aux nations, s'enivrer de gloire et de succès, tomber ensuite dans l'épuisement qui succède au délire ; reprendre alors de nouveaux fers ; porter bientôt l'excès de la bassesse plus loin qu'elle n'avait poussé le faste de l'orgueil, et combler enfin tant d'ignominie, en cédant le pouvoir des armes à des Barbares, et celui de l'opinion à des Grecs efféminés, nous la laissons maintenant au pouvoir d'un Goth et d'un Hérule. [1]

Avant de détourner nos regards de ces ruines immenses, nous gémissons, non pas de voir que tant de fortune se soit éclipsée pour ne laisser derrière elle que des traces déplorables ; mais de ce qu'un période de près de douze cents ans ne nous présente pas une époque où cette nation si puissante ait entrepris de fermer les plaies de l'humanité, en faisant régner avec elle le bonheur et la prospérité. Nous ne craignons pas de le dire : toute la longue et brillante carrière de l'empire romain ne vaut pas pour un philosophe les derniers âges de l'Angleterre, c'est-à-dire le temps qui s'est écoulé depuis la révolution jusqu'à nos jours ; mais c'est ce dont nous devons parler plus amplement dans la suite de notre ouvrage. Observons seulement que de même que, dans les révolutions célestes, les planètes ont un mouvement particulier, de même dans les révolutions politiques, les capitales, les grandes villes ont aussi une destinée, une fortune qui leur est propre, qui avance ou qui retarde leur ruine, qui les précipite ou les soutient. Disons plus encore : il semble que cette marche particulière leur est plus souvent avantageuse que nuisible. L'expérience prouve que dans ces temps malheureux où le despotisme militaire s'est élevé sur les débris du gouvernement, les grandes villes ont toujours conservé une espèce de

[1] Odoacre et Théodoric.

liberté. C'est que, de quelque masque imposant que
la politique soit revêtue, la force seule a le droit
de gouverner; c'est qu'un grand nombre d'hommes
réunis est toujours respecté; c'est que la multitude
est toujours à craindre, surtout lorsque, privée de
représentans et de protecteurs, elle ne s'exprime que
par acclamations, et n'agit que par saillies. Rome
ne fut pas même réduite à ce dernier terme d'énergie. Elle eut toujours les mêmes magistrats; et le
crédit des noms est pour les peuples dégénérés ce
qu'est celui de la magistrature même pour les peuples vertueux. Un reste d'aristocratie se soutint dans
cette capitale du monde, et le paganisme s'y tint
toujours attaché : ce qui confirme bien ce que nous
avons dit plus haut sur l'union de cette religion avec
l'aristocratie romaine. On voit encore les Symma-
que, les Prétextat, rappeler le souvenir des Caton et
des Cincinnatus. Pour le peuple, s'il laisse apercevoir quelque trace de son ancienne liberté, c'est
dans l'indifférence qu'il témoigne souvent pour les
empereurs les plus redoutés. On sait les dégoûts
qu'il fit éprouver au fier Dioclétien. Lorsque Constance tout couvert du sang de ses sujets voulut faire
dans Rome une entrée triomphale, il n'essuya que
des railleries et des brocards qui lui furent lancés
impunément suivant l'ancien usage. Cette ville su-
perbe était encore remplie de richesses, lorsque les
Barbares la pillèrent pour la première fois. Quelques
auteurs assurent qu'elle avait plusieurs citoyens qui

jouissaient de plus de quatre millions de revenu, et qu'on ne plaçait que dans la seconde classe ceux qui n'en avaient qu'un million ou un million et demi. Ces hommes oisifs et opulens ne se croyaient faits que pour la volupté, et se contentaient de rester spectateurs des événemens de la guerre, comme ils l'étaient de ceux du cirque ; à cette différence seulement, qu'ils prenaient beaucoup plus d'intérêt à ceux-ci. Il y avait long-temps que les empereurs les avaient eux-mêmes accoutumés à cette mollesse. « Je « vais combattre les ennemis, leur disait Aurélien « dans un de ses édits, et je ferai en sorte que les « Romains n'aient pas la plus légère inquiétude. Oc- « cupez-vous des jeux, occupez-vous du cirque; c'est « notre partage de veiller aux affaires publiques; le « vôtre doit être de vous livrer aux plaisirs [1]. » On croira aisément qu'au milieu de tant de luxe et de mollesse, les mœurs allèrent toujours en dégénérant. Pétrone et Lucien nous ont assez fait connaître le faste et la dissolution qui régnaient de leur temps dans les repas : mais comme Ammien Marcellin a pris la peine de nous décrire les mœurs de la ville de Rome dans un temps très postérieur à celui-là, puisque c'étaient celles de l'âge où il vivait, nous croyons faire plaisir au lecteur de lui donner ici ce passage tout entier. Il se trouve Liv. xiv, chap. vi.

[1] « Ego efficiam ne sit aliqua sollicitudo Romana. Vacate «ludis, vacate circensibus; nos publica necessitas teneat, « vos occupent voluptates. » Vop. *in Firm.* Cap. v.

...... « Maintenant, si à votre arrivée à Rome,
« vous êtes introduit comme un honnête étranger
« chez un homme opulent, c'est-à-dire très orgueil-
« leux, vous serez d'abord reçu avec toute sorte de
« grâce ; et après avoir essuyé des questions aux-
« quelles il faut le plus souvent répondre par des
« contes extravagans, vous vous étonnerez qu'un
« homme si considérable traite un simple particulier
« avec tant d'attention : vous irez même jusqu'à vous
« accuser de n'être pas venu dix ans plus tôt dans un
« si bon pays. Mais lorsqu'encouragé par ce premier
« accueil, vous retournerez le lendemain pour faire
« votre cour, vous resterez là comme un homme in-
« connu, et qui tombe des nues, tandis qu'on se de-
« mandera tout bas qui vous êtes et d'où vous venez.
« A la fin cependant, vous parviendrez à être connu
« et admis à la familiarité; mais si après trois ans
« d'assiduité, vous vous avisez de vous éloigner le
« même espace de temps, on ne vous demandera
« pas à votre retour, ce que vous avez fait, et on
« ne s'apercevera pas seulement que vous avez été
« absent. Bien plus, quand le temps viendra de don-
« ner ces grands repas, si longs et si perfides pour
« la santé, on délibérera long-temps, si outre les
« convives d'obligation, on invitera encore quelque
« étranger ; et si, après un mûr examen, on veut
« bien s'y résoudre, celui-là seul sera admis, qui,
« docte en fait de spectacles, monte une garde as-
« sidue chez les cochers du cirque, ou qui est

« expert dans toutes les subtilités du jeu. Pour les
« hommes savans et vertueux, on les évite comme
« des ennuyeux et des trouble-fêtes, sans compter
« que les nomenclateurs, accoutumés à vendre les
« faveurs de leurs maîtres, ont soin de ne prier aux
« repas et aux distributions que des gens obscurs et
« subalternes, dont ils tirent plus d'argent que des
« autres. Je passerai légèrement sur la somptueuse
« profusion des repas et sur tous les raffinemens de
« volupté qu'on y emploie, pour arriver à ces ridi-
« cules cavalcades de nos riches fastueux qui, se di-
« vertissant à courir la poste dans les rues, au
« risque de se rompre le cou sur le pavé, traînent
« à leur suite une si grande quantité de domesti-
« ques, que, suivant l'expression du poète comique,
« ils ne laissent pas même le bouffon pour garder la
« maison : et ce divertissement ridicule, les ma-
« trones même n'ont pas craint de l'imiter, en
« courant aussi la ville dans des litières découvertes.
« Au reste, rien n'est négligé dans ces pompeuses
« promenades : et de même que les bons tacticiens,
« lorsqu'ils rangent une armée en bataille, ont cou-
« tume de placer en première ligne l'infanterie pe-
« samment armée ; en seconde ligne, les armés à
« la légère, et derrière ceux-ci les gens de trait ;
« ainsi le maître de cérémonie, la verge à la main,
« marque ceux qui auront l'honneur de marcher de-
« vant le char triomphal, et ne manque pas de re-
« jeter à l'arrière-garde la noire troupe des cuisiniers,

« marmitons , etc. Ceux-ci sont encore suivis du
« reste des valets et des commensaux : enfin la mar-
« che est terminée par les eunuques, dont le nombre
« et la difformité nous font détester la mémoire de
« Sémiramis, cette reine cruelle qui, la première vio-
« lant les droits de la nature , fit regretter à cette
« mère tendre, mais imprudente , d'avoir montré
« trop tôt dans les générations à peine commencées,
« l'espoir des générations futures. Avec de pareilles
« mœurs, on croira facilement que le peu de mai-
« sons où les sciences furent jadis cultivées, n'est
« plus maintenant que le réceptacle des plaisirs vains
« et frivoles ; de sorte qu'à la place des orateurs et
« des philosophes on n'entend plus du matin au soir
« que le son des flûtes et le chant des musiciens.
« Pour les bibliothéques, elles sont plus closes et
« plus abandonnées que les sépulcres : les orchestres,
« les instrumens hydrauliques en ont pris la place.
« Enfin, on en est venu à ce comble d'indignité, que
« lorsque la disette a obligé de chasser de la ville les
« étrangers, cette loi a été exécutée à la rigueur à
« l'égard de tous ces hommes utiles qui enseignent
« les arts libéraux; tandis qu'on a conservé les mimes
« et les histrions, et que jusqu'à trois mille danseuses
« ont été retenues dans la capitale, ainsi que tout
« leur cortége de musiciens et de choristes. Aussi,
« de quelque part que vous vous tourniez, vous
« trouverez des femmes fardées et ridiculement pa-
« rées, qui par leurs danses continuelles, vous fa-

« tiguent encore plus qu'elles-mêmes ; tandis que,
« mariées à d'honnêtes gens, elles auraient pu don-
« ner à l'état une armée d'utiles citoyens. Autrefois
« Rome était un asile assuré pour quiconque y por-
« tait les arts et l'industrie ; maintenant je ne sais
« quelle sotte vanité fait regarder comme vil et ab-
« ject tout ce qui est né au-delà du Pomœrium. J'en
« excepte cependant les célibataires et ceux qui n'ont
« pas d'héritiers. Ceux-là sont comblés d'attentions
« et de prévenances ; quoiqu'un autre raffinement
« de personnalité nous évite jusqu'aux soins les plus
« chers à l'humanité ; car les maladies les plus cruelles
« ayant aussi choisi leur domicile dans cette capitale
« du monde, il a fallu s'interdire toute communica-
« tion avec les malheureux qui en sont attaqués ; et
« l'usage est venu non-seulement de se contenter
« d'envoyer quelques domestiques savoir de leurs
« nouvelles, mais même de ne recevoir le commis-
« sionnaire qu'après lui avoir fait subir de longues
« ablutions. Voilà des hommes bien délicats ! Offrez-
« leur cependant des repas ou de l'argent, vous les
« ferez courir jusqu'à Spolète. Telles sont les mœurs
« des nobles : pour le menu peuple, il passe le plus
« souvent la nuit dans les cabarets, ou même dans
« les théâtres, à l'abri de ces toiles dont nous devons
« l'invention à Catulus, qui le premier introduisit à
« Rome cette recherche de commodités plus digne
« de Capoue que de la ville de Romulus. La fureur du
« jeu en possède un grand nombre : d'autres s'expo-

« sent des journées entières au soleil ou à la pluie
« pour juger les cochers, et disserter sur les événe-
« mens du cirque. Avec tant de frivolité, le moyen
« que Rome s'occupe jamais de quelque chose de
« raisonnable ! etc. »

FIN DU TOME PREMIER.

TABLE DES CHAPITRES

CONTENUS DANS CE VOLUME.

SECONDE SECTION,

OU L'ON TRAITE DU SORT DE L'HUMANITÉ PENDANT LES TEMPS
APPELÉS LE MOYEN AGE DE L'HISTOIRE.

FIN DE LA TABLE DES CHAPITRES.

TABLE DES MATIÈRES

D.

E.

F.

G.

H.

I.

M.

N.

O.

P.

R.

FIN DE LA TABLE DES MATIÈRES DU PREMIER VOLUME.